Brechts Lai-tu
Erinnerungen und Notate
von Ruth Berlau

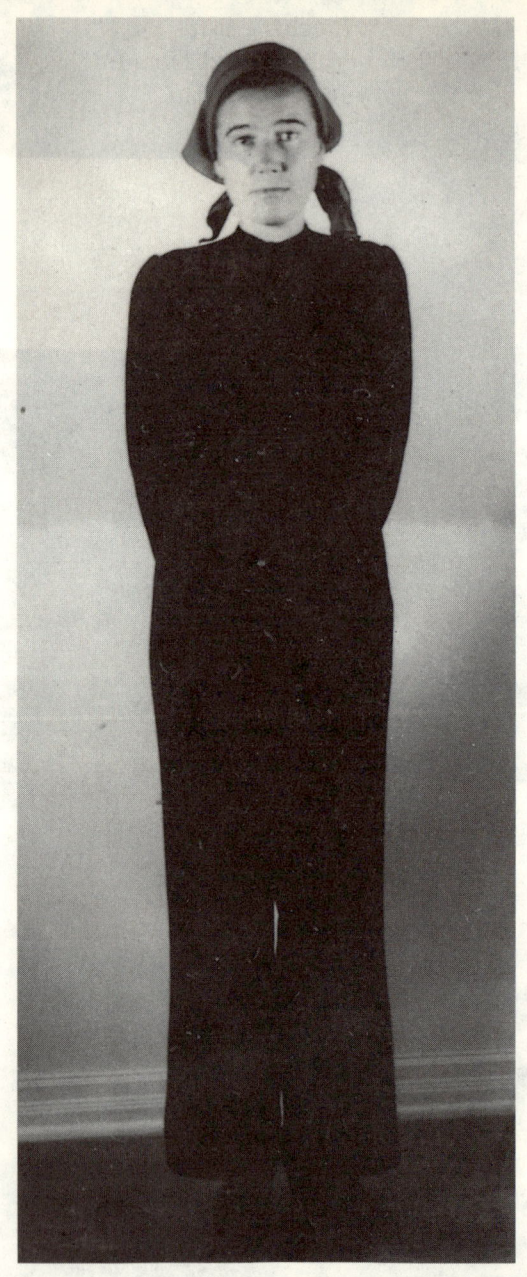

Ruth Berlau, Dezember 1944, fotografiert von Brecht

BRECHTS LAI-TU

Erinnerungen und Notate
von RUTH BERLAU

——◆——

Herausgegeben
und mit einem Nachwort
von HANS BUNGE

Eulenspiegel Verlag
Berlin

Mitarbeit: Gudrun Bunge

ISBN 3-359-00299-7

INHALT

ERINNERUNGEN

Leben für Brecht

Die rote Ruth

Die Familie · Auf eigenen Füßen · Mit dem Fahrrad von Kopenhagen nach Paris und von Kopenhagen nach Moskau · Das kleine rote Buch · In der Königlichen Schauspielschule · Gründung eines Arbeitertheaters · Storm Petersen, Aksel Larsen, Hella Wuolijoki und Robert Lund

Brecht auf den zu kleinen Inseln

Erste Begegnung mit Brecht und Weigel · Ein Studentenabend · Brecht-Stücke im Arbeitertheater »RT« · »Videre ...« und »Jedes Tier kann es« · Lehrzeit · Karin Michaelis, Dagmar Andreasen, der »tote Maurer«, Otto Gelsted und Morgens Voltelen

Liebe ist eine Produktion

Der spanische Bürgerkrieg · Me-ti und Lai-tu · »Alle wissen alles« · Mit Brecht in England · »Svendborger Gedichte« und »Dreigroschenroman« · »Die Rundköpfe und die Spitzköpfe« und »Die Dreigroschenoper« mit Per Knutzon · »Die sieben Todsünden der Kleinbürger« und »Die heilige Johanna der Schlachthöfe« fürs Königliche Theater · Vorbilder bei der Arbeit an Stücken · Produzieren und Kritisieren · Die Freunde Walter Benjamin und Hanns Eisler · Die Mitarbeiterinnen Elisabeth Hauptmann und Margarete Steffin

Öfter als die Schuhe die Länder wechselnd

Von Dänemark nach Schweden · Flucht nach Finnland · Von Helsinki über Moskau, Wladiwostok und Manila bis San Pedro · »Was kostet das Eisen?« · »Flüchtlingsgespräche« · Hella Wuolijoki und »Herr Puntila und sein Knecht Matti« »Der aufhaltsame Aufstieg des Arturo Ui« · Hermann Greid, Hans Tombrock, Margarete Steffin, Carola Neher und Helene Weigel

ERINNERUNGEN

◆

Ein alter indischer Philosoph hatte das Prinzip,
Studenten erst dann als seine Schüler anzuerkennen,
wenn sie bei ihm vier Jahre lang zugehört und geschwiegen hatten.
Ich bin jetzt fünfundzwanzig Jahre auf dem Weg
Bertolt Brechts gegangen und habe ebenso viele Jahre geschwiegen.
Nun werde ich versuchen zu sprechen.

Brecht im dänischen Exil, 1933

Leben für Brecht

◆

Brecht ging früh zu Bett und stand sehr früh auf. Er arbeitete immer, denn alles, was Brecht machte, war Arbeit. Das heißt, er vergeudete keine Zeit, sondern teilte sie sich ein. Auf mich wirkte sich das so aus, daß ich über meine Zeit nie selbst verfügen konnte und nie Zeit hatte. Es gab immer etwas für Brecht zu erledigen. Ich habe jetzt noch ein Gefühl, als ob ich über zwanzig Jahre nicht gesessen hätte.

Das ging jedem so, der mit Brecht zusammenarbeitete. Elisabeth Hauptmann, Brechts Mitarbeiterin über viele Jahre, hat es einmal klassisch formuliert. Als Brecht in der amerikanischen Emigration von Kalifornien nach New York kam, wo ich lebte und wo auch Elisabeth Hauptmann zu erreichen war, sagte ich zu ihr: »Du kannst Deutsch schreiben, ich nicht. Du kannst Englisch schreiben, ich nicht. Kannst du nicht zwei Stunden in der Woche, oder lieber zweimal zwei Stunden in der Woche, für Brecht arbeiten?« Elisabeth Hauptmann antwortete: »Zwei Stunden für Brecht? Wer für Brecht arbeitet, arbeitet nicht unter vierundzwanzig Stunden am Tag!«

Das ist die Wahrheit. Und die Aufgaben waren ja auch so interessant, daß man sie freiwillig übernahm. Denn Brecht hat nie jemanden dazu gezwungen oder auch nur darum gebeten. Nie! Im Gegenteil, er sagte immer wieder: »Jetzt hast du wieder so viel gearbeitet. Das darfst du nicht.« Aber wenn er höflich fragte: »Wo sind die Bilder, die du gestern aufgenommen hast?«, dann waren sie natürlich da, denn sonst hätte Brecht nicht weiterarbeiten können. Meistens mußten sie noch in der Nacht gemacht werden.

Es war nicht immer leicht, mit Brecht zu arbeiten, manchmal sogar schwierig. Aber ich hatte den Vorteil, daß ich Kommunistin geworden war, bevor ich Brecht traf.

Brecht und Ruth Berlau in Dänemark, 1938

Die rote Ruth

Die Familie · Auf eigenen Füßen · Mit dem Fahrrad
von Kopenhagen nach Paris und von Kopenhagen nach Moskau ·
Das kleine rote Buch · In der Königlichen Schauspielschule ·
Gründung eines Arbeitertheaters ·
Storm Petersen, Aksel Larsen, Hella Wuolijoki
und Robert Lund

Von meinem Vater weiß ich nicht, was er für einen Beruf hatte. Er bezeichnete sich als Kaufmann, hatte aber kein Geschäft. Vielleicht war er eher das, was man in Dänemark und wohl auch in anderen Ländern einen Gulasch-Grossisten nannte. Um es genauer zu sagen: Er verdiente sehr viel am ersten Weltkrieg. In Dänemark war das nichts Ungewöhnliches, denn das Land war zwischen 1914 und 1918 in den Krieg nicht direkt verwickelt, machte aber seine Geschäfte mit ihm. Wir waren sehr reich. Ich erinnere mich, daß ich schon als kleines Kind mit langen Pelzen herumlief.

Damals hielt ich meinen Vater für eine große Persönlichkeit und für einen wunderbaren Menschen. Später änderte ich meine Meinung.

Über meine Mutter will ich zunächst nur sagen: Ich liebe sie sehr. Ich habe auch eine Schwester. Sie ist etwas älter als ich und studierte Jura. Dann wurde sie krank. Man wußte nicht, ob sie eine Schizophrenie hatte oder eine andere Geisteskrankheit. Jedenfalls war sie achtzehn Jahre lang in einer Anstalt. Nach ihrer Entlassung hat sie sich verheiratet. Es geht ihr jetzt sehr gut.

Ich bin am 24. August 1906 in Kopenhagen geboren worden. Meine Eltern schickten mich in eine Nonnenschule, damit ich Französisch lerne. Zu meinem wirklich großen Schaden bin ich nur bis zu meinem dreizehnten Lebensjahr zur Schule gegangen, obwohl ich keine schlechte Schülerin war und die Schule auch ganz interessant fand. Sie wurde von einer katholischen Oberschwester geleitet. Bei meiner Verabschiedung sagte sie: »Das wirst du später bereuen!« Diesen Satz habe ich nie vergessen. Wenn ich in meinem Leben etwas zu bereuen habe, ist es meine grenzenlose Unwissenheit. Nach meiner Überzeugung kann man später nicht nachholen, was man in der Jugend verpaßt hat. Im Deutschen gibt es dafür ein Sprichwort: Was Hänschen nicht lernt, lernt Hans nimmermehr.

Ich war schon von dieser Schule weg, da passierte etwas Schlimmes in unserer Familie. Die Ehe zwischen meinem Vater und meiner Mutter war nicht glücklich, und eines Tages hat meine Mutter versucht, sich das Leben zu nehmen. Das ist ihr auch fast gelungen, und alle Umstände haben bewiesen, daß es meiner Mutter mit ihrer Absicht ernst gewesen war.

Dieses Unglück entdeckten meine Schwester und ich, als wir gerade über die Beseitigung eines anderen Unglücks berieten. Ich hatte mich sehr früh »verlobt« und war schwanger geworden. In dem Alter war das in Dänemark strafbar, aber im Gegensatz zu meiner Schwester nahm ich den Vorfall nicht sehr ernst. Ich beschloß, mir das Kind wegnehmen zu lassen. Meine Schwester war gegen die Abtreibung und riet mir, zu meiner Tante nach Hamburg zu fahren, um das Kind dort zu bekommen. Sie konnte mich aber nicht überzeugen, und eines Abends gingen wir zu einer »Engelmacherin« und fragten sie, ob sie mir das Kind wegnehmen würde. Sie war dazu bereit.

Als ich mit meiner Schwester nach Hause kam, war Mutter nicht da. Wir waren froh darüber, setzten uns hin und besprachen, wie wir das Geld beschaffen und die Abtreibung so arrangieren könnten, daß niemand etwas davon erfährt. Irgendwann ging meine Schwester hinaus. Plötzlich stürzte sie wieder ins Zimmer und schrie: »Mutter liegt da draußen!« Wir hatten eine sehr große Wohnung und deshalb nicht bemerkt, daß Mutter sich in einem kleinen Abstellzimmer die Pulsadern aufgeschnitten und vorsichtshalber auch noch das Gas aufgedreht hatte. Wir haben sie glücklicherweise im letzten Augenblick gefunden. Damit endete diese merkwürdige Ehe. Bevor wir Mutter mit dem Ambulanzwagen ins Krankenhaus brachten, legte ich einen Zettel hin, auf dem nur stand: »Mutter im Krankenhaus!« Mehr brauchte man nicht zu schreiben, denn alle Fußböden waren voller Blut, das wir breitgetreten hatten, als wir Mutter aus der Kammer schleppten. Jeder sah auf den ersten Blick, was passiert war.

Als wir vor dem Operationssaal warteten, in dem Mutter operiert und zusammengenäht wurde, kam unser Vater an. Er war in viele Krankenhäuser gefahren, um uns zu finden. Betrunken brachte er nur einen Satz heraus: »Letztes Kapitel – Skandal!« Danach habe ich meinen Vater zwei Jahre lang nicht

*Ruth Berlau mit ihrer Mutter und zwei Kindern von Robert Lund
in Kopenhagen, etwa 1929*

Ruth Berlau (rechts) mit ihrer Schwester, 1929

sehen können. Ich wollte nicht mehr mit ihm zusammen wohnen, und ich wollte auch nicht, daß meine Mutter wieder zu
ihm zog. Sie lag lange, lange im Krankenhaus, und beinahe
hätte man sie wegen des Selbstmordversuchs auch noch in
eine Anstalt gesteckt.

Vom Vater hörten wir nichts mehr. Die Wohnung wurde aufgelöst, und ich habe angefangen, Kaffee zu verkaufen, denn
von irgend etwas mußten wir ja leben. Außerdem wollte ich
meiner Schwester helfen, das Studium zu bezahlen.

Der Kaffeehandel klappte sehr gut. Ich hatte ein Fahrrad
und stapelte den Kaffee auf dem Gepäckträger. Man kaufte
gern von mir, denn ich war etwas billiger als die Geschäfte –
und außerdem war ich damals sehr schön. Ich klingelte einfach an der Haustür, und wenn jemand herauskam, setzte ich
meine Überredungskunst ein. Allmählich bekam ich einen festen Kundenkreis, der größer und größer wurde. Manche nahmen mir mit einem Mal zehn Pfund ab. Ich habe gut verdient,

und da Mutter durch die Krankenkasse ernährt wurde, mußte das Geld nur für meine Schwester Edith und für mich reichen.

Aber eines Tages hatte ich Pech. Es regnete, und das war nicht so gut für den Kaffee auf dem Gepäckträger. Ich erinnere mich, wie ich damals abends vor dem Ofen saß und Kaffeebohnen trocknete. Dabei dachte ich darüber nach, wie ich etwas Sicheres finden könnte, und fing an, Zeitungsannoncen zu studieren.

Ein sehr vornehmer Zahnarzt in einer sehr vornehmen Gegend suchte eine Praxishilfe. Ich stellte mich vor, und er stellte mich ein. Ich fand es wunderbar, mit weißem Häubchen und weißem Kittel herumzulaufen. Die Arbeit selbst habe ich nicht sehr ernst genommen. Die Bohrer, die ich reinigen sollte, habe ich entweder weggeworfen oder einfach wieder eingeordnet. Ich machte die Tür auf, wenn es klingelte, und kümmerte mich sonst nicht um die Praxis.

Zu mehr Aufwand war ich nicht bereit, weil der Zahnarzt weniger Gehalt zahlte, als ich brauchte. Außerdem konnte ich mein Kaffeegeschäft, selbst wenn ich gewollt hätte, nicht ganz aufgeben, weil mich die Leute auf der Straße anhielten und Kaffee kaufen wollten.

Dann habe ich doch noch eine andere Beschäftigung gefunden. Der Zahnarzt hatte in seinem Labor einen Platinstift. Ich fand heraus, daß man mit dem erhitzten Platinstift dünne Linien in Holz brennen kann, und benutzte diese Entdeckung erwerbsmäßig. Zum Beispiel brannte ich die Namen von Kindern in Lineale und verkaufte sie dann. Die Zahnarztpraxis stank nun nicht nur nach Karbol und Lysoform, sondern auch nach verbranntem Holz und geröstetem Kaffee.

Mit der Zeit aber wurde meine Beschäftigung bei dem Zahnarzt immer ungünstiger für mich. Er behandelte seine Patienten nur noch, wenn sie angemeldet waren, und legte dazwischen immer eine Stunde Pause ein. Dann ging er in ein Geschäft und kaufte Schokolade und Kaffee (er wußte ja nicht, daß sich in seiner eigenen Praxis ein Kaffeelager befand). Alles lief darauf hinaus, daß der Zahnarzt mich unbedingt heiraten wollte. Er war zwar sehr nett, aber heiraten

Ruth Berlau, etwa 1937

wollte ich ihn denn doch nicht. Erstens war er mir zu langweilig, und zweitens störte mich der Gestank in der Praxis immer mehr.

Ich beschloß, mich von meinem Zahnarzt möglichst weit abzusetzen, und kam auf die Idee, mit dem Fahrrad nach Paris zu fahren. Weil ich aber auch dazu Geld brauchte, ging ich zur Zeitung »Extrabladet« – das ist eine Nachmittagsausgabe von »Politiken«, ein Boulevardblatt – und bot der Redaktion Berichte über meine Reise an. Man war einverstanden und versprach mir fünfundzwanzig Öre pro Zeile. Später habe ich erfahren, daß man mich betrogen hat, für Auslandsberichte bekommt man viel mehr. Aber damals war ich unerfahren, denn es war mein erster journalistischer Job.

Ich fuhr mit meinem Fahrrad los, Schlafsack und Rucksack auf dem Gepäckträger. Es war eine stinklangweilige Fahrt. Aber abends habe ich mich hingesetzt und erfunden, was ich erlebt haben wollte. Ich war sehr romantisch damals. So dichtete ich zum Beispiel, daß Leute in einem Auto mich verfolgt haben, durch den Wald und über das Feld, und daß ich nur davongekommen bin, weil ich die Reifen kaputtgeschossen habe. Jeden Abend dachte ich mir so eine Geschichte aus. Dabei zählte ich sorgfältig die Zeilen, denn bei fünfundzwanzig Öre pro Zeile mußte ich viel schreiben, um zu etwas Geld zu kommen. Allerdings konnte ich mir nicht vorstellen, daß all das auch wirklich gedruckt wird. Erstaunlicherweise war ich in diesem Fall zu pessimistisch.

Bevor ich nach Paris kam, hatte mich ein Journalist auf der Straße aufgegabelt und interviewt. Am nächsten Tag las ich in französischen Zeitungen: »Ein dänisches Mädchen kommt allein auf dem Fahrrad von Kopenhagen nach Paris, um sich einen Lippenstift zu kaufen.« So wurde ich in Paris sehr gut empfangen und überall herumgereicht. Alles ging wunderbar, und es waren herrliche Tage.

Die Rückfahrt war leider ebenso stinklangweilig wie die Hinfahrt. Nichts passierte, keiner hat mich verfolgt, mich vergewaltigt oder sonst irgendwas mit mir gemacht. Es war einfach nichts los. Ich mußte wieder dichten.

Im letzten Artikel vor meiner Ankunft in Kopenhagen kündigte ich an: »Ich bin gegen zweiundzwanzig Uhr auf dem Rathausplatz!« Als ich pünktlich eingetroffen war, wollte ich bei der Zeitung mein Geld abholen. Aber es war unmöglich, dahin durchzukommen. Der Rathausplatz war voller Leute, vor allem Bäckerburschen, Milchjungen und Zeitungsboten. Ich sagte: »Nun laßt mich mal durch.« Sie sagten: »Das geht jetzt überhaupt nicht.« Ich fragte: »Was ist denn los?« Da sagte ein kleiner Junge: »Da ist viel los. Ruth kommt heute abend an!« Ich wurde empfangen wie eine Weltreisende, bekam mein Geld und machte mir ein enormes Fest.

Wenig später fuhr ich dann für die Zeitung »Politiken« nach Moskau.

Bevor ich dorthin fuhr, war ich noch nicht Kommunistin, sondern lebte mit Bourgeoisleuten zusammen. Eines Abends – das war, glaube ich, 1930 – spielte ich mit dem Chefredakteur von »Politiken« Bridge und sagte nebenbei: »Eigentlich hätte ich Lust, einmal nachzuschauen, wie das so ist in diesem Rußland. Ich glaube, ich fahre mit dem Fahrrad hin.« Daraufhin sagte der Chefredakteur: »Fahr morgen früh, du kriegst tausend Kronen pro Tag.« Das ist wirklich wahr! Ich sagte: »Ich brauche eine kleine Karte, nicht eine mit Details, nur eine, wo ich sehen kann, wie es lang geht.« Er sagte: »Es wird alles da sein, fahr morgen.«

Ich fuhr am nächsten Morgen um neun Uhr ab. Die Reise ist weniger schlimm als man denkt. Es ist gar nicht so weit.

Durch Schweden fährt man natürlich nicht, indem man die Fahrradpedale tritt, sondern indem man sich mit dem Fahrrad in den Zug setzt. So kommt man ziemlich schnell nach Stockholm. Dort wohnt man in dem sehr schönen Grandhotel. Obwohl ich das Fahrrad bei mir hatte, bekam ich, wie die anderen Gäste auch, zuerst mal ein Bad und eine Massage. Dann nahm ich ein Schiff nach Turku, Finnland, und fuhr dann nach Helsingfors. Erst dort begannen die Schwierigkeiten.

Ich hatte kein Visum, und es war gar nicht so leicht, in die Sowjetunion einzureisen. Ich ging zur sowjetischen Botschaft und beantragte ein Visum. Die Leute in der Botschaft haben mich ausgelacht und gesagt: »Wie die Bergsteiger! Die wollen von jedem Berg, den sie besteigen, ein Edelweiß mitbringen oder wenigstens einen Stocknagel. Wollen Sie Hammer und Sichel haben?« Ich habe ein bißchen geheult und gesagt: »Nein, ich möchte gern sehen, wie es in der Sowjetunion wirklich ist. Man sagt, es gibt keine Arbeitslosen, und man sagt,

Onsdagen, d. 4Juni, 1930.

Den unge Skuespillerinde Fru Ruth Berlau, der for et Par Aar siden foretog en eventyrlig Rejse til Paris alene paa Cycle, startede i Dag paa en endnu mere vovelig Ferd mod Moskva som Maal. Turen gaar over Stockholm, Helsingfors, Leningrad til Sovjet's Hovedstad, og Hjemvejen lægges over Polen. Fru Ruth Berlau ses her sammen med sin tætpakkede "Globus" Cycle før Afrejsen fra Frihavnen.

Ruth Berlau vor der Abfahrt in die Sowjetunion im Freihafen Kopenhagen

Ruth Berlau, etwa 1934

daß die Frauen gleichberechtigt sind …« Soweit war ich gekommen, da nahm einer meinen Paß und klatschte mir das Visum rein. Und das war der Botschafter Maiski persönlich. Er war sehr nett, aber er wollte mich doch noch ein bißchen näher kennenlernen, bevor ich abfuhr. So lud er mich für ein paar Tage ein. Ich sollte mit seiner Frau in Museen gehen und ihr von mir erzählen.

Von der Grenze ab saß ich nun wirklich auf meinem Fahrrad. Ich konnte nur einen Satz russisch: »Bitte sagen Sie mir den Weg nach Moskau.« Den kann ich immer noch. In Moskau lernte ich noch ein anderes Wort. »Drug« – Freund. Man war überall sehr, sehr freundlich zu mir.

In Moskau fand gerade eine Theaterolympiade statt. Ich saß jeden Tag in der Chefloge und sah mir die Vorführungen an. Dementsprechend stand auch in meinen Artikeln, die ich für »Politiken« schrieb, nur etwas über Theater. Der Chefredakteur telegraphierte mir: »Es interessiert uns nicht, was du im Theater siehst. Schreib anderes!« Ich wußte ja selbst ganz genau, was er gern gelesen hätte: daß mich diese Bolschewiken zu Hackbeef verarbeitet haben und daß ich vergewaltigt worden bin. Das wäre eine gute Geschichte für »Politiken« gewesen. Aber nach wenigen Tagen Aufenthalt in Moskau wußte ich, daß es eine solche Geschichte nicht geben wird. Denn – um Bertolt Brecht zu zitieren – »die Verhältnisse, die sind nicht so«. Die Redaktion schickte mir den dänischen Konsul ins Hotel. Ich sollte schnell nach Kopenhagen zurückkommen, auch ohne Fahrrad, am besten mit dem Flugzeug – nur auf alle Fälle zurück. Er hatte das Reisegeld bei sich. So habe ich meine bürgerliche journalistische Zeit beendet, indem ich an den Chefredakteur von »Politiken« ein Telegramm schickte: »Leck mich am Arsch!« Er brauchte mir den Ausdruck nicht weiter krummzunehmen, er steht auch bei Goethe und bei Bertolt Brecht.

Ich blieb drei Monate in Moskau. Zurück flog ich tatsächlich mit dem Flugzeug. Aber das Fahrrad, obwohl uralt, hat man mir mit ins Flugzeug gegeben. »Das mußt du mithaben, es muß ins Museum«, sagten meine sowjetischen Freunde. Die Reise war ziemlich beschwerlich. Ich erinnere mich, daß wir ein paarmal notlanden mußten. Aber schließlich kamen wir wunderbarerweise auf dem Flugplatz in Kopenhagen an.

Vom Flughafen fuhr ich mit dem Fahrrad direkt ins Büro der Kommunistischen Partei. Dort sagte ich zu einem Herrn: »Ich möchte gern dieses kleine rote Buch haben.« Er antwortete: »So leicht geht das nun auch wieder nicht. Wir müssen erst einmal sehen, was du kannst.« Ich sagte: »Ich kann nichts.« Darauf er: »Dann kannst du das Buch leider nicht bekommen.« Ich überlegte: »Eigentlich wollte ich Schauspielerin werden.« Er sagte: »Wir bereiten gerade eine Ausstellung mit Kinderzeichnungen vor. Geh hin und bring sie in Ordnung. Wenn du es anständig machst, werden wir sehen, ob du das kleine rote Buch – wie du das nennst – kriegen kannst oder nicht.«

Die Ausstellung war wirklich nicht in Ordnung. Ich war ratlos. Da fiel mir ein Kindheitserlebnis ein. Ich saß in einem Saal voller Kinder, und auf der Bühne stand ein Zeichner. Er zeichnete Tiger und Löwen, wie sie gerade zum Sprung auf uns Kinder ansetzten. Im letzten Augenblick bekamen sie ein Gitter davor. Wer von uns Kindern nun am schnellsten nach vorn laufen konnte, bekam die Zeichnung. Ich stürzte jedesmal wie eine Wilde vor und konnte einige Zeichnungen sammeln. Als der Mann meinte, genug gezeichnet zu haben, fing er an, Witze zu erzählen. Am Schluß ging ich mit einem vor Lachen ausgerenkten Kiefer nach Hause. Man mußte den Arzt holen, der ihn mir mit einem kräftigen Schlag wieder einrenkte.

Diesen Zeichner, dachte ich, muß ich für meine Ausstellung haben. Er hieß mit Vornamen Robert und mit Familiennamen Storm Petersen. Leider ist er vor einigen Jahren gestorben. Er war nicht Parteikommunist, stand uns aber sehr nahe. Brecht liebte ihn sehr, er war sozusagen sein Lieblingshumorist. Aber Storm Petersen war nicht nur Zeichner, sondern auch Schauspieler. Er stand, glaube ich, sechzehn Jahre lang jeden Abend auf der Bühne. Eine Geschichte von ihm hatte Brecht besonders gern, und er hat sie mindestens hundertmal erzählt: Ein Mann kommt in eine Gesellschaft, und damit er

»Du skønne Ungdom!« von O'Neill mit Ruth Berlau (Mildred) und
Ebbe Rode (Richard) im Königlichen Theater, 1934

dort seinen Hut nicht vergißt – weil man seinen Hut ja immer vergißt –, hat er einen Apparat gegen das Vergessen von Hüten bei sich. Der Apparat, mit dem Storm Petersen auftritt, ist größer als zwei Autos und paßt kaum auf die Bühne. Storm Petersen hupt, der Hut fliegt hin und her, wirbelt rauf und runter – aber der Apparat mit seinen vielen Armen fängt ihn immer wieder ein.

Zu diesem Storm Petersen fuhr ich nun und verlangte erst einmal drei Karikaturen von ihm in der Art, wie ich sie in der Sowjetunion gesehen hatte: einen General, einen Pfarrer und einen Kapitalisten. Storm P. – in Dänemark nennt man ihn nur so – hat die Zeichnungen tatsächlich geliefert. Er hat mir auch sonst mit Ratschlägen geholfen, so daß die Ausstellung ganz gut geworden ist. Ich bekam mein Parteibuch.

Der strenge Herr, der mich geprüft hat, war übrigens der ehemalige Parteivorsitzende Aksel Larsen. Mit ihm zusammen schrieb ich später viele Szenen für mein Arbeitertheater, denn Larsen kannte die aktuellen Probleme besser als ich.

*»Nonnebarnet« von Martinez-Sierra mit Ruth Berlau (Mitte, als Schwester Marcella)
im Königlichen Theater, 1932*

Bevor ich das Arbeitertheater gegründet habe, war ich Elevin
der Schauspielkunst im Königlichen Theater zu Kopenhagen.
Das ist eine furchtbare Schule, in der man nichts lernt, obwohl
man zwei Jahre lang Gedichte aufsagen und Rollen einstudie-
ren muß. Interessiert haben mich nur zwei Fächer: Sprechun-
terricht – auch wenn er nicht so gut war wie der von der Weigel – und Theatergeschichte bei Professor Torben Krogh. Die
anderen Lektionen waren wie bei den Allerweltsschulen und
haben mich nicht interessiert. Nach dem ersten Studienjahr
wurde mir in einem Experimentiertheater die sehr schöne
Rolle der Anna in »Trommeln in der Nacht« angeboten. Unser
Regisseur war Peter Knutzon, der später »Die Rundköpfe und
die Spitzköpfe« von Brecht inszeniert hat. Der einzige Erfolg,
den ich jemals als Schauspielerin hatte, war diese Anna.

Nach »Trommeln in der Nacht« wollte ich vom Königlichen
Theater eigentlich abgehen, denn nach der Premiere bekam
ich Engagementsangebote von anderen Theatern, und zwar
mit Gage. Im Königlichen Theater mußte ich ja vierzig Kro-

nen im Monat zahlen! Aber der Chef des Königlichen Theaters, Andreas Müller, sagte: »Bleiben Sie lieber hier, wir zahlen fünfundsiebzig Kronen, und Sie können als Debüt-Rolle den Puck im ›Sommernachtstraum‹ haben.«

Das ist eine furchtbare Erinnerung. Wir hatten einen zwar wunderbaren und genialen Regisseur, er hatte aber leider die Syphilis und war völlig verrückt. Ich hätte ihn vergessen, hätte sich nicht Brecht für ihn interessiert. Brecht hat auch mit mir zusammen Notate über ihn geschrieben.

Ich fiel von einer hohen Leiter herunter auf die Bühne. Das war mein Debüt als Puck im »Sommernachtstraum«. Es war grauenvoll. Ich konnte nicht einmal den Text. Der Souffleur, ein netter alter Mann, flüsterte mir immer zu: »Raus aus dem Eichbaum und hoch in den Tannenbaum!« Ich hüpfte nach seinen Anweisungen im Trikot herum. Ich sah aus wie völlig nackt. Dieser geniale, aber verrückte Regisseur hatte mir Haare ankleben lassen, wo man sonst Haare hat.

In der Aufführung spielte auch Storm P. mit. Ich kriegte ihn rein ins Königliche Theater, weil es dort so langweilig war,

»Kvinderne paa Niskavuori« von Hella Wuolijoki mit Else Højgaard (Ilona), Ruth Berlau (Martha), Aage Fønss (Vainio) und Bodil Ipsen (Lovisa Niskavuori) im Königlichen Theater, 1938

25

daß ich ihn haben mußte. Im Theater sagten sie zwar, er sei nur Kabarettist und Komiker, aber ich dachte anders über ihn. Gott sei Dank wurde er angenommen.

Storm P. spielte in der Handwerkerszene. Bei den Proben taten mir die Lachmuskeln weh, weil Storm Petersen dauernd Witze machte. Seine Rolle konnte er nie. Vor der Premiere flehte ich ihn an: »Laß das, lach nicht!« Er gab mir die Hand und sagte: »Ich schwöre, ich sage kein Wort außerhalb meiner Rolle – und die kann ich nicht.« Abends saß ich dann als Puck im Baum, und unter mir spielte Storm P. den Löwen. Nachdem er Thysbe ermordet hatte, drehte er sich um, hob ein Bein und machte Pipi über Thysbe. Da wäre ich vor Lachen wieder fast vom Baum gefallen. Aber Storm P. kam nach der Vorstellung ganz unschuldig zu mir und meinte: »Ich habe kein Wort gesagt.«

Nach diesem Fiasko – es war wirklich ein Fiasko! – habe ich nur noch kleine Rollen gespielt. Ich arbeitete geradezu daran, nicht mehr spielen zu müssen. Was man mir auch anbot, ich sagte immer: »Das schaffe ich nicht. Schon charaktermäßig schaffe ich das nicht.«

Ich habe alle Rollen weggeschoben oder aus meiner Erinnerung verdrängt – außer einer: die Christine in Strindbergs »Traumspiel«. Sie sagte immer: »Ich kleistere, ich kleistere.« Später erinnerte ich mich oft an diesen Text – als ich nämlich die Modellbücher für Brecht geklebt habe. Aber das wußte ich damals noch nicht, ich habe die Rolle von jeher geliebt. Auf die Kritiker muß mein Spiel allerdings etwas unheimlich gewirkt haben. Sie schrieben: »Schade um diese Berlau. Es wird immer ein ganz anderes Stück, wenn sie auftritt.«

Nach dem Puck im »Sommernachtstraum« hat man mich anscheinend für sehr begabt gehalten. Das ging dann alles flöten, weil ich Kommunistin wurde. Oder ist das nicht schlüssig?

Einmal bekam ich doch noch eine schöne Rolle, die ich gern gespielt habe. Damit hängt auch eine für mein Leben sehr wichtige Begegnung zusammen.

Der Regisseur kam mit einem dicken Manuskript an, und ich dachte sofort mit Schrecken: Alles das auswendig lernen? Ich kann nicht auswendig lernen. Aber dann las ich das Stück,

Ein von der Sowjetunion in Dänemark bestelltes Schiff läuft von Kopenhagen nach Leningrad aus. An Bord Ruth Berlaus Arbeitertheater »RT« mit seiner Fahne. Reiseziel: Die Arbeiter-Theaterolympiade in Moskau 1933

Theaterprobe während der Überfahrt nach Leningrad.
Vorn links die Schauspielerin Lulu Ziegler, zweite Reihe Mitte Ruth Berlau,
rechts hinten der Regisseur Per Knutzon

und dabei dachte ich: Merkwürdig, die Frau, die dieses Stück geschrieben hat, hat irgend etwas von Marx gehört. Ich habe die Rolle angenommen und probiert. Der Regisseur und der Theaterchef sagten zu mir: »Das ist grauenvoll, was du machst!« Ich kam zu jeder Probe mit enormen Einfällen, und sie wußten nichts damit anzufangen. Damals kannte ich Brecht schon, und wenn ich ihn besuchte, gab er mir Hinweise für die Einstudierung.

Im Theater drohte man mir: »Zur Generalprobe kommt die Schriftstellerin!« Ich habe mich aber nicht abschrecken lassen, und der Besuch wurde ein besonders schönes Erlebnis für mich. Zur Generalprobe sah ich eine wunderbare, große Person in der ersten Reihe sitzen. Ich spielte so, wie ich es mit Brecht ausgemacht hatte. Um zum Beispiel zu zeigen, daß die Frau reich ist und wie sie sich mit ihrem Reichtum brüstet, schleppte ich einen enormen Biberpelz mit mir herum. Ich hatte ihn immerfort bei mir, mal angezogen, mal auf dem Arm; ich benutzte ihn. Nach der Generalprobe wurde ich zum Chef gerufen. Ich war ein bißchen bange. Aber als ich eintrat, sprang die Schriftstellerin auf, umarmte mich und sagte: »Meine Martha! Das Stück wurde in London, in Stockholm und in Helsingfors gespielt, doch so eine Martha habe ich nie gesehen!«

Das war mein erstes Zusammentreffen mit Hella Wuolijoki, die später die Familie Brecht in Finnland aufgenommen hat und mit der Brecht den »Puntila« geschrieben hat. Als ich die Martha in Hella Wuolijokis Stück spielte, hatte die Schauspielerin Bodil Ipsen die Rolle meiner Schwiegermutter. Sie sagte immer: »Morgen haben wir wieder ›Die Frauen auf dem Pissoir‹.« Niskavuori konnten wir nicht aussprechen. Hella Wuolijoki hat vier Stücke über die Frauen von Niskavuori geschrieben. Sie verfolgte das Leben dieser Frauen sozusagen von der Wiege bis zur Bahre.

Das letzte Mal war ich 1954 – ungefähr acht Tage, bevor sie starb – bei Hella Wuolijoki. Zufälligerweise stand gerade das vierte Stück der »Frauen von Niskavuori« auf dem Spielplan. Hella wollte, daß ich die Vorstellung unbedingt ansehe, und ließ von der Theaterdirektion für sich und für mich Plätze reservieren. Das Stück ging nicht gut – wie übrigens alle Stücke von Hella –, aber man hatte ihretwegen schnell ein paar Leute zusammengetrommelt und in die erste Reihe gesetzt. Hella hat gar nicht gesehen, daß sonst kein Mensch im Theater war. Hinter uns saß wirklich niemand.

Hella hatte auch darauf bestanden, daß ich einen Dolmetscher bekam. Das machte der Theaterdirektor, weil er sich nicht leisten konnte, extra für mich einen Dolmetscher zu engagieren. Aber ich konnte das nicht aushalten: sehen und hören und dann noch etwas ins Ohr geflüstert bekommen. Ich bin mit dem Direktor hinausgegangen. Hella hat auch das nicht bemerkt, so fasziniert war sie. Zum Schluß gingen wir wieder hinein und haben geklatscht wie die Wilden, und Hella ist glücklich weggefahren. Das ist merkwürdig bei einer so großen Persönlichkeit. Sie wollte Stücke schreiben, aber sie konnte es nicht. In dieser Beziehung hatte sie wirklich einen Tick.

Meine allerletzte Rolle im Königlichen Theater war eine Nonne. Den Titel des Stücks habe ich vergessen. Ich erinnere mich aber an eine Szene, in der die Nonne mit einem Spiegel in ihrer Zelle spielt. Sie wird dabei ertappt und kommt vor ein Nonnengericht. Sie verteidigt sich gegen die Anklage: »Ich habe gar nicht in den Spiegel geschaut, sondern nur die Sonnenstrahlen eingefangen und Licht in meine Zelle geholt.« An dieser Stelle guckte ich mal ins Parkett. Da saßen feine Herren im Frack oder Smoking und wischten sich die Tränen aus den Augen. Das hat mich erstaunt. Ich muß also doch Talent gehabt haben, jedenfalls für ein Theater, in dem geweint wird.

Probleme wie in diesem Nonnenstück interessierten mich wirklich nicht. Deshalb widmete ich mich mehr und mehr dem Aufbau eines Arbeitertheaters. Seine Entstehung war sehr kurios. Eines Tages hatte mich der Pförtner des feinen königlichen Plüschtheaters in der Garderobe angerufen: »Bei mir stehen vier merkwürdige Männer, die Sie sprechen wollen.« Ich sagte, er kann sie ruhig zu mir schicken. Herein kamen vier Seeleute, die ein Stück geschrieben hatten. Sie baten mich, ihnen bei der Inszenierung zu helfen. Ich sagte: »Ich

Ruth Berlau während der Arbeiter-Theaterolympiade in Moskau

verstehe nichts von Schiffen und Seefahrten.« Sie meinten: »Das ist auch gar nicht nötig, denn das wissen wir selbst. Du mußt nur sagen, wo wir gehen und stehen sollen, das andere machen wir schon.«

Das Stück ist dann auch mit meiner Hilfe herausgekommen. Das war die Geburtsstunde meines Arbeitertheaters – übrigens das erste Arbeitertheater in Dänemark. Es entwickelte sich, neue Leute kamen hinzu, und wir wurden zur Theaterolympiade in Moskau eingeladen. Wir nannten uns »RT« – Revolutionäres Theater. Mit einem sowjetischen Schiff reisten wir nach Leningrad und fuhren mit dem Zug weiter nach Moskau. Dort haben wir gespielt. Als das Arbeitertheater nach Hause fuhr, blieb ich in Moskau, um Kindertheater zu studieren. Hier traf ich den norwegischen Schriftsteller Nordahl Grieg, zu dessen Stück »Die Niederlage« Brecht mit »Tage der Commune« eine Art Gegenentwurf gemacht hat. Mit Nordahl Grieg habe ich mehrere Jahre immer wieder zusammengearbeitet. Er war genausosehr an Arbeitertheater interessiert.

Ich war zu der Zeit mit Professor Robert Lund verheiratet. Aber das hat sich als ein Irrtum von mir herausgestellt. Ich weiß, daß er ein großer Wissenschaftler ist. Seine Veröffentlichungen sind in mehrere Sprachen übersetzt. Er ist ein großartiger Mensch. Er sah wunderbar aus und sieht merkwürdigerweise auch jetzt noch wunderbar aus. Ich habe ihn bei einer Party in seinem Landhaus getroffen, und es war – wie immer bei mir – Liebe auf den ersten Blick. Morgens gegen vier Uhr, als wir alle stinkbesoffen waren, sah ich ihn im Garten herumlaufen. Bei der Party waren einige Gläser und Flaschen kaputtgegangen, und Lund sammelte die Glasscherben auf. Er hatte vier Kinder, und Kinder laufen ja barfuß. Ich muß ihn daraufhin so angehimmelt haben, daß er mich fragte, ob wir heiraten wollen. Ich war einverstanden, und im Grunde habe ich diesen Entschluß auch nicht zu bereuen gehabt. Ich war zehn Jahre mit Robert Lund verheiratet. Die schönste Zeit mit ihm waren unsere vielen Reisen. Jedes Jahr fuhren wir weg, durch ganz Deutschland oder nach Italien – Rom und Venedig, oder nach Südfrankreich – Marseille oder Toulon. Das war wundervoll. Im Winter reisten wir zum Skilaufen

Ruth Berlau auf der Fähre von Svendborg nach Thurö, 9. 8. 1933

Ruth Berlau, etwa 1928

nach Oslo oder anderswohin in Norwegen oder auch in die
Schweiz, nach Italien in die Dolomiten. Er verstand sehr viel
von Kunst. Unsere Reise nach Florenz ist mir heute noch unvergeßlich.

Als wir heirateten, war ich zwanzig und er war vierzig. Dieser Altersunterschied hat mich überhaupt nicht gestört. Später wäre das vielleicht ein Problem geworden, aber zu meiner Zeit mit ihm dachte ich an so etwas nicht. Nur daß er kein Kommunist war, hat mich am Schluß ein bißchen gestört.

Der Arzt Dr. Robert Lund, Ruth Berlaus Ehemann

Ruth Berlaus erste Begegnung mit Brecht auf Thurö, 9. 8. 1933

Brecht auf den zu kleinen Inseln

—

Erste Begegnung mit Brecht und Weigel · Ein Studentenabend ·
Brecht-Stücke im Arbeitertheater »RT« – »Videre …«
und »Jedes Tier kann es« · Lehrzeit ·
Karin Michaelis, Dagmar Andreasen, der »tote Maurer«,
Otto Gelsted und Mogens Voltelen

Im Sommer 1933 lernte ich durch einen Zufall Bertolt Brecht
kennen. Brecht und Weigel wohnten damals in einem Haus in
Torelore auf Thurö bei der dänischen Schriftstellerin Karin
Michaelis. Karin hatte sich in Wien eng mit Helene Weigel befreundet und ihr vorgeschlagen, die für eine Flüchtlingsfami-
lie sehr teure Schweiz, wo Brechts zuerst untergekommen waren, mit dem nicht ganz so teuren Dänemark zu vertauschen.
Das hielten Brecht und Weigel für vernünftig, wenn es auch
einen Verzicht auf die deutsche Sprache bedeutete. Sie glaubten damals, daß die Naziherrschaft nicht lange dauert und daß
sie dann nach Deutschland zurückkehren können.

Die Brechts wohnten jedoch nur kurze Zeit auf dem großen
Grundstück von Karin Michaelis, denn die Weigel hatte bald
ein altes Bauernhaus gefunden, das sie kaufen konnte. Sie
mußten zwar haushalten, waren aber nicht, wie viele Emigranten, ganz ohne Geld angekommen. In diesem »Haus mit dem
Strohdach«, wie es Brecht in den »Svendborger Gedichten« beschrieben hat, lebte die Familie, bis sie weiter nach Schweden
flüchten mußte. Es befindet sich nicht in Svendborg, sondern
in dem kleinen Bauernort Skovsbostrand, direkt am Svendborg-Sund.

Zum ersten Mal aber traf ich Brecht, als er noch bei Karin
Michaelis auf Thurö wohnte. Ich gehörte zu der Zeit einem
Studentenkomitee an, das künstlerische Abende veranstaltete.
Vorsitzender dieses Komitees war der dänische Romanschrift-
steller Hans Kirk. Mit ihm wollten wir das nächste Programm
zusammenstellen. Alle schauten auf mich: »Du mußt mit Karin Michaelis sprechen. Sie soll eine Rede an unserem Abend
halten.« Das bedeutete fünf Stunden Fahrt! »Du bist die einzige, die einen Wagen hat.« – Robert Lund hatte damals so

einen phantastischen Lincoln, der mir zur Verfügung stand. Ich sagte: »Nein, ich tue es trotzdem nicht. Ich bin dagegen, daß Karin immerfort über Vivisektion spricht.« Karin Michaelis – weltberühmt durch ihren Roman, die unglaublich freche und mutige Autobiographie »Das gefährliche Alter« – war gegen Vivisektion und pflegte diesen Standpunkt in jeder Rede darzulegen. Daran war ich nicht interessiert, und ich fand das Thema auch für die Studenten nicht interessant. Plötzlich hörte ich, wie jemand neben mir sagte, mehr so in einem privaten Gespräch und gar nicht für mich bestimmt: »Bert Brecht wohnt jetzt auf Thurö.« Darauf hörte ich mich selbst ohne jeden Übergang sagen: »Gut, dann fahre ich morgen.«

Ich hatte doch vor nicht langer Zeit die Anna in »Trommeln in der Nacht« gespielt. Das war meine erste Begegnung mit Brecht gewesen. Außer der »Dreigroschenoper« kannten wir in Dänemark gar nichts von Brecht. Gedichte von ihm hatten wir nie gelesen. Aber von diesen »Trommeln« brannte ein merkwürdiges Feuer in mir, und deshalb war ich bereit, nach Thurö zu fahren.

Und ich fuhr. Ich fuhr die fünf Stunden übers Land und mit der kleinen Fähre. Zwei Freunde hatte ich bei mir, einen Architekten und einen Studenten der Ökonomie. Ob es Zufall war, daß ich den Architekten mitnahm, oder ob ich einen Plan hatte, weiß ich nicht mehr. Es könnte sein, daß ich von dem Vorhaben der Weigel wußte, ein Haus am Svendborg-Sund umzubauen. Vielleicht dachte ich: Wenn ich ihr einen Architekten mitbringe, besteht die Chance, mit Brecht zu einem Gespräch über mein Arbeitertheater zu kommen.

Wir erledigten unseren Auftrag bei Karin Michaelis. Am Abend saßen wir mit ihr zusammen. Karin liebte junge Leute und wollte von allen alles wissen. Sie brachte uns in ihrem Haus unter, aber am nächsten Tag fragte ich wie nebenbei, wo denn dieser Brecht wohne. Ich glaube, ich war unbewußt ein wenig enttäuscht, daß ich ihn nicht auf der Landstraße gesehen hatte, obgleich ich gar nicht wußte, wie er aussah. Karin beschrieb uns den Weg zu Brecht.

Dann standen wir vor dem Haus. Die Weigel empfing uns mit einer Herzlichkeit, wie sie selbst bei den Dänen, die ja

*Zusammenkunft deutscher Emigranten mit dänischen Freunden im Haus
der Malerin Maria Hjuler (vordere Reihe), zwischen Hermann Duncker
(ganz rechts) und Brecht; links neben ihm Karin Michaelis; hintere Reihe, 3. v. l.
Helene Weigel, daneben die dänische Journalistin Merete Bonnesen,
daneben die Schriftstellerin Maria Lazar, Kopenhagen 1937*

sprichwörtlich freundlich und gastfreundlich sind, ungewöhnlich ist. Ihre große Persönlichkeit strahlte eine Souveränität
aus, die uns beeindruckte, aber anfangs doch auch ein wenig
bedrückte. Wo nahmen diese Vertriebenen ihre Sicherheit
her?

In diesem Haus war nichts von tragischer Emigrantenstim-
mung. Ich kannte viele Flüchtlinge, die vor den Nazis nach
Dänemark geflohen waren. Niemand war mit der Weigel vergleichbar. Eine zarte Person von fremdartiger Schönheit. Möglich, daß sie große Ohren hat, das sagt man immer, als ob es
ihr abträglich wäre. Aber diese schwungvollen Lippen, das
schmale Gesicht! Und bemerkenswerte, kleine, feste, aus-
drucksvolle Hände, die mir damals schon auffielen, und die
ich später – fünfzehn Jahre später – noch einmal neu entdeckte, auf der Bühne, wenn Mutter Courage ihren Brannt-
wein ausschenkt im Dreißigjährigen Krieg. Diese Hände boten uns Willkommen und kochten uns das Essen. Es stand

Helene Weigel in Dänemark, 1933

plötzlich auf dem Tisch, sozusagen hervorgezaubert. Ich sage es, weil es wirklich immer so war. Helene Weigel kochte für ihre Gäste selbst, aber scheinbar hatte sie zwei Köchinnen und außerdem ein Stubenmädchen. Stets saß sie frisch mit am Tisch. Sie war auch ein einmaliges Konversationstalent. Es war angenehm, sich mit ihr zu unterhalten, sie spürte immer, was ihre Gäste interessiert.

Die Stimmung war heiter und lustig. Es war ein schönes Haus, gut eingerichtet. Ich hatte nicht den Eindruck von Armut und erbärmlichem Emigrantenschicksal, wie ich ihn anderswo gewonnen hatte. Die Kunst der Weigel bestand darin, nichts zu schwer zu nehmen. Sie war sehr glücklich, den Nazis entronnen zu sein. Es bedrückte sie nur, daß sie bei dem Zwischenaufenthalt in Wien ihren jüdischen Vater nicht zur Emigration hatte überreden können. Er hat ihr ein bißchen Geld und auch Schmuck mitgegeben, damit sie die Emigration überstehen kann.

Zuerst waren nur Weigel, Brecht und ihr Sohn Steff in Dänemark, Tochter Barbara kam mit dem Dienstmädchen Marie später nach. Marie stammte aus Augsburg und war schon in Berlin lange bei Brecht und Weigel gewesen. Sie führte Weigels Haushalt und kochte auch. Außerdem machte sie täglich Brechts Wohnung sauber. 1933 folgte sie Weigel und Brecht in die Emigration nach Skovsbostrand in Dänemark. Dort blieb sie, weil sie den Metzger heiratete. Das war eine herrliche Geschichte, die Brecht sehr amüsiert hat.

Brecht und Weigel wohnten zu der Zeit schon am Svendborg-Sund, und der Fleischer brachte regelmäßig Fleisch mit dem Auto dorthin. Dabei entwickelte sich langsam eine Liebesgeschichte zwischen dieser wunderbaren Marie und dem Metzger, der keine Schönheit war. Ich habe beide kürzlich besucht, es geht sehr gut mit ihnen.

Aber noch sind wir auf Thurö, wo Marie nicht da war. Wir saßen beim Essen. Als das Dessert aufgetragen wurde, lernte ich eine lustige Eigenart von Brecht kennen. Er nahm nämlich seinen kleinen Kompotteller und verschwand, ohne ein Wort zu sagen. Als er gegangen war, sagte die Weigel, das sei nicht gegen uns gerichtet. »Nach Tisch legt sich Brecht hin und ruht sich aus.« Der Ökonomiestudent ging baden, und den Architekten beschlagnahmte die Weigel, um mit ihm den Umbau des Bauernhauses in Skovsbostrand zu beraten. Ich stand mit meiner Schreibmaschine vor dem Haus und überlegte, ob ich was notieren sollte.

Das erste, was mir an Brecht auffiel, waren seine Augen: klare, dunkle, vielsagende, lächelnde Augen. Und es fällt mir ein, daß wir uns all die Jahre sehr viel mit den Augen unterhalten haben, vielleicht weil wir oft unter vielen Leuten waren und, zum Beispiel beim Abschied, uns nur mit den Augen verständigen konnten.

Als wir uns zum erstenmal sahen, gab er mir zwar seine Hand, trat aber gleichzeitig einen Schritt zurück. Dieses Kunststück macht dem Brecht so leicht keiner nach. Abstand, um Gottes willen Abstand! Nicht nur in seiner Regie forderte er Abstand, sondern auch privat. Viel später habe ich Brecht von diesem für mich merkwürdigen Vorgang erzählt. Er sagte: »Ich hatte gehört, daß eine Schauspielerin vom Königlichen Theater gekommen ist. Da war ich mißtrauisch.« Aber schon während des Essens bekamen wir guten Kontakt, denn Brecht war sehr humorvoll, und ich war es auch. Daß ich ihn da schon liebte, wußte ich nicht.

Er hatte einen blauen Arbeitsanzug mit vielen Taschen an und trug einen schwarzen Ledergürtel. Er war sehr schlank und hatte schöne Schultern, die gerade in eine Hand hineinpaßten. Das bemerkte ich später, als ich diese Schultern so gern umfaßte.

Ich stand also unschlüssig mit meiner Schreibmaschine vor dem Haus, als ich hinter mir ein leises »Hallo« hörte. Dieses zarte, fragende Rufen ist, wie ich später erfahren habe, für viele Frauen sozusagen der Inhalt ihres Lebens geworden. Darauf haben sie gewartet, darauf haben sie gebaut und davon haben sie geträumt. Damals hörte ich es zum erstenmal. (Ich glaube, ich bin jetzt taub, weil ich dieses »Hallo« so viele Jahre nicht mehr gehört habe. Warum in der Welt herumhorchen, wenn ich nicht mehr von ihm gerufen werde?)

Brecht hatte seine Mittagsruhe am Tag unserer ersten Begegnung früher als sonst beendet. Wir gingen in sein kleines

Brecht in Dänemark, 1933

Ruth Berlau, etwa 1938

Arbeitszimmer. Ich hatte mir vorgenommen, ihn um Material und um Ratschläge für mein Arbeitertheater zu bitten. An seiner Hilfsbereitschaft zweifelte ich keinen Augenblick. Brecht erzählte, daß er ein Stück nach Gorkis Roman »Die Mutter« geschrieben hat und daß in der Inszenierung Arbeiter mitgewirkt hatten. Er nannte die Namen seiner Mitarbeiter Slatan Dudow und Hanns Eisler, der die Musik zu dem Stück geschrieben hat. Das war alles ganz neu für mich. Als er mir riet, einen Projektionsapparat zu kaufen, lachte ich vor Freude. Den allerdings hatte ich mir gerade beschafft. Wir benutzten ihn bei unseren Agitprop-Auftritten. Das machte auf Brecht großen Eindruck.

Alles, was ich von unserem ersten Gespräch behalten habe, ist unsere Unterhaltung über den Projektionsapparat – und daß mir Brecht ein graues Heft mit dem Titel »Versuche« zeigte. Es war das Heft mit dem Stück »Die Mutter« und vielen Anmerkungen. Ich sagte: »Das ist ja herrlich, daß du es mitgebracht hast, dann nehme ich es gleich mit.« (Merkwürdigerweise sagten wir sofort »Du«. Brecht macht das sonst nicht. Aber mir war die deutsche Grammatik mit »Sie« zu beschwerlich, und Brecht hat das sofort begriffen.) Als ich nach dem Heft griff, wollte Brecht es mir nicht leihen. Er sagte: »Das geht nicht. Es ist unmöglich. Ich habe nur wenig mitnehmen können, als ich flüchten mußte. Ich muß das Buch behalten, ich kann es nicht weggeben.«

Aber da hatte ich schon etwas von der Weigel gelernt. Sie war so praktisch gewesen, den Architekten für den Umbau ihres Hauses zu benutzen, und ich benutzte eine günstige Gelegenheit, dem Brecht das Heft mit der »Mutter« zu stehlen. Sobald ich wieder in Kopenhagen war, fing ich mit der Übersetzung an. Ich schrieb Brecht, daß sich das Heft bei mir befindet. Er hat mir den Diebstahl verziehen und kam dann auch zu Proben, als wir das Stück inszenierten.

Als ich Brecht nach dieser ersten Begegnung verließ, stand er auf einem grünen Hügel vor seinem Haus. Ich rief ihm zu: »Vergiß nicht meine Adresse!« Er klopfte auf die Tasche, die über seinem Herzen saß: »Nein, nein, hier liegt sie!« Seine Augen und sein Lachen begleiteten mich nach Kopenhagen ebenso wie das gestohlene Buch. Obwohl wir uns danach öfter sahen, dauerte es zwei Jahre, bevor ich mir meinen ersten Kuß abholte.

Noch etwas muß ich von dieser ersten Begegnung mit Brecht und Weigel berichten. Mir kam plötzlich der Gedanke, ob nicht Brecht etwas zu unserem Studentenabend beitragen könnte, vielleicht einen Vortrag über Theater. Brecht lehnte ab: »Ich bin kein Redner. Aber die Weigel kann etwas machen.« Ich verstand nicht. »Sie ist eigentlich Schauspielerin«, sagte Brecht. Als die Weigel kam, habe ich sie überfallen: »Hallo, Helli, du mußt bei uns auftreten!« Brecht unterstützte mich. Die Weigel fragte, ob wir einen Musiker zum Begleiten finden können. »Das organisiere ich«, sagte ich kühn.

Ich bat einen unserer besten jungen Musiker, Mortensen, die Weigel zu begleiten. Obgleich er von ihr so wenig wußte wie ich, sagte er zu. Dann kam der Studentenabend heran. Wieder einmal fuhr ich fünf Stunden nach Thurö und fünf Stunden zurück, um Karin Michaelis, Helene Weigel und Bertolt Brecht nach Kopenhagen zu holen. Ich setzte sie an meiner Wohnung ab, weil ich selbst Generalprobe mit meinem Arbeitertheater hatte und mich um das Arrangement des gesamten Abends kümmern mußte.

Was sich in der großen, vornehmen Wohnung abgespielt hat, hat mir Brecht später erzählt. Mortensen probierte mit der Weigel, und Lund, der sehr musikalisch ist, hat immerfort die Probe unterbrochen und gesagt, das und das fände er nicht richtig. Ein Laie gibt den Fachleuten Ratschläge! Aber das hat weder Brecht noch die Weigel gestört. »Finden Sie?« hat Brecht nur zurückgefragt und alle Kritik freundlich aufgenommen. Er hat meinen Mann von Anfang an sehr gern gehabt. Später spielten die beiden oft Schach miteinander. Brecht war ja ein Snob im Umgang mit Wissenschaftlern.

Am Abend kamen alle gutgelaunt zur Versammlung. Karin Michaelis plauderte ihre Rede herunter. So lieb und brennend, wie sie nun einmal war, hatte man immer den Drang, sie zu umarmen, was sie auch sagte. Danach war die Weigel an der Reihe. Ich hatte von den Proben nichts gehört, kannte also

Brecht, 1933

die Stimme der Weigel nicht. Mortensen hatte mich gebeten, die Notenblätter zu wenden, und ich setzte mich zu ihm ans Klavier. Dann sang die Weigel: »Als ich dich gebar ...« Zwei Blätter schaffte ich gerade noch umzudrehen, dann vergaß ich alles und hörte nur noch zu. Diese Stimme da oben! Kam sie wirklich von dieser zarten Gestalt? Ihre strahlenden Augen durchbohrten uns. Ihre Kunst, trotz des ergreifenden Textes frei von jeder Sentimentalität, brachte uns alle zum Heulen. »Als ich dich in meinem Leib trug ...« – »Ich habe dich ausgetragen ...« – »Mein Sohn, was immer auch aus dir werde ... halte dich an deinesgleichen ...« Ungeniert weinten die jungen Leute. Irgendwoher aus dem Saal kam lautes Schluchzen. Jemand muß zusammengebrochen oder geboren worden sein, fuhr es mir durch den Kopf. Aber ich war doch auch genügend theatererfahren, um gleichzeitig begreifen zu können, daß solche Souveränität in der Kunst, solche Ergriffenheit nicht ohne Technik entsteht. Ich fühlte mich völlig schizophren. Immer wieder bei großen Augenblicken bemerke ich dieses Doppelbewußtsein.

Wenn drei Genies auf einmal in unser kleines Dänemark kommen, was soll man da machen? Brechts Text, Hanns Eislers Musik und die Stimme der Weigel? Dagegen ist nicht anzukommen. Das war 1933, und keiner von den Leuten, die damals im Saal waren, hat dieses Erlebnis je vergessen können. Meine damaligen Studenten sind inzwischen Magister, Rechtsanwälte, Professoren und so weiter, aber wenn der Name Weigel genannt wird und ich an die »Wiegenlieder« erinnere, schütteln sie immer noch die Köpfe vor Staunen über den Vorgang, und ihre Augen werden milde oder hart – je nachdem, ob sie dieses Lied, diese Mahnung verraten haben oder nicht. Meinem kleinen Land zu Ehren muß ich sagen: Jeder, der dabei war, hat diese große Kunst verstanden, begriffen, geschluckt und verzehrt. Ich auch. Das war einfach wunderbar.

Zum Abschluß des Abends trat meine kleine Truppe auf. In einem Sketch wurde gezeigt, wieviel ein Arbeiter in seiner Lohntüte zurückbehält, nachdem er Miete, Licht, Gas, Versicherungs- und Gewerkschaftsbeitrag gezahlt hat. Sicher war die Anlage der Szene primitiv, sie entsprach aber unserer Haltung in der Agitprop-Zeit. Wir nahmen unsere Absichten sehr ernst, und ich habe erst Jahre später begriffen, warum Brecht an einer bestimmten Stelle so lachen mußte, daß er sich geschüttelt hat. Der Hauptdarsteller Gabrielsen – von Beruf Tischler – steht mit seinem Portemonnaie auf der Bühne, fummelt mit ein paar Münzen rum und sucht und sucht. Wir hatten alles probiert, er aber hielt sich nicht an unsere Verabredung und dehnte die Szene endlos aus. Er hat seinen Text vergessen, dachte ich, oder nun, wo er allein auf der Bühne ist, plustert er sich auf. Ich war verzweifelt. Und in diesem Augenblick hörte ich das später so berühmte – für mich jedenfalls berühmte – schallende Lachen Brechts. Er war der einzige im Saal, der das komisch fand. Er streckte den Finger hoch und zeigte auf das leere Portemonnaie. Aber wieso lachen, wenn nichts mehr im Portemonnaie ist? Weil man halt lernen muß, warum nichts mehr drinnen ist. Brecht lachte, weil der Arbeiter nicht begriffen hatte, daß er ausgebeutet wird. Er saß wie immer ganz hinten im Saal, und alle Leute drehten sich verärgert nach ihm um. Brecht aber ließ sich nicht beirren.

Nach dem Programm wurde im Büro ausgehandelt, daß meine Arbeitertruppe Geld und Zigaretten bekommt. Es wurde auch geklärt, wie ich abgefunden werde. Solche Veranstaltungen kosteten mich viel Geld. Mein königliches Honorar und mehr ging drauf. Danach kam es zu einem großen Streit, weil nur die Honoratioren zu Kartoffelsalat und Wurst an einen langen, vornehmen Tisch geladen worden waren. Meine Truppe sollte nichts haben. Der Krach, den ich in der Küche machte, muß bis in den Saal zu hören gewesen sein. Plötzlich stand Brecht hinter mir und fragte: »Was ist los?« Wie er in die Küche gefunden hat, weiß ich nicht. Er bat: »Setz dich zu uns, es ist langweilig.« Ich antwortete grob: »Hier handelt es sich um Kartoffelsalat und Wurst!« Brecht sagte: »Aber das ist doch alles da.« »Ja«, sagte ich, »aber nicht für meine Leute. Die Hälfte ist arbeitslos. Sollen sie hungrig nach Hause fahren?« Inzwischen hatte sich der gesamte Vorstand um uns versammelt und murmelte, daß für so viele Leute ... und die Ein-

Ruth Berlau, etwa 1938

trittskarten hätten auch nicht soviel gebracht ... jedenfalls könne man nicht ... und so weiter. Da setzte Brecht unseren Hauptdarsteller, den arbeitslosen Tischler, an den Tisch der Honoratioren und besprach mit ihm die Szene über das leere Portemonnaie. Die feinen Leute mußten zusammenrücken, und mein ganzer Trupp bekam Kartoffelsalat und Wurst. Das hatte Brecht vollbracht, und dafür liebte ich ihn sehr.

Für den nächsten Morgen hatte Brecht mich zu sich eingeladen. Er zog ein Manuskript aus der Tasche und las mir aus der »Moritat vom Reichstagsbrand« vor. Damals verstand ich noch nicht sehr gut deutsch. Vor allem aber lachte Brecht selbst so viel beim Vorlesen, daß es für mich sehr schwierig war, ihn zu verstehen. Aber sein Lachen steckte an, und ich lachte mit. Einige Strophen sang er nach der Melodie zur »Moritat von Makkie Messer« aus der »Dreigroschenoper«. Mitten im Gesang kam Helene Weigel herein und schaute mich böse an. Ich hatte kein schlechtes Gewissen und verstand den vorwurfsvollen Blick nicht. Jahre später begriff ich ihn sehr wohl. Die Weigel kannte natürlich Brechts Gewohnheiten und wußte, daß er so zu werben pflegte. Er soll seine Lieder sonst auf der Gitarre begleitet haben. Sie fehlte in meinem Fall. Aber das war sicher die einzige Abweichung von der Regel.

Brecht hatte die Moritat zu Ende gesungen und war dann hinausgegangen. Der Text lag noch auf dem Tisch, und ich las ihn nun in Ruhe durch. Wenn Spott töten könnte, dachte ich, träfe den Hitler auf der Stelle der Schlag. Brecht kam immer noch nicht zurück. Plötzlich hatte ich unversehens ein graues seidenes Hemd in der Hand. Ich begrub mein Gesicht darin: Es roch nach Erde. Mein Herz schlug, und ich steckte das graue seidene Hemd unter meine Jacke. Doch weil Brecht so lange wegblieb, wurde mir bewußt, was ich getan hatte. Ich legte das Hemd wieder an die Stelle, von der ich es genommen hatte. Von dem Erdgeruch war mir ganz schwindlig geworden.

Als erstes Stück von Brecht habe ich »Die Mutter« übersetzt. Es kam zunächst kein gutes Ergebnis heraus, weil ich mich zu eng ans Original gehalten habe. Das ist wohl überhaupt eine

Schwierigkeit für Brecht-Übersetzer. Wenn sie Brecht lieben – und nur dann übersetzen sie ihn vermutlich – versuchen sie, eine Kopie des Stückes in ihrer Sprache zu machen. Sie wollen es möglichst genauso haben – und dann wird nichts daraus. So ist mir das auch bei der Übertragung von »Die Gewehre der Frau Carrar« gegangen.

Bei der Überarbeitung meiner »Mutter«-Übersetzung war mir eine unschätzbare Hilfe, daß wir das Stück gleichzeitig inszenierten. Die Arbeiterdarsteller korrigierten meinen Text, wenn sie ihre Rolle sprachen. Das hatte mir Brecht schon vorausgesagt, als ich während der Proben – bevor er selbst kam – mit ihm telefonierte: »Laß nur, das geht schon. Wenn die Arbeiter anfangen zu agieren und Regie dazukommt, korrigieren sie die Übersetzung.« Das traf genauso zu wie später, als Brecht zusammen mit Charles Laughton den »Galilei« übersetzte und Laughton als Schauspieler den Text ausprobierte.

Am schwierigsten war die Übersetzung der Songs in der »Mutter«, denn dabei mußte auch die Musik Eislers berücksichtigt werden. Ich hatte den dänischen Dichter Otto Gelsted gebeten, die Lieder zu übertragen. Im ersten Versuch hat er die Schärfe der Lieder nicht herausbekommen. Helene Weigel hat uns sehr geholfen, als sie zu den Proben kam. Sie sprach zwar nicht dänisch, hörte aber trotzdem sehr gut, was nicht stimmte, und konnte Gelsted Ratschläge geben. Es liegt in der Natur der Sache, daß Brechts Lyrik schwerer zu übersetzen ist als seine Prosa. Alle Gedichte Brechts, die Hays, Bentley oder andere in Amerika übersetzt haben, sind nicht in Ordnung, viel zu hart oder viel zu weich und nur formal bewältigt.

Meine Kopenhagener »Mutter«-Aufführung war eine Modellinszenierung nach dem Berliner Vorbild – so, wie ich damals damit zu Rande kam. Ich hatte von der Berliner Aufführung zwar nicht so viele Fotos, wie sie jetzt in den Modellbüchern vorliegen und jedem Theater zur Verfügung stehen, von jeder Szene aber doch mindestens zwei oder drei. Und dazu kam die Hilfe von Weigel und Brecht.

Wir kopierten auch die Dekoration von Caspar Neher, die

einfache weiße, zusammenklappbare Leinwanddekoration. In Berlin hatte man diese Lösung gewählt, um die Bühne überall schnell auf- und abbauen zu können, vor allem, wenn man mit Übergriffen der Polizei rechnen mußte. Ich brauchte damals noch keine Rücksicht darauf zu nehmen. Für mich war wichtig, daß wir die Ausstattung selbst herstellen konnten. (Viel später, als ich »Die Mutter« in Leipzig inszenierte – die erste Inszenierung des Stückes in der DDR – habe ich mich noch einmal für diese Dekoration entschieden, weil ich sie so liebe.)

Ein Problem war für uns der Mangel an Geld. Die meisten Mitglieder meiner Truppe waren arbeitslos, und die Einkünfte durch Eintrittsgeld waren minimal, weil wir hauptsächlich vor Arbeitern und Studenten spielten. Ab und zu erhielten wir eine Spende, aber unsere Mittel blieben gering. Deswegen hatte ich für die Proben keinen Saal, sondern einen großen Keller gemietet.

Einmal ging ich mit Weigel und Brecht die Kellertreppe hinunter zu einer Probe. Ich habe nicht weiter auf sie acht gegeben, denn für mich war alles ganz normal. Aber plötzlich sah ich, daß die Weigel Tränen in den Augen hatte und daß auch Brecht sehr mitgenommen war. Ich habe die beiden selten so gesehen. Der Grund war, daß die rote Fahne bei uns immer noch offen gezeigt werden konnte. Weigel und Brecht erinnerten sich an die Zeit ihrer »Mutter«-Inszenierung. Sie haben auch in Kellern probiert und in Gasthaussälen gespielt, mußten aber ständig vor der Polizei auf der Hut sein.

Von meinen Arbeitern sprach nur Dagmar Andreasen, die Darstellerin der Mutter, deutsch. Brecht mußte sich bei den Proben mit der gestischen Sprache helfen. Die Arbeiter haben ihn aber sehr gut verstanden, und es wurde eine wirklich schöne Aufführung.

Wir spielten nicht in richtigen Theatern, sondern in Betrieben. Und wir spielten auch nicht immer das ganze Stück, sondern oft nur einzelne Szenen, zum Beispiel die Szenen »Erster Mai« und »Kupfersammelstelle«. Schon damals hatte ich begriffen, daß man damit in das aktuelle politische Geschehen eingreifen kann. Gerade im Stück »Die Mutter« bieten sich dafür einzelne Szenen an. Ich war stolz, daß ich Brecht nun auch meinen Projektionsapparat vorführen konnte, mit dem wir aktuelle Bezüge zu den gespielten Szenen herstellten. Zum Beispiel projizierten wir Ausschnitte und Fotos aus Tageszeitungen auf eine große Leinwand im Hintergrund der Bühne.

Brecht interessierte sich vor allem für drei Darsteller aus meiner Truppe: für Dagmar Andreasen, die Hauptdarstellerin in der »Mutter« – sie spielte nach Brechts Meinung ganz und gar episch –, für Gabrielsen, den Tischler in der Szene mit dem leeren Portemonnaie, und für einen merkwürdigen Menschen, der von allen »der tote Maurer« genannt wurde. Ich hatte nie darüber nachgedacht, warum er so hieß. Aber eines Tages fragte Brecht: »Warum nennen sie ihn so?« Ich fragte die Truppe und übersetzte die Antwort für Brecht: »Weil er niemals wirklich zur Arbeit in seinem Beruf gekommen ist.« Er war immer arbeitslos gewesen und hatte nur hier und da mal einen kleinen Job bekommen. Er war nicht etwa faul, sondern für Maurer herrschten damals schlimme Zeiten in Dänemark – und nicht nur damals. Der »tote Maurer« hatte irgendeinen Streit mit den anderen in der Truppe. Trotzdem wollte Brecht ihn unbedingt mit in der »Mutter« haben, und er spielte dann einen Arbeiter.

Als ich »Die Gewehre der Frau Carrar« mit meiner Truppe inszenierte, brauchte ich in einer Szene Kanonendonner hinter der Bühne. Wir hatten damals keine technischen Hilfsmittel, wie heute zum Beispiel das Tonband, und Brecht schlug uns vor, den Kanonendonner durch Trommeln zu simulieren. Der »tote Maurer« machte das mit Leidenschaft.

Der »tote Maurer« dichtete auch, und ich übersetzte diese Gedichte für Brecht. Er andererseits übersetzte Brechts Gedichte ins Dänische. Dann meldete er sich zum Einsatz im spanischen Bürgerkrieg. Vor dieser Reise hatte er ein letztes Gespräch mit Brecht in Svendborg. Brecht bat ihn nicht nur, sondern er nahm ihm das Versprechen ab, nicht direkt an die Front zu gehen. Er sollte immer ein Notizbuch und einen Bleistift bei sich haben und Notate über seine Eindrücke und Beobachtungen machen. Brecht war davon überzeugt, daß der »tote Maurer« ein wirklicher Arbeiterdichter war. Er starb in

Spanien, und ein Kamerad von ihm, der auch im Arbeitertheater mitgespielt hatte und mit ihm nach Spanien gegangen war, erzählte uns, wie er gestorben ist. Es ist eine furchtbare Geschichte. Die Kämpfer hatten Durchfall bekommen, so ansteckend wie Ruhr, und wurden schwächer und schwächer. Niemand konnte helfen. Brecht ließ sich alles genau erzählen und hörte mit großer Rührung, daß der »tote Maurer« kurz vor seinem Tod diesen Kameraden gebeten hatte, sein Notizbuch zu retten und zu Brecht zu bringen. Das Notizbuch ist verlorengegangen, und keiner weiß, wo der »tote Maurer« begraben ist. Viele Dänen, die in Spanien waren, sind nicht zurückgekommen.

Nach der »Mutter« übersetzte ich das Spanien-Stück »Die Gewehre der Frau Carrar«. Diese Übersetzung ist gedruckt worden. Das Stück wurde parallel in deutscher und in dänischer Sprache aufgeführt. In meinem Arbeitertheater hatte ich die Carrar mit Dagmar Adreasen besetzt, die bereits in der »Mutter« die Hauptrolle gespielt hatte. Sie war Reinemachefrau auf dem Bahnhof. Den ganzen Tag kehrte und wischte und schleppte sie, und am Abend kam sie zur Probe. Sie war intelligent und sehr begabt. (Brecht mochte sie so, daß er sie zehn Jahre später in einem Artikel erwähnt hat – als erste Schauspielerin, die ihre Rolle nach einem Modell erarbeitet hat. Sie hat Weigels Darstellung nicht einfach nachgeahmt, sondern als Vorschlag benutzt.) Die dänische Aufführung der »Carrar« wurde wunderbar. Mit der deutschsprachigen Aufführung war sie allerdings nicht vergleichbar. Denn in dieser Inszenierung stand Helene Weigel – die diese Rolle schon vorher in Paris gespielt hatte – mit emigrierten deutschen Schauspielern auf der Bühne. Die Weigel hat uns uneigennützig bei den Proben geholfen. Brecht kam, wie so oft, erst drei Tage vor der Premiere.

In Dänemark habe ich auch noch »Furcht und Elend des Dritten Reiches« übersetzt, jedenfalls einige Szenen, und mit dem inzwischen viel größer gewordenen Arbeitertheater inszeniert, das ich einst mit vier Seeleuten gegründet hatte.

Ruth Berlau, etwa 1938

Als ich Brecht kennenlernte, hatte ich schon eine Reihe von Artikeln geschrieben und war mitten in der Arbeit an einem Buch, das ich »Videre ...«, zu deutsch »Weiter ...«, nennen wollte. Es war ein Liebesroman, ein konventioneller Liebesroman, würde ich heute sagen. Brecht verlangte immer, daß ich ihm den Inhalt erzähle. Jedesmal, wenn ich nach Skovsbostrand kam, mußte ich ihm übersetzen, was ich neu geschrieben hatte.

Einmal kam ich an die Stelle, wo die beiden Hauptpersonen sich gestritten hatten. Ich weiß noch, daß sie Katja hieß, und er hieß Preben. Preben war nach dem Streit verzweifelt weggegangen. Katja suchte ihn überall, fand ihn aber nicht. Schließlich kam sie auf die Idee, daß Preben im Bootshaus sein könnte, und lief dahin. Dort lag Preben und blutete. Er war gefallen und hatte sich an einer Eisenzacke gestoßen. Als ich Brecht das erzählte, fragte er: »Wieso denn? Wäre es nicht besser, wenn er im Bootshaus mit den Fischern Skat spielt?« Das war niederschmetternd für mich – aber doch wieder nicht so niederschmetternd, daß ich aufgehört hätte zu schreiben. Der Roman wurde beendet und gedruckt, und dort liegt Preben immer noch blutend im Bootshaus.

Damals hörte ich von Brecht unter anderem, daß Sentimentalität nicht zur Kunst gehört. Ich war sehr sentimental. In dieser Beziehung habe ich wohl nicht sehr viel von Brecht angenommen, denn ich bin immer noch sehr sentimental.

»Videre ...« war mein vorletzter Roman. Den letzten schrieb ich mit Bertolt Brecht zusammen: »Jedes Tier kann es.« Ich lieferte den Stoff, Brecht die Formulierungen. Bei dieser Zusammenarbeit lernte ich sehr viel.

Aber zunächst gab es nicht viel an Zusammenarbeit. Ich war ja auch immer nur kurz in Skovsbostrand und mußte abends zurück nach Kopenhagen. Das Königliche Theater, mein Arbeitertheater, Parteiarbeit und vieles andere forderten mich ganz. Wenn ich Brecht besuchte, dann spielten wir Schach, und ab und zu zeigte er mir, was er geschrieben hatte.

Typisch für Brecht war, daß er alle Leute, die ihm etwas Interessantes erzählten, bat, ihre Erlebnisse aufzuschreiben. Und ich hatte sehr viel zu erzählen, weil ich viele Leute

Brecht und Ruth Berlau auf Thurö, 9. 8. 1933

kannte. »Schreib das auf!« sagte er dann immer. Er machte ein
kleines Buch mit schwarzem Pappdeckel, schnitt Buchstaben
aus Zeitungen aus, stellte sie zu einem Text zusammen und
klebte ihn als Titel auf den Umschlag: »Die zu kleinen Inseln.«
Damit war Dänemark gemeint. In diesem Buch sammelte und
korrigierte Brecht meine Notate. Dabei lernte ich allmählich,
eine Sache in fünf, sechs Zeilen zu sagen. Es wurden fast Keu-
nergeschichten, herrliche Sachen.

Einiges, was Brecht besonders interessierte, notierte er
selbst. Während der Sommerferien wohnte ich die ganze Zeit
in Svendborg. Morgens brachte ich Brecht meine Aufzeichnungen, und er gab mir, was er für mich geschrieben hatte. So
begann unser Austausch von Arbeiten. Brecht sagte einmal:
»Das schlimmste an den Inseln, die zu klein sind, ist, daß
eigentlich nichts fehlt. Alles ist vorhanden, nur eben in
schrecklich kleinen Portionen. Hier existiert nichts, was als
Maßstab gelten kann, weil das Maß selbst zu klein ist. Ein
Berg, der in Jyland liegt, heißt Himmelberg – er ist zweihundert Meter hoch.« Aber ist nicht erstaunlich, was Brecht aus
der Zeit auf den »zu kleinen Inseln« später alles verwenden
konnte?

Am liebsten ging Brecht in die Seemannskneipen in Nyhavn. Sie befinden sich, eine neben der anderen, meist in Kellern. Die großen Restaurants mochte Brecht nicht, schon weil ihn dort die Kellner mißtrauisch von oben bis unten fixierten. Bei den Seeleuten konnte er seine blaue Arbeitshose anbehalten und wurde gut aufgenommen. Einen Seemann hatte er besonders ins Herz geschlossen. Der saß eines Tages allein in einer Ecke, und man hatte ihm einen Lampenschirm auf den Kopf gesetzt. Sein in drei Monaten hart verdientes Geld war irgendwie abhanden gekommen. Er begrüßte Brecht, indem er den Lampenschirm wie einen Hut abnahm und traurig sagte: »Das ist nun alles, was ich meiner Mutter schenken kann.«

Die Matrosen tauschten pornographische Bilder und sangen Seemannslieder. Brecht hatte Verständnis für die Prostituierten, er sagte von ihnen: »Sie sind großzügige Leute.« Er hatte nämlich ein Gespräch verfolgt: Da war ein Seemann gewesen, der kein Geld mehr hatte, aber doch mitgenommen wurde – auf Kredit.

Zeitweise war der Zigarrenhändler in Skovsbostrand, ein kleiner, lustiger Kaufmann, der beste Freund von Brecht. Da sein Bauernhaus kein Telefon hatte, sagte Brecht: »Ich geh zum Kaufmann telefonieren.« Dort, im Hinterzimmer, hörte ich Brecht dänisch sprechen – oder sagen wir besser: radebrechen. Er »diskutierte« mit dem Zigarrenhändler über den Unterschied zwischen handgerollten Zigarren und maschinell hergestellten. Dort wurde auch die wichtige Frage aufgeworfen: Soll man Tuborg- oder Carlsberg-Bier nehmen? Brecht entschied sich für Tuborg. Er trank jeden Abend, ganz privat und ungestört, zwei Flaschen Tuborg und genoß dazu eine dänische Käseorgie. Vorher mußte die Weigel mit einer Fliegenklatsche jede Fliege abklatschen. Selber konnte er nichts totschlagen. Den größten Respekt hatte er vor Spinnen.

Brecht hatte es nicht gern, daß wir weiter plauderten, wenn er sich mit seinem Tuborger zurückgezogen hatte. Er war unglaublich neugierig und fürchtete immer, etwas zu verpassen, wenn er nicht dabei war. Einmal habe ich ihn überrascht, als er, im langen Nachthemd, durchs Schlüsselloch guckte. Er wollte feststellen, was wir ohne ihn unternehmen.

Brecht und ich haben uns immer deutsch verständigt. Dänisch hat er – außer von dem Zigarrenhändler, der nicht deutsch sprach – nicht verstanden. Nur Zeitungen konnte er, wenn auch mit Mühe, lesen: das war notwendig, wenn er politisch auf dem laufenden bleiben wollte. Alles, was ich dänisch geschrieben hatte, übersetzte ich beim Vorlesen ins Deutsche. Indem Brecht mich dabei korrigierte, lernte ich seine Sprache immer besser beherrschen. Er verstand mein Dänisch-Deutsch gut und war nicht irritiert, wenn ich Fehler machte. Grammatikalische Fehler haben ihn sowieso nicht gestört. Gestört hat ihn, wenn man langsam sprach, und das habe ich nie gemacht.

Mein Vater hat perfekt deutsch gesprochen. Er stammte aus der Gegend von Flensburg. Auch meine Mutter beherrschte Sprachen gut, vor allem Deutsch und Französisch. So hätte auch ich die Sprache eigentlich gut beherrschen müssen. Aber da ich mit meinen Kenntnissen ganz gut durchkam und mich jedenfalls verständigen konnte, habe ich mir nie große Mühe gegeben – und eines Tages war es zu spät. Ich kann das Deutsche aber sehr gut lesen. Wie hätte ich sonst verstehen können, was Brecht geschrieben hat?

Ich sagte, daß wir das Buch »Jedes Tier kann es« gemeinsam schrieben. Brecht hat mir dabei auch menschlich sehr geholfen. Meine Schwester wurde krank und kam in eine Anstalt. Ihr Schicksal hat mich sehr mitgenommen. Sie war eine schöne Frau und eine gute Kommunistin. Nach ihrem Jurastudium hat sie eine Zeitlang die »Rote Hilfe« in Dänemark geleitet. Brecht und ich untersuchten, wie es zu ihrer Krankheit gekommen war. Sie hatte noch nie mit einem Mann geschlafen und liebte zum erstenmal. Der Mann war Nervenarzt, aber verheiratet. Sie meinte, das sei ihr völlig gleichgültig, und sie könne das verkraften. Aber sie hat es nicht geschafft, und der Mann hat ihr nicht geholfen. Auf Grund der Notizen, die meine Schwester gemacht hatte, kamen wir zu dem Schluß, daß der Mann indirekt an ihrem Zusammenbruch schuld war. Brecht hat meine Schwester nie kennengelernt, aber er wollte, daß ich ihr Schicksal festhalte. Der Fall hat ihn außerordentlich interessiert. Heute kann ich mir erklären, warum. Übrigens hat Brecht diese Geschichte selbst aufgeschrieben, wir nannten sie »Regen«. Auch eine andere Geschichte, die ich in deutsch habe, »Der Vergnügungspark«, stammt allein von Brecht.

Das Buch besteht aus sieben kleinen Erzählungen, zu denen ich die Themen geliefert habe. Wenn ich meine Schwester besuchte, habe ich verschiedene Frauen auf ihrer Station befragt, warum sie dahin gekommen sind. Mit Ausnahme derjenigen, die von Geburt an krank waren oder Unfälle gehabt hatten, gab der überwiegende Teil der Frauen ökonomische Gründe an. An zweiter Stelle folgten Liebesangelegenheiten, wie zum Beispiel sexuelle Unbefriedigtheit. Diese Geschichten habe ich Brecht erzählt. Selbstverständlich ist unser Buch kein Roman über Wahnsinnige. Die meisten Frauen hatten Psychosen und wurden wieder gesund. Wir haben die verschiedenen Beweggründe so intensiv untersucht, daß ich eine Weile gar nicht mehr Schauspielerin sein wollte. Ich ging zwei Jahre lang nicht zum Königlichen Theater, sondern fing an, medizinische Vorlesungen zu besuchen.

Die Idee zur Rahmenhandlung kommt von Brecht. Sieben Frauen, die bei einem Straßenbahnunglück ums Leben gekommen sind, liegen in einer Leichenhalle. Um Mitternacht stehen sie auf, kochen Kaffee und erzählen sich gegenseitig ihre Liebesgeschichten. Die eine fand ihren Mann zu grob, die zweite zu zart, die dritte zu klug, die vierte zu dumm und so fort. Die letzte ist eine Hure. Sie erzählt, sie habe viele gehabt, so wie man Schnupfen bekommt.

Unsere Zusammenarbeit wuchs langsam. Es dauerte, bis ich alles begriffen hatte. Aber am Schluß konnte man kaum noch herausfinden, wer was geschrieben hat.

In Amerika bekam ich das Angebot, das Buch in einer pornographischen Reihe herauszugeben. Das habe ich aber nicht gewagt, denn Kommunist *und* pornographisch, das wäre zuviel für Amerika gewesen. Im Gegensatz zu anderen Leuten war Brecht der Meinung, daß das Buch keine Pornographie ist. Ich selbst finde es geradezu klassisch. Übrigens habe ich es unter Pseudonym veröffentlicht, als Maria Sten.

In diesem Zusammenhang muß ich an meinen guten Freund Mogens Voltelen denken, einen hervorragenden Architekten. Von ihm ist auch eine Geschichte in unserem Buch. Sie ist ganz kurz und heißt »Drei Tage – ein Teppich«. Voltelen hatte mir von einer Frau erzählt, die immerfort neue Wünsche hatte, einmal einen Teppich, dann eine Halskette, ein andermal wieder etwas anderes. Wenn der Mann nicht schaffte, ihr das zu kaufen, klappte es mit ihr im Bett nicht. Sie »könne« dann einfach nicht. Das habe ich später auch bei amerikanischen Frauen erlebt: Ohne Diamantring kein Orgasmus! Brecht meinte, das ist eine gute Geschichte, ich soll sie aufschreiben, er wollte korrigieren.

An Voltelen erinnere ich mich oft, weil Brecht ihn sehr gern hatte. Ich glaube, er war in Dänemark sein engster Freund – weil er mein engster Freund war.

Mein Unglück war aber, daß ich eigentlich keine Freunde haben konnte – weil es keinen Mann gab, der nicht sofort in mich verliebt war. Das sage ich ohne Übertreibung. Ich schützte mich, indem ich mich fragte, ob ich ihn heiraten könnte. Seit ich Brecht kannte, war die Antwort klar.

Eines Tages kam ich zu Brecht und erzählte ihm glücklich, daß ich jemanden für Voltelen gefunden habe. »Ich glaube, er wird heiraten.« Daraufhin sagte Brecht: »Du wirst sehen, das war dumm von dir.« Er hat recht gehabt, sonst wäre Mogens Voltelen nämlich jetzt in Berlin. Er war sehr talentiert und intelligent, konnte aber in Dänemark – und deshalb bezeichnete Brecht das Land als »die zu kleinen Inseln« – nicht das werden, was er in Berlin geworden wäre. Es gibt Briefe von Brecht, in denen er Voltelen bittet, ans Theater am Schiffbauerdamm zu kommen. Denn Voltelen ist nicht nur Architekt, sondern auch Lichtexperte. Er hat eine phantastische Beleuchtungsrampe erfunden. Aber Voltelen war nicht nur verheiratet, sondern hatte inzwischen drei Kinder und konnte nicht kommen. Was es von ihm in Berlin gibt, sind die beiden niedrigen Ledersessel in Brechts Arbeitszimmer.

Die gemeinsame Arbeit an »Jedes Tier kann es« war meine Lehrzeit. Hier bahnte sich die Art unserer Zusammenarbeit an, die später zur Methode wurde. Bei der »Hofmeister«-Bear-

*Ruth Berlau in ihrer Kopenhagener Wohnung mit
dem Architekten Mogens Voltelen, 1938*

beitung sagte ich zum Beispiel: »Da fehlt etwas, bevor er sich
entmannt. Man muß doch wissen, warum er sich entmannt.
Das hat Lenz vergessen.« Dann schrieb ich auf, was meiner
Meinung nach ergänzt werden muß. Das liebte Brecht, damit
konnte er etwas anfangen. Jeden Vorschlag nahm er ernst und
durchdachte ihn. Man konnte ihm etwas abverlangen. Als ich
ihn in der Schweiz bat, im »Antigonemodell« die Brückenverse unter die Bilder zu setzen, tat er das. Brecht brauchte,
wie er in dem schönen Gedicht über »Laotse« schreibt, den
Zöllner, der ihm etwas abverlangt.

Ganz fremd war mir diese Praxis nicht. Denn ich hatte auch
vor Brecht sehr gute Freunde und Lehrer, und ich habe sie immer noch. Aber die Lehre bei Brecht war eine andere.

Der größte dänische Dichter der Gegenwart, Otto Gelsted,
hat mir eins seiner Bücher gewidmet, nicht handschriftlich,
sondern drinnen steht gedruckt: »Für Ruth Berlau.« Ich hatte
ihm dieses Buch abverlangt, weil ich bei großen Versammlun-
gen mit Arbeitern oft Gedichte rezitierte und es mit der Zeit
immer schwerer wurde, etwas zu finden. Lange habe ich eine

gute Übersetzung von den frühen Gedichten Johannes R. Bechers benutzt. Dann aber bat ich Otto Gelsted um ein Buch, aus dem ich vorlesen konnte, und das hat er geschrieben.

Obwohl Gelsted nicht Parteimitglied war, halte ich ihn für einen Kommunisten. Er hat Homer übersetzt und wurde dafür in Dänemark sehr gerühmt. Er beherrscht Lateinisch und Griechisch und war auch in Griechenland. Durch ihn habe ich viele von diesen »höheren Dingen« kennengelernt. Den Hegel hat er mir beigebracht, lange bevor ich Brecht kannte. Gelsted war mein erster großer Lehrer, und ich verehre ihn sehr. Natürlich schreibt er ganz anders als Brecht. Er ist ein sehr gefühlsmäßiger, lyrischer Mensch. Bei Gelsted gibt es zum Beispiel viele Naturschilderungen, und das war ein bißchen verboten bei Brecht – bis er die »Buckower Elegien« schrieb.

Otto Gelsted ging es bis vor kurzem wie Mogens Voltelen: Er war nur in Dänemark bekannt. Seine Gedichte wurden in zweihundert Exemplaren verkauft und in keine andere Sprache übersetzt. Jetzt allerdings sind in Moskau seine »Ausgewählten Werke« mit einer Auflagenhöhe von 60 000 erschienen. Ich werde mich darum kümmern, daß man seine Gedichte auch in der DDR übersetzt und herausbringt.

Als ich letztens in Dänemark war und Gelsted besuchte, habe ich mir eine Socke von ihm mitgebracht, eine dicke, wollene, graue, die fast nur noch aus Löchern besteht. Ich hebe sie auf, so wie die rote Fahne, die in unserer »Mutter«-Aufführung auf der Bühne stand, und so wie ich eine alte Münze von Brecht aufgehoben habe, die in unserer »Carrar«-Inszenierung mitgespielt hat.

Die Arbeit an »Jedes Tier kann es« war ein Gewinn, aber die Folge war eine schwere Entscheidung: die Trennung von Robert Lund. Es war Sommer, die Zeit, in der wir immer verreisten. Ich war bei Brecht in Skovsbostrand. Und nun kam Robert Lund, um mich zu fragen, ob ich nicht mitfahren will. Es war für mich sehr schwer, ihn zurückzuschicken, weil ich diesen Mann wirklich sehr, sehr gern hatte. Aber ich habe ihn weggeschickt, denn ich wollte auf die Arbeit mit Brecht nicht verzichten. Um acht Uhr war Robert Lund gekommen, um neun Uhr war ich zu Brecht bestellt. Ich wohnte damals nur ein kleines Stück von seinem Haus entfernt. Dort hatte ich frühmorgens mein Kapitel geschrieben, das Brecht nun erwartete. Ich brachte es ihm, danach arbeiteten wir, und Robert Lund fuhr zurück nach Kopenhagen.

Einmal war Brecht eine Zeitlang weg. Ich weiß nicht mehr, wo er hingefahren war, vielleicht nach London. Gerade da hatte ich dieses Königliche Theater besonders satt. Ich wollte weg. Wie gerufen kam in diesem Augenblick eine Provinztheaterdirektorin, Gerda Christoffersen, und bot mir eine Rolle in einer richtigen Klamotte an. Das Stück hieß »Peter der Große«, hat aber nichts mit dem berühmten Zaren zu tun. Ich ging zum Chef des Königlichen Theaters und sagte ihm, daß ich gern mit dieser Provinzdirektrice in Dänemark herumfahren und dieses Stück spielen möchte. Er aber wollte, daß ich eine große Rolle in einem Stück, das ein Pfarrer geschrieben hatte, übernehme. Ich kannte das Stück und sagte: »Dieses langweilige Stück geht doch nur einmal über die Bühne.« Der Chef fuhr mich an: »Das können Sie doch gar nicht wissen!« Ich antwortete: »Aber ich bin überzeugt davon, ich halte das Stück nicht aus. Ich will lieber jetzt eine Klamotte spielen. Bitte geben Sie mir Urlaub.« Er hat mir tatsächlich Urlaub gegeben. Das Stück im Königlichen Theater lief wirklich nur einmal, aber unsere Klamotte ging wunderbar. Kunststück, wir waren ja auch jeden Abend an einem anderen Ort.

Als wir in die Nähe von Svendborg kamen, fuhr die Weigel einige Tage in unserem Theaterbus mit. Für sie war es herrlich, endlich wieder mit richtigen Theaterleuten zusammenzusein. Zwar war die Aufführung schlimmer als drittklassig, aber die Weigel hat sich trotzdem ungeheuer amüsiert.

Die Tournee war auch wirklich nicht langweilig. Die Direktrice spielte selbst mit. Angeblich beherrschte sie niemals ihren Text. Ich sollte ihr zuwispern, was sie zu sagen hat. Ich! Ich konnte ja nicht einmal meinen eigenen Text. Dann stellte sich aber heraus, daß sie sehr wohl ihre Repliken beherrschte. Ich bemerkte es, wenn ich ihr etwas Falsches zugewispert hatte. Im Bus saß die Direktrice in einem Schaukelstuhl, der während der Fahrt festgeschnallt war. Helli hat sich viel mit ihr unterhalten. Die alte Theaterdirektrice hatte natürlich keine Ahnung, wer Helli war. Oder hat sie es doch gespürt? Nur mit mir war Helli nicht zufrieden, weil ich nichts ernst genommen habe. Ich erinnere mich daran, wie ernst die Weigel ihre Schauspielkunst nahm.

Brecht ging nie ins Königliche Theater. Er ging überhaupt nie ins Theater oder jedenfalls sehr ungern. Aber einmal spielte ich eine komische Rolle in einem Stück von Kjeld Abell, ein begabter Schriftsteller, den Brecht schätzte. Und eine dieser Vorstellungen besuchte Brecht. Als ich in die Garderobe kam, stand er an meinem Schminktisch und schaute mich vorwurfsvoll an. Er hatte mir einen Zettel geschrieben – ich traue mich kaum, zuzugeben, daß er verschwunden ist –, auf dem stand: »Soll das Kunst sein?« Er hatte völlig recht. Alle Schminke war durcheinander und verschmiert, rot in blau und blau in rot. Ich habe so etwas nie ernst genommen. Die Weigel dagegen nahm das ernst. »Hast du ihre Schminkkästen gesehen? Die sind ordentlich. Das gehört zur Kunst.« Brecht hat es sogar in einem Gedicht beschrieben. Aber ich hatte kein Interesse an Schauspielkunst, ich wollte Theater *machen*.

Ich habe die Weigel als Schauspielerin bewundert, schon bevor ich sie auf den großen Bühnen gesehen habe. Sie versteht sehr viel vom Theater. Zum Beispiel hat sie mir bei der Auswahl der Kostüme für das Stück von Hella Wuolijoki sehr geholfen. In solchen Dingen ist sie meisterhaft. Ich glaube nicht, daß sie eine Regisseurin ist, obwohl sie es vielleicht besser könnte als jemand anders hier, aber auf jeden Fall ist sie eine herrliche Schauspielerin.

In der Emigration haben wir Szenen aus »Die heilige Johanna der Schlachthöfe« probiert. Ich spielte die Johanna, Helene Weigel die Rolle der Frau Luckerniddle. Frau Luckerniddle sitzt vor der Fabrik und wartet, bis ihr Mann rauskommt. Alle außer ihr wissen, daß er nicht rauskommen wird, weil er in die Fleischmaschine geraten ist. Damit sie keinen Skandal macht und weggeht, bietet ihr jemand Essen an, und das nimmt sie und geht dann. Wie die Weigel das machte,

Ruth Berlau in Brechts Stück »Die heilige Johanna der Schlachthöfe«.
Probe auf dem Dachgarten des Königlichen Theaters, 1935

wie sie das Warten spielte – das war phantastisch. Oder wie
sie Dagmar Andreasen vormachte »Ein Mensch hat Hunger« –
einfach unglaublich. Später haben wir alle in der »Courage«
gesehen, wie sie den Schmerz spielt, wenn der Sohn erschos-
sen wird. Glücklicherweise gibt es Fotos, die solche Kunst
überliefern.

Auf die Einstudierung der »Heiligen Johanna der Schlachthöfe« kamen wir eigentlich nur durch einen Zufall. Ich spielte
im Königlichen Theater die Rolle eines Heilsarmeemädchens.
Um das zu studieren, ging ich runter zum Nyhavn, der Straße
mit den Seemannskneipen. Dorthin kamen immer Heilsar-
meemädchen, um die Seelen der besoffenen Seeleute zu retten. Und einem dieser Mädchen kaufte ich ihre Uniform mit
dem eigenartigen Hut ab. Da ich nun das Kostüm hatte, probierten wir dann auch Brechts »Johanna«. Es gibt da noch sehr
schöne Bilder von mir.

Brecht in Paris, 1937

LIEBE IST EINE PRODUKTION

—

Der spanische Bürgerkrieg · Me-ti und Lai-tu ·
»Alle wissen alles« · Mit Brecht in England ·
»Svendborger Gedichte« und »Dreigroschenroman« ·
»Die Rundköpfe und die Spitzköpfe« und »Die Dreigroschenoper«
mit Per Knutzon · »Die sieben Todsünden der Kleinbürger« und
»Die heilige Johanna der Schlachthöfe« fürs Königliche Theater ·
Vorbilder bei der Arbeit an Stücken ·
Produzieren und Kritisieren ·
Die Freunde Walter Benjamin und Hanns Eisler ·
Die Mitarbeiterinnen Elisabeth Hauptmann
und Margarete Steffin

1937 nahmen Brecht und ich am »Internationalen Schriftstellerkongreß zur Verteidigung der Kultur« teil, zu dem auch Nexö
aus Dänemark, Hemingway aus Amerika und Nordahl Grieg
aus Norwegen kamen. Der Kongreß begann in Paris und
wurde dann in Madrid fortgesetzt. Ich ging mit den meisten
der Teilnehmer nach Spanien, während Brecht zurück nach
Dänemark fuhr; er hatte etwas gegen Bomben. Genau gesagt
»ging« ich nicht, sondern der Politkommandeur der sowjetischen Spanienkämpfer nahm mich in seinem Flugzeug mit.
Das war Kolzow, der später zehn Jahre Gefängnis bekam und
umgebracht wurde, nach Stalins Tod aber rehabilitiert worden
ist. Er war ein wunderbarer Genosse.

Ich blieb ziemlich lange in Madrid. Dort lernte ich Egon Erwin Kisch kennen. Er nahm mich sozusagen in den Kreis seiner Journalistenkollegen auf und brachte mir viel bei. Ich sah
ihn aber auch ganz verwirrt herumlaufen, weil er nicht wußte,
worüber er zuerst schreiben sollte. Die Atmosphäre war so
überwältigend, daß man Zeit brauchte, um sich zurechtzufin-
den. Wir diskutierten viel darüber, auch zusammen mit Nordahl Grieg. Mit Grieg – und vielleicht noch anderen Schriftstellern, ich weiß es nicht mehr – ging ich dann an die Front. Da
ich während meiner früheren Reisen auch auf die Jagd gegangen bin, kann ich mit einem Gewehr ganz gut umgehen.

In Madrid traf ich auch Ernst Busch. Er sang seine unvergeßlichen Lieder bei Truppenmeetings, in Lazaretten, über Lautsprecher an der Front und auch in Kinderheimen. Seine Stimme hat viele Kämpfer angespornt. Überhaupt war sein Einsatz in dieser schwierigen Zeit, in der er in einer Ein-Mann-Produktion Schallplatten und Liederbücher herstellte, beispielhaft. Er war mit Kolzows Frau, der deutschen Antifaschistin Maria Osten, befreundet. Sie war die schönste Frau, die ich je gesehen habe, und als Schriftstellerin außerdem sehr berühmt. Sie adoptierte ein Kind mit schwarzen Mandelaugen und nahm es mit nach Moskau. (Als wir uns auf der Fahrt nach Amerika in Moskau aufhielten, haben Brecht und ich sie besucht. Sie wohnte mit dem Kind in einem ganz kleinen Zimmer. Kolzow war im Gefängnis. Brecht war sehr um sie besorgt, konnte ihr aber kaum Erleichterungen verschaffen.)

Ich erinnere mich auch an Bodo Uhse und Erich Weinert. Nie vergessen werde ich, wie Weinert in Uniform an seiner Schreibmaschine saß und dicht vor ihm ein Balkon von einer Granate abgerissen wurde. Er schaute beleidigt hoch – und schrieb weiter. Damals entstand das Gedicht »Unsere Heimat ist heute vor Madrid«.

Eines Abends – es gibt keinen Abendhimmel wie den spanischen – nahm ich an einem großen Meeting der Internationalen Brigaden teil. Auch Verwundete waren dort. Erich Weinert und Willi Bredel, zwischen denen ich saß, hielten jeder eine Rede. Erich Weinert schwitzte dabei unmäßig, aber er sprach phantastisch. Auch Bredel war wunderbar. Dann wurden Lieder gesungen. In eine Pause hinein sagte ein Schwerverwundeter mit ganz dünner Stimme: »Und weil der Mensch ein Mensch ist ...« Als ich Brecht erzählte, daß man dieses Lied dort hören wollte, hat er lange nachdenklich geschwiegen. Aber darum waren sie ja gekommen, weil der Mensch ein Mensch ist!

Am häufigsten war ich in Madrid mit sowjetischen Genossen zusammen. Ich sah, wie die jungen Piloten völlig erschöpft in den Unterkünften ankamen. Sie legten sich hin, wo gerade Platz war, ruhten sich aus, tranken Kaffee, aßen etwas – meistens nur die großen spanischen Weintrauben –

und gingen nach einer Stunde wieder raus. Viele von ihnen leben nicht mehr. Diese Kraft, diese Leidenschaft, diesen unendlichen Haß und diese Liebe habe ich so nie wiedererlebt. Ich war tief ergriffen.

Ich besuchte auch die Kämpfer an der Front. Die Rotarmisten schliefen unter ihren Panzern. Da war auch eine Frau, deren Namen ich hier nicht nennen will. Sie fuhr nach Moskau zurück. Vorher ging sie zu den Tankisten und fragte, für wen sie Briefe mitnehmen oder Grüße bestellen kann. Sie ahnte, daß die wenigsten zurückkommen werden. Nachts kam sie zu mir und bat mich, ihr ein Bad zu machen. Sie wollte nicht, daß die Tankisten Syphilis oder andere Krankheiten von den spanischen Huren bekommen. Aber ich habe ihr leider kein Bad machen können. Das war das Größte an Verständnis für die Armisten, was ich dort von einer Frau erlebt habe.

Mit solchen Geschichten kam ich zurück zu Brecht, und er war unzufrieden. Er wollte etwas über die politischen Hintergründe des Bürgerkrieges wissen, und ich erzählte phantastische Erlebnisse. Natürlich war ich viel zu gefühlsbetont.

Der spanische Bürgerkrieg hat Brecht dermaßen interessiert, daß er später, während seines Aufenthalts in Stockholm, viele zurückgekehrte Spanienkämpfer um sich versammelt hat, um mit ihnen zu diskutieren. Es waren Leute aus allen Ländern, auch Deutsche, die nach der Niederlage nach Schweden gekommen waren. Brecht wollte eine Antwort auf die Frage haben, warum der Kampf trotz des großen Einsatzes verloren wurde. Er wollte wissen, warum es nicht zu einer Einheitsfront zwischen Anarchisten, Trotzkisten und Kommunisten gekommen ist. Aber es gab keine befriedigende Antwort. Erst gab die Regierung den Bauern Grund und Boden und auch Höfe – und deshalb bekam sie von kapitalistischen Ländern keine Hilfe. Sie erklärten, Spanien sei kommunistisch. Daraufhin nahm die Regierung alles wieder zurück in der Hoffnung, nun käme Hilfe. Wir brauchten Waffen. Daran fehlte es uns! Auf England und Frankreich, zum Beispiel, haben wir uns damals verlassen, leider vergeblich. Warum aber hat die Unterstützung für Franco funktioniert? Darüber wollte Brecht diskutieren. Ich erinnere mich, daß Margarete Steffin

Aufzeichnungen von den Gesprächen über Spanien gemacht hat. Sie hat alle Diskussionen mitstenographiert. Hoffentlich sind diese Niederschriften nicht verlorengegangen.

Ich war für Spanien politisch noch viel zu unreif. Ich habe zwar viel gesehen, aber Brecht war böse auf mich, weil ich nicht alles wußte, was er wissen wollte. Zum erstenmal hat er mich angeschrieen. Es dauert einige Zeit, bis man alles begreift.

Aber vielleicht war Brecht auch böse, weil ich so spät nach Dänemark zurückkam. Ich sollte nur so lange bleiben, wie der Schriftstellerkongreß dauert, ungefähr zwei Wochen. Ich hatte Brecht sogar schon geschrieben, welches Schiff ich für die Rückfahrt buche. Aber dann ging ich an die Front und habe nicht viel von mir hören lassen. Außerdem traf ich in Madrid den schwedischen Rechtsanwalt Georg Branting, der ein Komitee für die Unterstützung der spanischen Republik leitete. Ihm zu helfen schien mir wichtiger, als in dem noch friedlichen Dänemark herumzusitzen.

Brecht hat meine lange Abwesenheit und mein Schweigen mit Mißtrauen beobachtet und mich – wie er das gern tat – durch seine »Lai-tu«-Geschichten belehren und erziehen wollen. Heute kann man diese Geschichten gedruckt lesen. Kien-leh, Kin-jeh und Me-ti sind die Namen für Brecht, mich nannte er Lai-tu oder einfach Tu, und ich bin auch die Schwester und der Schüler, einmal sogar der Lieblingsschüler.

Es gibt etwa drei Dutzend Lai-tu-Geschichten. Sie wurden im Anhang zu »Me-ti/Buch der Wendungen« nach Brechts Tod veröffentlicht. Brecht hat mir das Buch des chinesischen Philosophen Me-ti oder Mo-di gezeigt, das ihn angeregt hat. Es gab eine deutsche Übersetzung. Er hat sie mir geliehen, wenn ich nach Skovsbostrand kam. Nach Kopenhagen durfte ich nichts mehr mitnehmen. Das war die Strafe, weil ich ihm »Die Mutter« gestohlen hatte.

Brechts Me-ti-Geschichten sind eine Sammlung von philosophischen, politischen und ethischen Gedanken zu Problemen unserer Zeit. Immer wenn Brecht auf so eine Frage stieß, schrieb er eine kleine Geschichte auf. Er beschäftigte sich ziemlich lange damit. Ich glaube, er wollte eine literarische Form für die Darstellung der dialektischen Methode ausprobieren. Sein Vorbild war Lenins Aufsatz »Vom Besteigen hoher Berge«, den er im »Buch der Wendungen« auch zitiert. Die chinesische Art einer Beschreibung in Gleichnissen lag Brecht sehr. Alles wurde eingehüllt in die chinesische Form von Weisheit. Brecht liebte auch die chinesischen Namen, die alle klingen, als seien es seltene Blumen. Deshalb erfand er auch für Karl Marx und Friedrich Engels, für Lenin, Stalin und Plechanow, aber auch für Lion Feuchtwanger und Karl Korsch chinesische Namen.

Die Lai-tu-Geschichten unterscheiden sich von den Me-ti-Geschichten nicht in der Form, aber deutlich in der Zielsetzung. Das sind keine Gedanken über den Lauf der Welt, sondern schlicht und einfach der Versuch, mir ein moralisches Verhalten beizubringen. Ich sollte mir immer vergegenwärtigen, wie wichtig Me-ti – also Brecht – für mich ist und daß ich als seine Schülerin ihn mir zum Vorbild nehmen soll.

Wenn Brecht genügend Mitarbeiter gehabt hätte, wären die Lai-tu-Geschichten – zumindest diejenigen, die Spanien betreffen – nicht geschrieben worden. Er brauchte immer Mitarbeiter und Schüler. Weil ich so lange in Spanien blieb und damit nicht erreichbar für ihn war, konnte er schlechter arbeiten. Der Mangel an Mitarbeitern war der Grund, warum er sich so an mich klammerte. Als Brecht Dänemark verlassen mußte und nach Schweden ging, blieb ich in Dänemark, um im Untergrund zu arbeiten. Eine Zeitlang billigte er meinen Entschluß auch, weil ich ihn anfangs hin und wieder in Schweden besuchen konnte. Aber als Brecht nach Finnland floh, hat er mich unter Hinweis auf meine antifaschistische Arbeit bedrängt, eigentlich gezwungen, meine Heimat zu verlassen und ihm zu folgen. Ausschlaggebend waren nicht in erster Linie Privatangelegenheiten, sondern ihm ging es hauptsächlich um seine Arbeit. Jemand mußte da sein, der ihm zuhört. Aus seinen Briefen – oft waren es kleine Zettel – wurde mir klar, daß er mich brauchte.

Ich weiß noch genau, wie die erste Lai-tu-Geschichte entstand. Sie heißt »Feuermachen der Lai-tu«.

Weil Brecht so ungern in Hotels wohnte – er haßte Portiers –, kaufte ich für unsere Zusammenkünfte ein Haus in Wallensbäck. Das kleine Bauernhaus war primitiv eingerichtet. Im Grunde hatte es nur zwei lange Arbeitstische, einige Stühle und einen schmalen Ofen, der mit Holzscheiten gefüttert wurde. Allerdings hatte der Architekt Mogens Voltelen mir einen hellen Holzfußboden gelegt, der sehr schön aussah. (Genauso einen Holzfußboden hat Brecht sich später in seinem Buckower Sommerhaus legen lassen.)

Als ich das Haus eingerichtet hatte, war es Winter geworden. Und weil ich nicht mehr mit Robert Lund zusammenlebte, hatte ich auch keinen Wagen mehr zur Verfügung, sondern nur ein Motorrad. Aber zu dieser Jahreszeit – bei Schnee und grimmiger Kälte – schien es mir nicht angebracht, mit dem Motorrad dahin zu fahren. Ich mietete ein Hotelzimmer. Doch Brecht wollte unbedingt zu dem Haus. Er setzte sich hinter mich aufs Motorrad, und wir fuhren im Schnee nach Wallensbäck.

Ich beeilte mich mit dem Feuermachen, weil wir durchfroren waren. Es war mühsam, das Holz zum Brennen zu bringen. Der Ofen hatte eine kleine Öffnung, in die man einen Kessel mit Teewasser stellen konnte. Als ich Wasser holen wollte, war die Pumpe vereist. Ich war völlig verzweifelt. Schließlich nahm ich Schnee und schmolz ihn. Brecht saß inzwischen da mit seiner Zigarre, die ihm nie ausging – nicht einmal auf dem Motorrad –, beobachtete alles und sagte kein Wort. Wir blieben acht Tage und schrieben das Stück »Alle wissen alles«. Wir haben uns dabei fast totgelacht. Merkwürdigerweise scheint das Stück sonst niemanden zu amüsieren.

Ich will die Geschichte hier einfügen, sonst geht sie verloren.

Nach »Jedes Tier kann es« war das meine zweite Zusammenarbeit mit Brecht. Die dänischen Witze erkenne ich als meinen Anteil. Aber darüber hinaus kann ich, auch beim nochmaligen Lesen, schwer auseinanderhalten, was von Brecht ist und was von mir, welche Sätze, welche Drehpunkte ich geliefert hatte, um die Geschichte weiterzuführen.

Ruth Berlau auf ihrem Motorrad, etwa 1937

Die Hauptfigur ist ein berühmter Einbrecher Dänemarks, den Brecht regelrecht bewunderte. Dieser Einbrecher lebte sehr bescheiden, er verbrauchte dreitausend Kronen im Jahr. Das hatte die Polizei nach mehreren ungeklärten Einbrüchen

Ruth Berlau, etwa 1938

herausbekommen. Denn immer wenn die gestohlene Summe zu Ende ging, wurde wieder irgendwo eingebrochen. Beim letzten Mal waren neuntausend Kronen gestohlen worden. Die Polizei konnte sich ausrechnen, daß der Einbrecher drei

Jahre damit auskommen kann und dann wieder einbrechen muß. So erwischte man ihn nach vielen Jahren. Es war eine Sensation. Aber außer der Polizei war niemand froh darüber. Karin Michaelis, sie war damals siebzig, ging zum König und sagte: »Der Mann muß raus aus dem Gefängnis, er kann bei mir wohnen. Ich garantiere für ihn, er ist ein Nationalheld.« Sie hatte ein Grundstück mit mehreren Häusern. Der König sagte sofort ja, wie alle, wenn Karin etwas wollte. Sie schielte nämlich so wunderbar. Der Einbrecher-Nationalheld wohnte dann auf Thurö.

Brecht und ich wollten einmal das kleine Haus besuchen, um zu sehen, wie er wohnt. Aber Karin sagte: »Nein, da kann man nicht rein, er hat fünf Schlösser vor seiner Tür und an seinem Schreibtisch noch extra drei.« Brecht fand das umwerfend. Am Ende kommt heraus, daß der Einbrecher alle anderen für Verbrecher hält, vor denen er sich schützen muß.

Ich habe jetzt nur die Hauptgeschichte erzählt. Der einzige, der das Stück verstanden hat, war Storm Petersen. Er hat für Brecht wunderschöne Zeichnungen dazu gemacht. Als Brechts Schüler Peter Palitzsch das Stück gelesen hatte, hielt er die Auflösung der Geschichte – für uns der Witz der ganzen Sache – für einen Fehler. Ich verstehe das nicht. Aber schon Grete Steffin hat meinen Text – sie mußte ihn in richtiges Deutsch bringen – heftig kritisiert. Sie hat dann eine Geschichte mit einem Füllfederhalter eingebaut, die ich sehr schlecht finde. Grete meinte, für eine richtige Kriminalstory ist das zuwenig. Im Grunde war sie wohl dagegen, daß Brecht acht Tage nach Wallensbäck in mein Haus gefahren war.

Ich glaube, das Stück hat fünfunddreißig Personen. Ich inszenierte es, und ich inszenierte, als sei ich der Teufel selbst. Dann kam der Tag der Premiere heran. Ganz Kopenhagen bebte. Alle Kritiker raunten: »Berlau hat ein Stück geschrieben! Berlau hat selber Regie geführt! Das Stück soll sogar im Apollotheater herauskommen!« Ich war das rote Tuch für die Kritiker. Sie nannten mich »rote Ruth«. Merkwürdigerweise mochten sie mich trotzdem gern. Wenn ich nicht gerade auf die Bühne kam, konnten sie mich sehr gut aushalten. Alle wollten zur Premiere kommen.

Aber gerade da kam der Nationalökonom Fritz Sternberg, damals ein guter Freund Brechts, nach Kopenhagen. Ich hatte ihn schon früher einmal bei Brecht getroffen. Sternberg ging mit zur Generalprobe. Danach sagte er: »Das kannst du nicht machen morgen, das ist unmöglich!« Ich weiß nicht mehr, was unmöglich gewesen sein soll oder warum was unmöglich gewesen sein soll, aber ich war irritiert. »Nun gut, dann gibt es keine Premiere!« Wenn man am Ende einer harten Arbeit ausgepumpt ist, ist einem alles gleichgültig. Mir war es plötzlich nicht mehr wichtig, daß das Stück herauskommt. Auch die Reaktion der Kritiker und der anderen Leute, die sich schon Karten gekauft hatten, war mir gleichgültig. Aber die Schauspieler, die gearbeitet hatten! Das war grauenvoll. Trotzdem setzte ich das Stück ab.

Statt Premiere zu haben, fuhr ich sofort mit Fritz Sternberg nach Skovsbostrand zu Brecht. Ich war froh, von Kopenhagen weg zu sein, denn dort gab es natürlich einen Skandal. In so einer kleinen Stadt wie Kopenhagen wissen nach fünf Minuten alle alles. Der bekannte dänische Kritiker Schyberg erzählte mir später, daß er zu meiner Wohnung in dem armseligen Viertel Kattesund gegangen ist. Dort sah er meine Brötchen und meine Milch vor der Tür stehen. Da ist er verzweifelt nach Hause gegangen und hat gewußt, daß es keine Premiere gibt. Die Katastrophe habe ich schnell vergessen. Nicht vergessen habe ich aber, was ich beim Schreiben und beim Inszenieren gelernt habe.

Bei Brecht waren Schreiben und Regie immer eng miteinander verknüpft. Man kann sagen, daß er schon beim Schreiben Regie führte, denn er sah plastisch, was auf der Bühne passieren wird. Brecht hat es nichts ausgemacht, wenn eine Premiere ausfiel – wie in den zwanziger Jahren Arnolt Bronnens »Vatermord« –, weil er mit dem Ergebnis der Proben nicht zufrieden war.

Noch beim Berliner Ensemble hat er Premieren immer wieder verschoben, wenn die Inszenierung noch nicht den Standard hatte, den er erreichen wollte. Auch wenn man ihm sagte, daß das ganze Haus ausverkauft ist und daß dieser und jener Betrieb Karten hat, war nichts zu machen.

Ich will nicht sagen, daß ich diese Haltung schon in Kopenhagen hatte – »Alle wissen alles« wurde nicht weiterprobiert und ist auch später nie aufgeführt worden –, aber ich fühle mich im nachhinein ein bißchen gerechtfertigt.

Ich habe von dem Haus in Wallensbäck erzählt, von unserer Fahrt dahin, von dem Feuermachen und von der Arbeit an »Alle wissen alles«. Nach einer Woche fuhren wir mit dem Stück in der Tasche nach Svendborg. Die Weigel holte uns vom Bahnhof ab. Ich sehe noch, wie uns diese kleine zarte Gestalt entgegenkam ...

Ich bin überzeugt, daß ich mit Brecht nach Svendborg kommen mußte, weil er eine Begleitung brauchte. Er wollte nicht fünf Stunden lang alleine sein. Am nächsten Tag fuhr ich nach Kopenhagen. Brecht hatte bis dahin nicht einen Ton über unsere Fahrt nach Wallensbäck und die Ankunft dort gesagt. Als ich zwei Tage in Kopenhagen war, bekam ich die Geschichte »Das Feuermachen der Lai-tu« mit der Post zugeschickt, einfach so, ohne Brief und Gruß. In der Geschichte warf er mir vor, daß ich mich beim Feuermachen zu ungeschickt und zu langweilig angestellt oder dem Hause die Ruhe genommen

Ruth Berlau an ihrem Arbeitstisch in Kopenhagen, 1938

habe. Das war die Höhe! Ich hatte gegen die Kälte und das Eis gekämpft und wollte das Zimmer schnell warm haben und den Tee aufbrühen, und ich war verzweifelt, daß alles nicht schnell genug ging. Und er hat meine Arbeit als »Sklaverei« empfunden! Ich hätte ihn durch mein Verhalten als »Ausbeuter« qualifiziert. Natürlich nahm er nicht mich, sondern sich in Schutz. Ich muß zugeben, daß ich über diese erste Lai-tu-Geschichte nicht gerade begeistert gewesen bin.

Später schrieb Brecht noch einmal über »Lai-tus Haus für Kin-jeh«. In dieser Geschichte ist Kin-jeh ein ganzes Jahr nicht in das Haus gekommen und hat sich nur hin und wieder danach erkundigt. Lai-tu sei aber nicht traurig darüber gewesen, weil sie Kin-jeh einmal sagen hörte, wie wichtig ihm das Haus als Zufluchtsstätte sei, »wenn er weiterhin die Wahrheit über die Unterdrücker schreiben will«. Es wäre bequem für Brecht gewesen, wenn ich diese Haltung eingenommen hätte. Aber mir war nicht danach zumute, auch nicht nach seiner Interpretation.

Manche Lai-tu Geschichten entstanden durch unsere Gespräche, zum Beispiel »Tu will kämpfen lernen und lernt sitzen«. Ich sollte begreifen, daß man nicht um des Kampfes willen kämpft, sondern um etwas zu erreichen, das sich lohnt. »Me-ti sagte: Wenn man nicht nach Genuß strebt, nicht das Beste aus dem Bestehenden herausholen will und nicht die beste Lage einnehmen will, warum sollte man dann kämpfen?«

Als mir »die kleinen Inseln« einmal wirklich zu klein geworden waren, wollte ich nach Amerika fahren. Da gab mir Brecht die Geschichte »Me-tis Rat«. Me-ti fragt, wie Lai-tu verreisen kann, »wenn die drei Reiche Deh, Sueh und Noh immer noch nicht vereint sind, obwohl sie einen so mächtigen gemeinsamen Feind haben?« Darauf antwortet Lai-tu, daß die Vereinigung von Dänemark, Schweden und Norwegen nicht in ihrer Macht liegt. (Ich habe die Vereinigung bis heute nicht zustande gebracht.) Aber der weise Me-ti sagt: »Die Vereinigung der drei Reiche ist ein weit liegendes Ziel. Aber weiter weg als ein weit liegendes Ziel liegt kein Ziel. Deine Reise hat kein Ziel.« Wie sehr mich diese Geschichte beeinflußt hat, kann ich nicht sagen. Jedenfalls fuhr ich nicht nach Amerika, sondern nach England. Dagegen hatte Brecht nichts, denn er arbeitete damals in London am »Bajazzo«-Film mit. Ich begleitete ihn und hatte mir von Nordahl Griegs norwegischem Blatt einen Auftrag verschafft, über englische Minenarbeiter zu schreiben.

Von London aus fuhr ich nach Cardiff. Im Bergwerk wies ich mich als Journalistin aus, und die Minendirektoren gestatteten mir, mit in den Schacht einzufahren. Als ich zurückkam – ich wohnte in einem kleinen Gasthaus, dessen Besitzer früher selbst Minenarbeiter war –, sagte ich: »Ihr habt übertrieben. Die Besichtigung war doch angenehm. Der Stollen ist gut ausgebaut, es gibt sogar elektrisches Licht. Warum hast du mir erzählt, daß es da unten scheußlich ist?« Der Wirt fragte: »Wie weit unten warst du?« Ich antwortete: »Im fünften oder sechsten Stock.« Daraufhin brummte er nur: »Naja.« Ich wurde neugierig. Der Wirt holte das Arbeitszeug von seinem Sohn. »Hier, nimm diesen Overall und die Laterne und fahr morgen ganz hinunter. Wenn jemand fragt, dann nenne meinen Namen.«

Am nächsten Morgen um fünf Uhr fuhr ich tatsächlich bis zum zwanzigsten Stock hinunter. Ich bohrte sogar mit, und wenn ich das erzähle, spüre ich noch heute den Bohrer in meiner Hand. Am Ende der Schicht war ich fix und fertig. Ich ging, so wie ich war, zum Direktor und sagte ihm, daß es ein unverschämter Schwindel ist, einer Journalistin nur die angenehmen Seiten zu zeigen.

Brecht half mir beim Schreiben der Artikel für die Zeitung. Er interessierte sich für alles, und ich konnte ihm Beobachtungen mitteilen, die ihn nicht gleichgültig ließen. Zum Beispiel hatte ich an einem Förderturm gestanden, als Kohlenloren heraufkamen. Der letzte Wagen war ebenso schwarz wie die anderen, und ich glaubte, daß auch er Kohlen enthält. Dann aber sah ich Menschen aussteigen. Sie gingen ein Stück zur Seite und hackten Holz, halbnasses Holz, das sie zusammenpackten und wegtrugen. Ich fragte: »Was macht ihr damit?« Sie antworteten: »Just for a little fire« – für ein bißchen Feuer. (In Wirklichkeit erzählten sie es umständlicher, Brecht hat es

Brecht und Ruth Berlau, etwa 1938

so prägnant formuliert.) Es wurde ein guter Artikel. Armut war ein politisch interessanter Punkt für Brecht. Den ganzen Tag schuften Minenarbeiter im Bergwerk – und dann haben sie selbst keine Kohle zum Heizen.

Brecht half aber nicht nur mir. In London arbeitete er mit der berühmten Schauspielerin Sybille Binder, die er aus Berlin kannte. Leider bekam sie Brustkrebs und starb in der Emigration. Brecht hat ihr ein sehr schönes Gedicht gewidmet.

Brecht kam in London mit vielen Leuten zusammen, auch mit Gerda Goedhart, die die besten Fotos von ihm gemacht hat. Sie hat sich aus allen Klüngeln, die sich immer wieder in der Nähe von Brecht bildeten, herausgehalten. Ich habe sie wegen ihrer Integrität und Zuverlässigkeit sehr gern. Sie war immer eine gute Freundin, auch als es mir nicht gut ging.

Wenn Hanns Eisler eine der schönsten Geschichten über Brecht in London nicht erzählt hat, dann erzähle ich sie.

Die reichen englischen Lords, Prinzessinnen und was es da so gibt, sind doch Weltleute. Sie wollten Künstler wie Eisler – »und da soll auch ein Brecht vorhanden sein« – kennenlernen und luden sie ein. Eisler und Brecht sind hingegangen, weil sie hofften, einen Batzen Geld – sie dachten an etwa fünftausend Pfund – herausschlagen zu können, natürlich nicht für sich selbst, sondern für »gute Zwecke«. Aber sie hatten keinen Erfolg und gingen so arm weg, wie sie hingekommen waren. Doch eine dieser Prinzessinnen – Elisabeth Prinzessin Bibesco – hatte besonderes Interesse an Brecht gefunden und lud ihn – in aller Ehrbarkeit – ins Savoy ein. Das ist das vornehmste Hotel auf der Welt überhaupt. Deshalb wollte Brecht auch nicht hingehen. Aber Eisler und die anderen Genossen drängten ihn: »Du mußt, Brecht! Jetzt mußt du ran!« Sie brauchten unbedingt Geld, entweder für eine Zeitschrift oder für eine Theateraufführung oder für sonst irgend etwas. Brecht ging also los. Nun kommt man ins Savoy nur im Frack hinein. Einen Frack oder etwas ähnliches hat Brecht nie besessen. Er wollte so, wie er immer angezogen war, ins Savoy. In diesem Aufzug kam er nicht weiter als bis zum Portier. Der hat ihn nur angeschaut, und da ist Brecht wieder umgekehrt. Das ist phantastisch: In Westernfilmen gibt es Schießereien, wenn jemand, den man dort nicht haben will, den Saloon betritt, im Savoy schüttelt der Portier nur den Kopf.

Brecht ging zu Eisler und sagte glücklich: »Das hat nicht geklappt, ich konnte nicht rein.« Dabei hatte Eisler ihn gewarnt: »Du solltest dich vorher rasieren und ein bißchen in Ordnung bringen.« Zu mir sagte Eisler allerdings seufzend: »Wenn Brecht rasiert ist, das wissen wir ja, wie er dann aussieht.« Sie haben sich zusammengesetzt und ein Telegramm für die Prinzessin entworfen. Sie hatte zwei Stunden vergeblich auf Brecht gewartet.

Später hat Eisler diese Geschichte ergänzt. Er war einmal mit seiner Frau Steffy im Hotel Sacher in Wien und hatte keinen Schlips um. Am Tisch bestellte er köstliche und teure Sachen. Der Ober nahm die Bestellung an und kam kurz darauf mit einem Teller zurück, der mit einer Serviette überdeckt war. Steffy wunderte sich, daß Eisler wortlos etwas vom Teller nahm, aufstand und herausging. Als er zurückkam, hatte er einen Schlips um. Natürlich mußte er ihn später wieder abgeben. »Siehst du«, sagte Eisler zu mir, »Österreich ist korrupt.

Ins Savoy kommt man ohne Schlips überhaupt nicht rein, im Sacher bekommt man einen Schlips geborgt, sobald man ein teures Menü bestellt hat.«

1939 gab ich die »Svendborger Gedichte« heraus. Ich bin auf diese Ausgabe, die ich ganz allein zustande gebracht habe, sehr stolz. Und ich ärgere mich heute noch darüber, daß ich aus lauter Bescheidenheit Wieland Herzfelde mit seinem Malik-Verlag hineindrucken ließ. Denn Herzfelde hat mich später beschimpft. Er fand die Ausgabe »häßlich«. Ich habe mich nicht an seine Ausgabe der »Gesammelten Werke« gehalten, sondern an die Hefte der »Versuche«, die im Kiepenheuer-Verlag erschienen sind. Ich Dummkopf hätte mich selbst als Verleger nennen sollen. Brecht schrieb mir mal in einem Brief: »Von allen Menschen, die ich kenne, bist du der großzügigste …«

Brecht wollte gern mal wieder etwas von sich gedruckt sehen. Er war verwöhnt, denn in Deutschland wurde alles von ihm sofort veröffentlicht. Er konnte sogar Format, Schrift und Aufmachung selbst bestimmen. Die Ausgabe der Svendborger Gedichte wurde noch in Dänemark geplant, aber nachdem Brecht nach Stockholm übergesiedelt war, mußte ich die Sache allein weiterbetreiben. Dabei hat mich Grete Steffin selbstlos beraten, denn ich war ganz unerfahren. Als die Gedichte erschienen waren, wollte ich gern ein bißchen von dem Geld, das ich investiert hatte, zurückhaben. Ich war inzwischen von Robert Lund getrennt und nicht mehr reich. Früher hatte mein Arbeitertheater in der großen Professorenwohnung geprobt. Jetzt brauchte ich einen anderen großen Raum zum Probieren. Ich mietete einen Dachboden ohne Toilette und Heizung. Beides mußte installiert werden, und dafür brauchte ich dringend das Geld von den »Svendborger Gedichten«.

Das Bändchen kostete drei Kronen. Um die Einkünfte ein wenig aufzubessern, beschlossen Brecht und ich, daß er hundert numerierte Exemplare signiert. Diese Bücher wollten wir für zehn Kronen verkaufen. Ein Arzt nahm mir sofort zwei Exemplare ab. Auch viele unserer Genossen, die Brecht gar nicht kannten, kauften die signierten Exemplare. Es kam eine Menge Geld rein. Aber einer der fortschrittlichsten und

Brecht, etwa 1938

reichsten Architekten, Poul Henningsen, fragte mich am Telefon, wieviel denn die Ausgabe ohne Brechts Unterschrift kostet. Und er entschloß sich, die billigere Ausgabe zu kaufen. »Die Gedichte«, sagte er, »sind ohne die Unterschrift ebenso gut.« Als ich das Brecht wütend erzählte, meinte er lächelnd: »Das ist ein vernünftiger Mensch.«

Brecht war sehr froh über die Ausgabe der »Svendborger Gedichte«. In die numerierten Exemplare wollte er hineingedruckt haben: »Herausgegeben unter dem Patronat der Diderot-Gesellschaft.« Er hat viel Mühe und Zeit aufgewendet, eine Diderot-Gesellschaft zu gründen, aber leider ist sie nicht zustande gekommen. Der Vermerk in den »Svendborger Gedichten« ist eine Illusion.

In den »Svendborger Gedichten« heißt der Autor Bertolt Brecht. Jahre zuvor hatte Brecht mir einmal gesagt: »Der Malik-Verlag fängt an, meine gesammelten Schreibereien herauszugeben. Ich überlege mir: Ist ›Bert‹ richtig?« Alle Welt nannte ihn so. Ich war inzwischen gewöhnt, mit den merkwürdigsten Fragen konfrontiert zu werden. Machte Brecht sich einen Spaß, oder war die Frage wichtig für ihn? »Bert oder Bertolt? Bertolt Eugen Friedrich? Was meinst du? Gefällt dir Bert?« Man mußte schnell denken und schnell antworten bei ihm. Mir fiel damals nichts anderes ein als: »Willi statt William wäre seinerzeit wohl auch nicht richtig gewesen ...« Brecht antwortete mit einem Grinsen. So verwandelte sich in Dänemark der Bert in den Bertolt.

Brecht mußte unbedingt zu Geld kommen. Deshalb vermittelte ich die Rechte für eine dänische Ausgabe des »Dreigroschenromans« an den Hasselbalch-Verlag, und ich fand auch einen Übersetzer. Damit war eine traurige Geschichte verknüpft. Eines Tages kommt Otto Gelsted in seinem kleinen, armseligen Regenmantel zu mir und sagt: »Ich hätte gern den ›Dreigroschenroman‹ übersetzt.« Ich wäre nie darauf gekommen, daß er einen so dicken Roman übersetzen will, und außerdem war es dafür viel zu spät.

Ich erklärte Gelsted, daß er dafür nur tausend Kronen bekommen kann. »Nun gut«, sagte er. Er brauchte wirklich Geld. Da mußte ich mit der Wahrheit heraus. Ich habe es dann aber

geschafft, daß er die Songs übersetzen durfte, wofür er fünf-
hundert Kronen bekam. Das war, vom Zeitaufwand gesehen,
viel günstiger für ihn. Übrigens haben wir uns in Dänemark
für einen anderen Titel entschieden, nicht »Dreigroschenroman«, sondern »Nur wer im Wohlstand lebt, lebt angenehm«.
Leider ist keine wirklich gute Übersetzung zustande gekommen.

Der »Dreigroschenroman« entstand hauptsächlich im Krankenhaus, wo Brecht wegen einer Nierenerkrankung lag.
Brecht arbeitete zusammen mit Grete Steffin. Ohne sie wäre
das Buch nicht vorhanden. Brecht schrieb seine Manuskripte
nicht handschriftlich. Mit der Hand machte er allenfalls kleine
Notate. Sonst schrieb er alles mit der Maschine, auch Pläne,
sogar Gedichte. Den »Dreigroschenroman« hat er Grete Steffin diktiert.

Schon vor Brechts Ankunft in Dänemark waren viele deutsche Emigranten in unserem Land aufgenommen worden. Ich
betreute einige von ihnen. Sie holten Eßpakete, Zigaretten
und, wenn gerade Gagentag war, ein bißchen Geld ab. Allmählich bekamen wir Dänen Respekt vor diesen Deutschen.
Uns imponierte ihre Bescheidenheit, ihr Fleiß – sie arbeiteten
wie die Ameisen –, ihre Fähigkeit, sich einzuordnen, sich vorzubereiten. »Vorbereiten worauf?« fragte ich eines Tages
meine Köchin, die die Eßpakete größer und größer machte.
»Hierher kommt er doch auch, der Hitler, und darauf müssen
wir uns vorbereiten«, antwortete sie kategorisch.

Wirklich, es waren Brechts Landsleute, die uns Dänen die
ersten Schritte der Illegalität lehrten. Eines Tages zeigte mir
meine Köchin ihr Parteibuch. Mir war es in drei Jahren nicht
gelungen, sie zu überzeugen. Die deutschen Emigranten hatten aber nicht nur meine Köchin überzeugt, sondern anscheinend auch mit dem Zeitungsmann an der Ecke diskutiert,
denn plötzlich lag unsere dänische kommunistische Zeitung
nicht mehr versteckt unter dem Ladentisch, sondern hing an
einem bevorzugten Platz, sichtbar für alle.

1936 wurde zum erstenmal, seit Brecht in der Emigration war,
ein Stück von ihm an einem großen Haus gespielt, und zwar

Brecht, etwa 1938

»Die Rundköpfe und die Spitzköpfe«. Der Regisseur war Per Knutzon, der schon »Trommeln in der Nacht« in einem Experimentiertheater mit mir als Anna inszeniert hatte. Er war ein guter Regisseur und auch ein guter Genosse. Leider hatte Brecht mit ihm Schwierigkeiten, weil Knutzon die Hauptrolle mit seiner Frau, Lulu Ziegler, besetzt hatte, die keinen Zugang zum epischen Theater fand. Trotzdem kam eine meiner Ansicht nach interessante Aufführung zustande. Aber die katholische Kirche schäumte und verlangte eine Änderung des Stückes, weil in einer Szene das Bild einer katholischen Heiligen nur den Zweck hatte, die Tür zum Geldschrank der Nonnen zu tarnen. Auch die Zionistenvereinigung protestierte. Sie warf Brecht Antisemitismus vor. Das war lächerlich, denn Brecht war weder prosemitisch noch antisemitisch. Er interessierte sich für diese Frage überhaupt nicht. Er wollte zeigen, daß mit dem Rassismus vom Klassenkampf abgelenkt werden soll. Nicht ein Kritiker hat das Stück verstanden. Brecht zeigte sich wenig beeindruckt davon. Er hat an der Inszenierung nichts geändert und auch das Heiligenbild nicht entfernen lassen. Er blieb konsequent, so daß die Aufführung nur wenige Vorstellungen hatte.

Später verhielt sich Brecht in solchen Fällen souveräner. Das habe ich 1954 beim Gastspiel des Berliner Ensembles im Theater Sarah Bernhardt in Paris erlebt. Als wir Picassos Friedenstaube auf den roten Plüschvorhang geheftet hatten, verlangte die Festspielleitung, daß sie abgenommen wird. Wir zitterten vor Aufregung. Die Friedenstaube – unser Symbol – darf man doch nicht abnehmen! Alle dachten: Unter diesen Umständen können wir überhaupt nicht auftreten. Brecht sollte entscheiden. Aber wir konnten ihn nicht finden. Er war in Paris herumgelaufen, hatte Kriminalromane gekauft und einen Hundefriedhof besucht, für den er sich interessierte. Als Brecht schließlich kam, sagte er: »Wenn es so ist, dann nehmt doch die Taube ab.«

Schlimm wurde es noch einmal am Ende der Vorstellung von »Mutter Courage und ihre Kinder«. Die Besucher schrien: »Brecht! Brecht! Brecht!« Er erschien aber nicht auf der Bühne, denn er war schon schlafen gegangen. Das bedeutet allerdings nicht, daß der sensationelle Erfolg des Berliner Ensembles in Paris Brecht kalt gelassen hätte. Er fand ihn wichtig, nicht nur für sich, sondern auch für sein Land, für die DDR.

Nach »Die Rundköpfe und die Spitzköpfe« inszenierte Per Knutzon »Die Dreigroschenoper« in Kopenhagen. Das wurde wieder ein schlimmes Malheur. Brecht behauptete sogar, diese Inszenierung sei seine scheußlichste Erfahrung in der ganzen Emigration gewesen. Er verfeindete sich mit Knutzon so sehr, daß sie schließlich überhaupt nicht mehr miteinander geredet haben. Das war furchtbar für mich, weil ich mit Per Knutzon gut befreundet war und mich wohl oder übel gegen ihn entscheiden mußte. Diesmal ging es nicht um Regie und Besetzung, sondern um Geld.

Die Rechte für die »Dreigroschenoper« lagen beim Verlag Bloch-Erben. Der Vertreter des Verlages in Dänemark war Carl Strakosch, ein Jude. Er hatte die Gelder für Bloch-Erben einzutreiben. Das wußte Brecht. Er wußte überhaupt gut Bescheid in Vertragsfragen. Brecht sagte zu Per Knutzon: »Wenn du es schaffst, mich direkt auszuzahlen, dann zahlst du mich direkt aus. Wenn du es nicht schaffst, dann zahlst du die Tantiemen auf ein Sperrkonto in Dänemark ein.« Knutzon versprach es Brecht in die Hand. Ehe Brecht nach Skovsbostrand abfuhr, wiederholte er noch einmal auf dem Bahnhof: »Auf keinen Fall darf das Geld nach Hitlerdeutschland überwiesen werden. Lieber das Stück nicht aufführen, ich halte es nicht für so wichtig.« Aber Knutzon und Strakosch schickten das Geld nach Hitlerdeutschland, wo es für Brecht verloren war und den Nazis zugute kam. Das konnte Brecht nicht verwinden.

Auch Strakosch war bis dahin ein guter Freund von mir gewesen. Ich wollte ihm ins Gewissen reden: »Du als Jude kannst Bloch-Erben doch gar nicht mehr vertreten. Jeder weiß, daß Bloch-Erben jetzt von einem echten Nazi geleitet wird. In spätestens einem halben Jahr hast du keinen Vertrag mehr mit dem Verlag.« Nachdem ich das gesagt hatte, griff Strakosch zum Telefon, um die Polizei anzurufen, damit sie mich aus seinem Büro rausschmeißt.

Besonders schlimm fanden wir das Verhalten von Per Knutzon, weil er Genosse war. Ich ging zum Ersten Sekretär der Partei, Aksel Larsen, und verlangte, daß Knutzon aus der Partei ausgeschlossen wird. Es kam zu einem großen Krach. Er endete damit, daß nicht Knutzon ausgeschlossen wurde, sondern daß ich eine Rüge bekam.

Helli Weigel, die sich nicht einmischen wollte, wartete in einem Restaurant in der Nähe des Parteigebäudes. Wir wollten anschließend nach Malmö fahren, um uns »Die Gewehre der Frau Carrar« anzusehen, die Curt Trepte mit Naima Wifstrand inszeniert hatte. Die Unterredung mit der Parteileitung hatte so lange gedauert, daß ich Flugtickets besorgen mußte, um noch rechtzeitig in Malmö anzukommen. Helli war bis dahin noch nie geflogen. Mit der Inszenierung war sie sehr zufrieden. Sie schloß schnell Freundschaft mit Naima Wifstrand. Naima war auch meine Carrar, als ich das Stück später in Stockholm inszenierte.

Brecht hatte in Dänemark wenig Glück mit dem Theater. Auch »Die sieben Todsünden« konnten das Blatt nicht wenden, obwohl der berühmte Harald Lander das Ballett inszeniert hatte. Ilona Wieselmann, die später die Yvette in »Mutter Courage und ihre Kinder« spielte, hatte die Rolle der Anna I übernommen, Margot Lander tanzte die Anna II. Otto Gelsted, der den Text übersetzt hatte, und Ilona Wieselmann fuhren immerfort zu Brecht nach Skovsbostrand, um sich von ihm beraten zu lassen.

Bei der Premiere saß der König in seiner Loge und hat geäußert – das weiß ich genau –: »Nein, dafür ist das berühmte dänische Königliche Ballett nicht da!« Die Inszenierung ist nach zwei Vorstellungen abgesetzt worden. Die Wirkung auf das Publikum war »verfremdend«, man fand das Ballett »eigenartig«. Wir aber haben uns köstlich amüsiert, das Stück ist ja sehr schön. Am besten fand ich, daß die Anna einen zu kleinen Koffer hat. Weil der Koffer zu klein war, ist sie Hure geworden. Daß er immer so was hat, der Brecht!

Wegen des Verbots gab es einen großen Skandal. Alle waren entrüstet, der Übersetzer, der Regisseur und das ganze Ensemble. Allein Brecht war zufrieden: »Gut, man hat es also verstanden.« Theaterskandale war er gewöhnt. Ich jedenfalls hatte den Eindruck, daß er eher enttäuscht gewesen wäre, wenn es keinen Skandal gegeben hätte. »Die Dänen sind höfliche Leute: Keine faulen Tomaten, nur ein königliches Verbot.« Das war der alte König gewesen, er hatte das Stück verstanden. Der, den wir jetzt haben, versteht überhaupt nichts, er ist nur ein Autosnob. Ich bin mal mit ihm zusammen Schlittschuh gelaufen.

Brechts Todsünde in der Emigration war, daß er sich zum Marxismus bekannte. Das war schlimmer als alle »Sieben Todsünden der Kleinbürger« zusammengenommen.

Nach diesem Ballett übersetzte Otto Gelsted »Die heilige Johanna der Schlachthöfe«. Damit hat er sich übernommen.

Aber man muß zugeben, daß es eine kaum lösbare Aufgabe war, für Brechts »schlampige« Verse – so hat er sie selbst genannt – eine entsprechende Form im Dänischen zu finden. Glücklicherweise gelang es mir, das Stück, noch bevor die Übersetzung fertig war, an den Chef des Königlichen Theaters, Andreas Müller, zu verkaufen. Das Königliche Theater machte einen Vertrag mit der damals größten Schauspielerin, Bodil Ipsen. Darin stand die Klausel, daß das Theater verpflichtet ist, ihr die Rolle der Johanna zu geben. Das Stück kam in Kopenhagen nie heraus, aber Bodil Ipsen konnte eine Zeitlang gut leben, denn solange sie die Johanna nicht spielte, war sie unkündbar geworden. Das war der einzige Erfolg, den Brechts »Heilige Johanna« in Dänemark hatte. Ich sage nicht, daß Bodil Ipsen das als Erfolg für sich gebucht hat.

Ich kann nicht konkret sagen, wann meine aktive Mitarbeit an den Stücken Brechts begann. Bei der dänischen Fassung von »Galileo Galilei« habe ich noch nicht mitgearbeitet, aber ich habe Brecht eine Zusammenkunft mit Niels Bohr vermitteln können und ihm Material beschafft, denn er ging nicht selber in Bibliotheken.

Niels Bohr zu treffen, war für mich nicht schwierig. Ich kannte ihn zufällig, weil er ein Sommerhaus dicht neben dem Haus von Robert Lund und mir hatte. Seine Söhne waren eng mit meiner Schwester Edith befreundet. Niels Bohr interessierte sich für alles. Er wußte sofort, wer Bertolt Brecht ist. Natürlich hat er Brecht nicht selbst in seinem Institut herumgeführt, dafür hatte er seine Assistenten. Und Brecht hat auch nicht etwa Atomphysik studiert, obwohl er eine Menge darüber gelesen hat. Ihm kam es darauf an, einige physikalische Probleme unkompliziert und verständlich auf der Bühne darzustellen.

Einen der damaligen Assistenten habe ich kürzlich bei einer Zusammenkunft junger Wissenschaftler in Dänemark wiedergetroffen. Ich habe ihm gegenüber bedauert, daß Bohr schließlich doch bei der Hiroshima-Bombe geholfen hat. Daraufhin hat dieser ehemalige Mitarbeiter ihn sehr verteidigt. Ich sehe aber keinen Grund dafür. Erst sagt Bohr: »Nur für friedliche Zwecke« – und dann fährt er nach Amerika und arbeitet an der Kriegsbombe mit. Leider waren auch Einstein und Roosevelt für diese Bombe. Ich finde das merkwürdig.

Um zum Ausgangspunkt zurückzukommen: Für »Galileo Galilei« habe ich keine einzige Zeile geliefert. An eine Mitarbeit habe ich zu diesem Zeitpunkt überhaupt noch nicht gedacht. Brechts Mitarbeiterin bei diesem Stück war Margarete Steffin. Vielleicht konnte ich Brecht durch meine Begeisterung ein bißchen inspirieren, das mag sein. Ich fand alles herrlich, was er schrieb, zeigte es anderen, kam dann zurück und berichtete, was sie dazu gesagt haben. Aber ich ahnte damals nicht, wie wichtig für Brecht solche Anteilnahme an seiner Arbeit war.

Im Laufe der Jahre begriff ich, daß es einfacher für Brecht war, ein Stück zu schreiben, wenn er zumindest bei den Hauptrollen an bestimmte Schauspieler denken konnte. Er stellte sich vor, wie sie agieren und sprechen werden. In Dänemark hatte Brecht den großen Schauspieler Poul Reumert kennengelernt und sah ihn in der Rolle des Galilei. Brecht erwähnte ihn oft während der Arbeit. Er mußte beim Schreiben etwas Lebendiges vor sich sehen. Ob später etwas aus dieser »Besetzung« wurde, war nicht so wichtig. Bei Poul Reumert wurde leider nichts daraus. In Berlin hat Brecht George Farquhars Stück »The recruiting officer« – es hieß bei uns »Pauken und Trompeten« – für Regine Lutz bearbeitet. Weil sie da war, hat er auch die Arbeit an »Turandot« wiederaufgenommen.

Die meisten Stücke hat Brecht für die Weigel geschrieben. Sie war nicht an der Schreibarbeit beteiligt, aber sie hat ihn als Schauspielerin angeregt. Man muß wissen, daß »Mutter Courage und ihre Kinder« entstanden ist, weil es die Weigel gegeben hat. Die Idee zur Figur der stummen Kattrin hatte Brecht, als ihm klar war, daß er mit seiner Familie durch viele Länder kommen wird. Er hatte sich überlegt, daß die Weigel diese Stumme auch dort spielen kann, wo sie die Sprache nicht beherrscht. Aber das Stück wurde in keinem Land, in das Brecht emigrieren mußte, aufgeführt. Ich habe oft darüber nachgedacht, wie die Weigel das verkraftet hat: Sie war jung, sah

*Helene Weigel als Mutter Courage in Brechts Inszenierung, Berlin 1949,
fotografiert von Ruth Berlau*

wunderbar aus, und die Bühne war ihr Element. Leider trat
das Gegenteil von dem ein, was Brecht sich gedacht hatte: Die
Weigel spielte nicht eine Stumme, sondern sie wurde fünfzehn Jahre lang stumm gemacht.

Aber bestimmt hat Brecht auch schon beim Schreiben daran gedacht, daß die Weigel später einmal die Courage spielt. Er sagte immer wieder: »Wenn ich nach Deutschland zurückkomme, ist meine allererste Inszenierung ›Mutter Courage‹ mit Helene Weigel!« Und so geschah es.

Viele Haltungen der Courage hat Helene Weigel angeregt. Richtig begriffen habe ich das allerdings erst, nachdem ich die Weigel in dieser Rolle auf der Bühne gesehen habe. Brecht hat an ihr immer das Händlertalent bewundert. Die Courage ist eine Händlerin, und alle Händler-Szenen sind von der Weigel inspiriert. Ich will nicht behaupten, daß die Weigel wirklich so war, aber ich behaupte, daß niemand diese Szenen so spielen kann wie sie. Wie die Weigel in der zweiten Szene um das Huhn handelt, das kann ihr keiner nachmachen. Manche Details wurden erst während der Proben zusammen mit der Weigel entwickelt, zum Beispiel der Schnallenhandel in der Szene mit den Werbern am Anfang des Stückes, oder der Schnapsverkauf vor und nach dem Tod des Feldhauptmanns Tilly, oder der Kampf um die Hemden, mit denen Verwundete verbunden werden sollen. Ich kann nicht alle die großen Szenen der Weigel hier aufzählen, ich kann nur sagen, daß ich bei anderen Inszenierungen und besonders bei meiner eigenen Inszenierung in Holland begriffen habe, was für eine phantastische Schauspielerin Brecht mit der Weigel als Courage hatte. Dieses Zusammenspiel zwischen Autor, Regisseur und Schauspielerin ist ein Glücksfall in der Theatergeschichte.

In der Zeit, als Brecht an der »Courage« arbeitete, zeigte er auch mir seine Manuskripte oder las daraus vor. Mir war alles sehr fremd, denn ich spielte im Königlichen Theater Stücke, die mit denen von Brecht wahrhaftig nicht zu vergleichen waren. Je länger ich Brecht kannte, um so mehr ahnte ich, daß alles, was wir in diesem Theater machten, Käse war. Selbst von Shakespeare hatten wir nichts begriffen. Deshalb konnte ich Brecht lange Zeit nicht wirklich helfen. Ich sagte ihm nur, was ich nicht verstanden habe. Manchmal korrigierte Brecht solche Stellen, wie er überhaupt meine Kritik, so laienhaft sie war, sehr positiv aufnahm. Vielleicht habe ich Brecht zwei oder drei Vorschläge gemacht, was er noch reinschreiben könnte. Ich kann mir darauf nichts einbilden. Am meisten hat mich beeindruckt, mit wieviel Spaß und wie spielerisch Brecht arbeitete. Es war immer lustig.

Allmählich lernte ich durch die Praxis. Die Szenen für mein Arbeitertheater schrieb ich selbst. Anregungen erhielt ich meistens vom Parteivorsitzenden Aksel Larsen. Ich fragte ihn: »Was ist los? Was muß man jetzt schreiben?« Wir machten Agitprop-Theater nach bestem Wissen und vor allem mit bestem Gewissen. Was ich im Königlichen Theater gelernt hatte, konnte ich nicht anwenden. Deshalb zeigte ich meine Sachen stets Brecht. Er gab mir einen wichtigen Rat: In der Beschränkung zeigt sich erst der Meister! In einem kleinen Sketch von mir kam nämlich immer alles vor: etwas über Abtreibung und etwas über Arbeitslosigkeit, dann daß der Kaffee zu teuer ist und daß die Arbeiter nicht ausreichend versichert sind und so weiter. Brecht sagte freundlich: »Ich finde, du hast bißchen viel da reingepumpt. Man muß, glaube ich, sich auf eine Sache konzentrieren. Meinst du nicht auch?«

Diese sanfte, beinahe zaghafte Art, Einwände vorzubringen, habe ich auch von Brecht gelernt. Sie verstimmt oder verprellt nicht, weil sie die Arbeit nicht überhaupt in Frage stellt. Der Kritisierte kann selbst entscheiden, ob er den Vorschlag annehmen will. Wer schreibt, ist empfindlich. Eine Kritik, die im falschen Moment Kleinigkeiten bemängelt, macht unfruchtbar. Kritik muß zum Produzieren anregen.

In dem Buch von Alexander Abusch über Schiller fand ich einen Satz von Goethe, der auch für Bertolt Brecht gilt. Goethe sagt über Schiller: »Man lernt nur, wenn man liebt.« Diese Liebe hat überhaupt nichts mit sexueller Bindung zu tun. An Brecht kam Kritik nur heran und wurde für ihn verwendbar, wenn sie in großer Liebe vorgebracht wurde. Das habe ich, glaube ich, schnell mitbekommen. Es gab Zeiten, in denen man nichts Negatives sagen durfte. Man durfte nur auf das Positive eingehen und mußte die Kritik zurückhalten. Sobald ich allein war, machte ich mir Notizen über das, was ich nicht verstanden hatte oder gern geändert haben wollte. Bei einer späteren Gelegenheit konnte ich diese Einwände vorbringen.

Hätte ich gleich etwas gesagt, hätte Brecht nicht weiterge-schrieben. Es wäre ein Tag verlorengegangen. Und solche ver-lorenen Tage waren nicht auszuhalten.

Nicht immer war die Arbeit mit Brecht leicht. Brecht hatte nämlich eine Eigenart, die ich in Dänemark mit großer Bestür-zung wahrgenommen und gar nicht verstanden habe: Er hatte Antipathien. Plötzlich war er aus unerfindlichen Gründen ge-gen jemanden ganz ungerecht, ähnlich wie wenn ein Hund einen Menschen nicht mag. Für mich war das rätselhaft, und während der Proben mit meinem Arbeitertheater war mir diese Haltung sehr unangenehm. Ich habe darüber mit Brecht gesprochen: »Du mußt doch einen Grund haben, wenn du einen Menschen nicht leiden kannst.« Er hatte aber keinen Grund. Das merkte man, wenn man tiefer nachforschte. Zum Beispiel sagte er über einen aus unserer Truppe: »Der ist dumm.« Ich sagte: »Das stimmt nicht, er ist nicht dümmer als der und der, und den hast du gern.« – »Ja, aber …«, vertei-digte er sich dann, doch es kam nichts Stichhaltiges heraus.

Auch in Berlin habe ich diese Eigenart feststellen müssen. Ich habe Brecht eines Tages kritisiert: »Du bist nicht mehr der weise Lehrer, der du warst. Du bist grob zu den Leuten und hast gegen den und den Antipathien ohne Grund.« Brecht ant-wortete: »Ich habe keine Schüler, ich habe Angestellte.« Das waren schwierige Zeiten. Brecht war nicht derselbe wie in der Emigration. In der Emigration hat er niemals Leute ange-schrieen, hier aber doch. Vielleicht lag es daran, daß Brecht in Berlin selbst eine schwierige Zeit hatte. Er hatte sich mit Haut und Haaren in die praktische Theaterarbeit gestürzt, und »die Mühen der Ebenen« waren doch immer noch wie der Gang über einen Knüppeldamm. Die Situation änderte sich erst, als Brecht sein eigenes Haus im Theater am Schiffbauerdamm be-kam.

Es gibt ein Gedicht von Brecht »Über das Leben ohne Schü-ler«. Darin heißt es: »Dort spricht der, dem niemand zuhört.« Diese Situation wiederholte sich immer wieder in der Emigra-tion: Keine Leute, keine Leute! Und auf diese Kontakte war Brecht so sehr angewiesen. Deshalb hat er fortgesetzt Freunde nach Skovsbostrand eingeladen. Ich lernte damals Karl Korsch kennen und Walter Benjamin, Fritz Sternberg, Hermann Duncker, Herbert Jhering und vor allem natürlich Hanns Eisler. Sie wohnten, manchmal für längere Zeit, in der Nähe von Brecht. Ihnen zeigte er, was er geschrieben hatte, um darüber zu diskutieren. Über seine Pläne sprach er selten. Er suchte das konkrete Gespräch.

Wann immer Benjamin und Brecht in Dänemark zusammentrafen, bestand sofort eine Atmosphäre der Vertrautheit zwischen ihnen. Ich weiß, daß Benjamin seine Gespräche mit Brecht aufgezeichnet hat. Für mich war Benjamin ein großer Lehrer. Meine Unwissenheit war mir so scheußlich, daß ich sehr schnell lernte. Ich habe jede Gelegenheit benutzt, etwas aufzuschnappen, und bei Benjamin habe ich sehr viel aufgeschnappt. Brecht hatte Benjamin ungeheuer gern, er liebte ihn geradezu. Ich glaube, sie verstanden sich auch ohne zu sprechen. Sie spielten wortlos Schach miteinander, und wenn sie aufstanden, hatten sie ein Gespräch gehabt.

Am ungeduldigsten wartete Brecht auf Hanns Eisler. Endlich meldete auch er sich in Dänemark an, und sofort wurde ein kleines Haus für ihn am Svendbor-Sund gemietet. Die beiden Freunde verstanden sich glänzend, aber in einem unterschieden sie sich absolut. Eisler badete und schwamm gern, Brecht tat beides sehr selten. Den Weg von Haus zu Haus, vielleicht zehn Minuten, ging Eisler stets zu Fuß, während Brecht immer mit dem Auto fuhr. Eisler mußte deshalb allein schwimmen gehen und auch seine Spaziergänge allein machen.

Ich erinnere mich, wie sie an dem Stück »Die Rundköpfe und die Spitzköpfe« arbeiteten. Sie hörten nebenbei eine Hitler-Rede im Radio und schüttelten immerfort fassungslos die Köpfe und schauten sich an. Sie lachten viel. Brecht lachte sogar Tränen. Eisler lief ständig im Zimmer hin und her. Aber beide hörten genau zu. Wenn Heilrufe aus dem Radio über den stillen Sund heulten, machte ich das Fenster zu, weil die Dänen vielleicht mißverstehen könnten, daß man sich so etwas anhört. Vor dem »Horst-Wessel-Lied« drehten wir das Radio ab, und Brecht sagte den Untertitel zum Stück »Die Rundköpfe und die Spitzköpfe«: »Ein Greuelmärchen«! Danach saßen beide ganz still. Sie rauchten, Eisler eine Zigarette nach der anderen, Brecht, im Schaukelstuhl, Zigarren, die immerfort ausgingen. Sie wechselten Blicke, nickten sich zu, schwiegen. Aber zu keiner Zeit habe ich Niedergeschlagenheit bei ihnen bemerkt.

Brecht und Eisler gaben sich niemals die Hand, sagten nicht Guten Tag oder Auf Wiedersehen. Sie setzten jedes Gespräch genau dort fort, wo sie beim letztenmal aufgehört hatten. Sie verkehrten chinesisch freundlich miteinander. Als Brecht in Dänemark an »Furcht und Elend des Dritten Reiches« arbeitete, gab er Eisler einige Szenen zur Begutachtung. Eisler ging in den Garten und las den Text sofort. Er sagte: »Brecht erwartet das von mir, da darf ich nicht faul sein.« Als er wieder ins Arbeitszimmer hereinkam, sagte er spontan: »Großartig! Hervorragend!« Aber dann kamen Vorschläge für Änderungen. Brecht notierte sich alles auf kleinen Zetteln, die er irgendwohin steckte, dann aber, als er ans Umarbeiten ging, nicht wiederfand. Er behauptete, daß man den verlorenen Satz nie wieder rekonstruieren kann, und suchte und suchte. Brecht hatte ein schlechtes Gewissen, aber Eisler tröstete ihn und schlug eine neue Replik vor. Doch Brecht wollte den Zettel, alle im Haus mußten danach suchen. Schließlich fischte ihn Brecht aus einer seiner vielen Taschen heraus. Nun konnte er endlich weiterarbeiten. Wieder liefen Eisler und Brecht umeinander herum, auf und ab, und riefen sich dabei etwas zu. Brecht tippte einen Text auf der Schreibmaschine und las ihn vor. Er lachte so dabei – und immer mit der Zigarre im Mund –, daß ich kein Wort verstand. Aber Eisler verstand alles.

Es ist interessant, wie unterschiedlich die Zusammenarbeit zwischen Brecht und den einzelnen Mitarbeitern war. Jeder hat Brecht auf seine Art geholfen: Material herangeholt, Abschriften gemacht, Korrekturen eingearbeitet und so weiter. Und jeder wurde auch auf seine Art von Brecht eingesetzt. Unter diesen Helfern – meistens allerdings Helferinnen – gibt es einen Ausnahmefall: Elisabeth Hauptmann. Sie hat wirklich an den Stücken mitgearbeitet, vor allem in der Zeit vor der Emigration. Zum Beispiel hat sie die »Bettleroper«

entdeckt, aus dem Englischen für Brecht übersetzt und dann auch direkt an der »Dreigroschenoper« mitgeschrieben. So war es auch bei anderen Stücken dieser Periode. Es gibt für mich keinen Zweifel, daß ihr Anteil an Brechts Arbeiten groß ist.

Elisabeth Hauptmann hat mir erzählt, wie die Zusammenarbeit vor sich ging. Brecht und sie hatten in Berlin zwei nebeneinanderliegende Wohnungen mit Haustelefon. So stand die Hauptmann Brecht jederzeit zur Verfügung, tags und nachts. Wenn die anderen Mitarbeiter gegangen waren, werteten Brecht und Hauptmann die Diskussion aus und schufen Vorlauf für den nächsten Tag. Die Hauptmann war bis zum Umfallen einsatzbereit. Wenn Brecht einmal verreiste, ließ er ihr »Hausaufgaben« zurück. Auf diese Weise ist das Stück »Happy End« entstanden, zu dem Brecht nur die Lyrik beigesteuert hat. Aber »Happy End« hat ihn zur »Heiligen Johanna der Schlachthöfe« angeregt. Ich glaube, die literarische Zusammenarbeit mit Elisabeth Hauptmann war die engste, die Brecht je gehabt hat. Die Hauptmann war selbst eine Schriftstellerin. Sie hat diese Fähigkeit in den Dienst von Brecht gestellt.

Margarete Steffin – Grete nannte sie Brecht – stieß 1932 zu Brechts Kreis. Sie war nicht Schriftstellerin im eigentlichen Sinne, obwohl sie ein paar Kinderstücke geschrieben und gute Übersetzungen gemacht hat. Aber das war nicht ihr stärkstes Talent. Brecht hat – so merkwürdig das klingen mag – am meisten an ihr geschätzt, daß sie Kommunistin war und wirklich aus dem Proletariat kam. Das war für ihn wichtiger, als man denkt.

Grete kam aus einem Laienensemble. Sie spielte die Rolle des Dienstmädchens in der »Mutter« – Aufführung von 1932. Brecht hat sie während der Proben kennengelernt. Zuerst machte sie die Arbeit einer Sekretärin für ihn. Ich habe viele erstklassige Sekretärinnen erlebt, aber keine, die an Grete Steffin herankam. Niemand konnte so schnell und mit solchem Verständnis stenografieren, wenn Brecht diktierte oder wenn sie an einem Gespräch teilnahm, und keine habe ich je so schnell Maschineschreiben gehört.

Brecht und Margarete Steffin auf Thurö, 1935, fotografiert von Ruth Berlau

Erst nach einem Jahr oder nach zweien arbeitete sie auch auf andere Art mit. Man braucht einige Zeit, um sich an Brechts Denkweise zu gewöhnen und daran, wie schnell und vielgleisig er denkt. Brecht nennt Margarete Steffin als Mitarbeiterin bei vielen Stücken. Sie hat zwar an den Stücken nicht so wie Elisabeth Hauptmann mitgeschrieben, aber sie war Brecht eine unerbittliche Kritikerin. Sie wollte, daß auch die Arbeiter Brechts Dichtung verstehen. Bei Formulierungen, die sie »verdreht« nannte, verlangte sie von Brecht, daß er umarbeitet. Besonders in dieser Beziehung war sie unersetzlich.

Ich erinnere mich, daß Brecht in Dänemark einen kleinen Esel aus Pappe hatte. Er besaß einen beweglichen Kopf, mit dem wackelte er, wenn man an einem Strick zog. Um seinen Hals hing ein Zettel, auf dem stand: »Auch ich will dich verstehen!« Wenn mir nun irgend etwas nicht klar war, zog ich an dem Strick, und der Esel sagte dann: »Nein!«

Grete Steffin war noch strenger als ich. Im Gegensatz zu mir wußte sie außerdem viel über Versformen und -regeln. Zum Beispiel hielt sie Brecht seine schlechten Jamben in »Arturo Ui« vor. Natürlich geschah das alles immer mit viel Spaß. Unter »streng« verstehe ich bei Brecht eine lustige Strenge.

Ich habe nie einen so fleißigen Menschen wie Margarete Steffin gesehen. Weil sie schnell dänisch lernen wollte – und das schaffte sie wirklich –, übersetzte sie meinen schlechten Roman »Videre ...«. Später hat sie dann Nexö übertragen können. Sie war enorm sprachbegabt. Auch in Schweden und in Finnland konnte sie sich in der Landessprache verständlich machen. Russisch und Englisch beherrschte sie glänzend. Sie war nicht nur mündlich, sondern auch schriftlich perfekt. Sie war ein Sprachgenie.

Grete und ich hatten eine sehr schöne Zeit miteinander. Das kam so: Brecht wohnte weit weg von Kopenhagen. Wenn Leute ankamen, die ihn besuchen wollten, schickte er mir ein Telegramm: »Bitte abholen!« So war es zum Beispiel beim Besuch Fritz Sternbergs oder als Brechts Schulfreund Müllereisert nach Dänemark kam. Eines Tages bekam ich ein Telegramm: »Bitte abholen Mitarbeiterin Margarete Steffin.« Ich hatte keine Ahnung, wer Margarete Steffin ist, fuhr zum Bahnhof und holte sie mit meinem großen Lincoln-Wagen ab. Damals war ich noch mit Robert Lund verheiratet und hatte eine schöne Wohnung, in die ich Grete mitnahm. Sie wohnte drei Monate bei mir. Ich hatte ihr ein Zimmer angeboten, weil ich wußte, daß Emigranten sparen müssen. Grete war zwar nicht arm, aber ein Hotel kostete viel Geld.

Grete telefonierte und korrespondierte mit Brecht von Kopenhagen aus. Obwohl Brecht sie als Mitarbeiterin sehr nötig hatte, wollte die Weigel nicht, daß Grete Steffin nach Skovsbostrand kommt. Grete hatte eine Tuberkulose, und die Weigel sorgte sich um ihre Kinder. Am Weihnachtsabend brach Grete zusammen und erzählte mir alles: sie liebte Brecht. Natürlich, selbstverständlich. Aber warum Brecht sie so lange in Kopenhagen hat warten lassen, bevor er sie sah, ist mir immer noch rätselhaft. Es nützt nichts, mal muß ich es trotz aller Liebe sagen: Er war feige. Ich kann mir vorstellen, daß es drei Monate gedauert hat, bis er der Weigel sagen konnte: »Die Grete ist auch da.«

Ich stand damals Helene Weigel sehr nahe und betrachtete die Umstände mit Sorge. Helli wollte unbedingt Maschineschreiben lernen und Brechts Sekretärin sein. Nun ist dieses

Genie alles andere als eine Sekretärin. Eines Tages sah ich sie mit einem Gipsverband ums Handgelenk, sie hatte eine Sehnenscheidenentzündung beim Tippen bekommen. Sie konnte viel, aber das konnte sie nicht.

Als Sekretärin war Margarete Steffin nicht zu ersetzen, durch niemanden. Wenn Brecht in einer Fassung korrigiert hatte, fand er am nächsten Morgen frisch abgeschriebene Manuskripte auf seinem Schreibtisch vor, ohne daß er etwas gesagt hatte. Und die Manuskripte hatten die Schönheit und Sauberkeit, die Brecht brauchte, um weiterzuarbeiten. Er bevorzugte sehr feines Papier, dünn wie Zigarettenpapier. Es war ein Kunststück, darauf zu schreiben, noch dazu mit mehreren Durchschlägen. Grete Steffin schaffte das. »Arturo Ui« tippte sie in Finnland auf Flugpostpapier, damit das Versenden mit der Post nicht zu teuer wird.

Als Grete Steffin dann doch von Kopenhagen nach Skovsbostrand kam, richtete ihr Helene Weigel ein Zimmer ein, sehr schön, mit Möbeln aus dänischer Eiche, aber wegen der Kinder etwas weiter entfernt von ihrem Haus. Grete Steffin aß auch nicht bei Helene Weigel, sondern Brecht brachte mit dem kleinen Ford, den ich ihm für dreihundert Kronen gekauft hatte, das Essen zu Grete Steffin und kehrte sofort wieder um. Es dauerte hin und zurück vielleicht vier Minuten.

Grete Steffin wurde schwächer und schwächer. Robert Lund behandelte sie und wollte sie ins Krankenhaus einweisen, als gerade »Die Rundköpfe und die Spitzköpfe« in Kopenhagen inszeniert wurden. Grete wollte unbedingt dabeisein. Brecht sagte zu Robert Lund: »Ja, das nützt nichts, jetzt kann sie nicht im Krankenhaus liegen, denn ich brauche sie.« Daraufhin sagte Robert Lund scharf: »Sie geht heute abend ins Krankenhaus!« Und das geschah dann auch.

Wieder sprang Helene Weigel ein und half bei der Inszenierung. Brecht hatte sie geholt, weil er immer einen anderen Menschen dabei haben mußte. Aber jeden Tag nach der Probe setzte er sich in eine Straßenbahn und fuhr eine halbe Stunde zum Krankenhaus. Er brachte der Grete Blumen und Obst und was sie sonst noch brauchte. Sie schrieb damals eine visio-

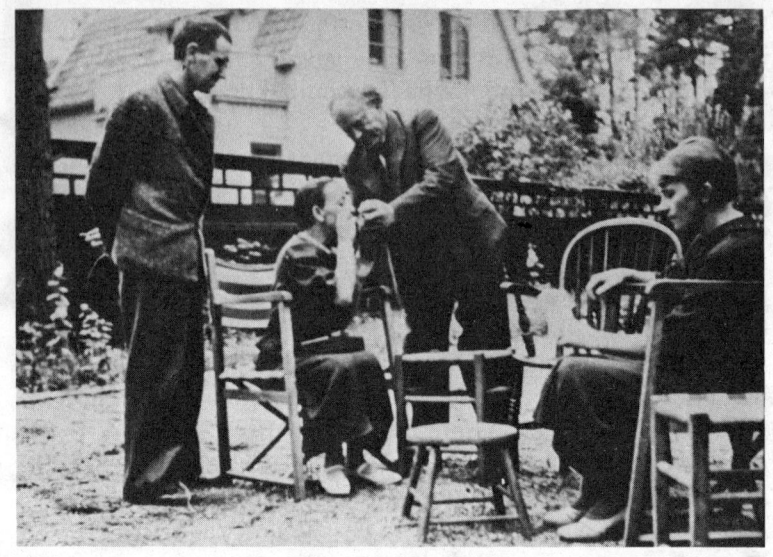

Brecht in Lidingö mit Helene Weigel, Martin Andersen Nexö und
Margarete Steffin, fotografiert von Ruth Berlau 1939

näre Geschichte für Brecht, in der sie erzählt, wie sie einem
Tuberkulosekranken beim Sterben zuschaut – durch ein Loch
in der Wand. Sie war sehr beschäftigt mit dem Tod, aber sie
wollte unter keinen Umständen sterben.

Grete Steffin später nach Schweden und dann nach Finnland zu bringen war sehr schwierig. Für Amerika konnte sie
wegen ihrer Krankheit auch kein Einreisevisum, sondern nur
ein Besuchervisum bekommen. Es war zum Verzweifeln, sie
hinsiechen zu sehen. Wenn wir früher aus Finnland hätten ab-
reisen können, wäre eine Behandlung vielleicht noch erfolgreich gewesen. Finnland hat zu harte Winter für Tuberkulose-
kranke. Doch das Visum traf zu spät ein.

Als ich in Leningrad mit Grete zusammen in einem Zimmer
schlafen mußte, wurde mir endgültig klar, wie krank sie war.
Sie hustete so heftig, daß ich ihr meine Decke noch überlegte.
Aber auch das half nichts. In Moskau war sie dann Brechts
Übersetzerin und hat alle Begegnungen und Besprechungen
organisiert. Bis zuletzt hat sie versucht, Brecht zu helfen. Aber
eines Tages brach sie plötzlich zusammen und sah ganz grau

im Gesicht aus. Sie konnte nicht mehr stehen und mußte ins Krankenhaus gebracht werden.

Im Krankenhaus wurde alles aufs Rührendste arrangiert. Sie bekam ein großes, sehr schönes Einzelzimmer. Die besten Professoren kümmerten sich um sie. Ich bin überzeugt, daß Brecht nicht weitergefahren wäre, wenn er nicht großes Vertrauen zu den Ärzten gehabt hätte. Auch für die Weiterreise nach ihrer Genesung war gesorgt. Zuvor sollte sie sich aber ein paar Monate auf der Halbinsel Krim in einer Heilstätte erholen. Brecht ließ ihr eine Kiste mit Manuskripten zurück, die vor allem Aufzeichnungen von Grete Steffin enthielt. Von Brechts Arbeiten war nur dabei, was er doppelt hatte. Interessant ist, daß Brecht bei einem Ortswechsel nie Material zurückgelassen hat, das ihm später bei seiner Arbeit hätte fehlen können. Ich habe die Manuskripte selbst durchgesehen und sortiert. Gretes Notate blieben wohl alle bei ihr.

Grete war sehr gefaßt, als wir ohne sie abfuhren. Sie hat ihre Trauer verborgen, als Brecht sich von ihr verabschiedete. Sie war ein tapferer Mensch, eine Kämpferin. Wahrscheinlich hat sie geahnt, wie es um sie steht. Merkwürdigerweise hat sie sich, obwohl Genossin, einmal die Zukunft aus der Hand lesen lassen und erfahren, daß sie sterben wird, wenn sie dreiunddreißig Jahre alt ist. Und sie wurde nur dreiunddreißig! Ab und zu wies sie mit spaßhaftem Unterton darauf hin: »Wenn ich dreiunddreißig bin, sterbe ich.« Sie sagte das nicht anders, als wenn ich behaupte, nachdem ich einen Spiegel zerschlagen habe: »Jetzt habe ich sieben Jahre Unglück.« Aber ich bin nicht sicher, ob sie nicht doch daran geglaubt hat. Grete Steffin starb in Moskau.

Unsere Reise mit dem Sibirien-Expreß nach Wladiwostok dauerte zehn Tage. Täglich erhielt Brecht ein Telegramm, in dem seine Freunde ihm mitteilten, wie es Grete Steffin geht. Das letzte Telegramm gab genaue Auskunft darüber, wie sie gestorben ist. Brecht hatte Angst gehabt, daß sie eventuell nach ihm fragen könnte. Aber sie hat nicht nach Brecht gefragt, sondern nach dem Arzt. Der Genosse, der das Telegramm abgeschickt hat, wußte, worauf es Brecht ankommt.

Vier Tage hat Brecht nicht gelächelt. Ich bot ihm meine Kabine im Schlafwagen an, denn ich hatte eine für mich, während er mit Weigel, Steff und Barbara in einer Kabine wohnte. Ich hätte woanders unterkommen können. Aber die Weigel sagte: »Wozu? Das vergißt er schnell.« Zum erstenmal lächelte Brecht wieder, als wir aus dem Zug ausstiegen. Da standen russische Kinder und verkauften Maiglöckchen. Das waren Grete Steffins Lieblingsblumen. Als ich sie zum letztenmal sah, hatte ich ihr auch Maiglöckchen mitgebracht.

Acht Tage, nachdem wir in Wladiwostok das schwedische Schiff zur Überfahrt nach den USA betreten hatten, überfiel Hitler die Sowjetunion. Da wußten wir, daß wir gerade noch rechtzeitig aus Moskau abgefahren waren.

Brecht mit Margarete Steffin in Finnland, 1941, fotografiert von Ruth Berlau

Öfter als die Schuhe die Länder wechselnd

—

Von Dänemark nach Schweden · Flucht nach Finnland ·
Von Helsinki über Moskau, Wladiwostok und Manila bis San Pedro ·
»Was kostet das Eisen?« · »Flüchtlingsgespräche« ·
Hella Wuolijoki und »Herr Puntila und sein Knecht Matti« ·
»Der aufhaltsame Aufstieg des Arturo Ui« ·
Hermann Greid, Hans Tombrock, Margarete Steffin,
Carola Neher und Helene Weigel

Als Hitler einen Nichtangriffspakt mit Dänemark abschloß,
packte Brecht seine Koffer. Viele Freunde, auch Genossen,
sagten: »Jetzt mußt du doch nicht wegfahren, du kannst ruhig
in Dänemark bleiben.« Brecht antwortete: »Nein, gerade jetzt
weiß ich, daß ich raus muß!« Das war ein Jahr, bevor Hitlers
Wehrmacht Dänemark überfallen hat. In den »Svendborger
Gedichten« kann man nachlesen: »Die Regierungen schreiben
Nichtangriffspakte, kleiner Mann schreibe dein Testament.«

Brecht beschloß, zunächst nach Schweden zu gehen. Er
hatte keine Vorstellung davon, wie kompliziert das ist. Er beantragte ein Einreisevisum beim schwedischen Konsulat in
Kopenhagen. Schweden war aber nicht interessiert an der Aufnahme von deutschen – noch dazu kommunistischen – Emigranten. Es waren ohnehin schon zu viele da, und Schweden
pflegte gute Beziehungen zu Nazideutschland. Im allgemeinen konnte jeder – auch jeder Nazi – ein Besuchervisum bekommen. Es wurde prinzipiell für sechs Monate ausgestellt.
Voraussetzung war aber, daß der Besucher nach Ablauf dieser
Zeit wieder abgeschoben werden kann. Brecht hätte also eine
dänische Aufenthaltserlaubnis für sechs Monate nachweisen
müssen. Dänemark erteilte jedoch eine Aufenthaltserlaubnis
immer nur für drei Monate. Jeder Emigrant mußte nach Ablauf dieser Zeit sein Visum verlängern lassen. Die schwedische Forderung war für Brecht praktisch unerfüllbar – und im
Grunde eine politische Schweinerei. Sie richtete sich hauptsächlich gegen Kommunisten. Sozialdemokraten wurden von
der sozialdemokratischen dänischen Regierung geschützt.
Kommunisten konnten auf Grund der gesetzlichen Regelun-

gen aus ihrem Zufluchtsland »ganz legal« abgeschoben werden – auch nach Deutschland.

Ich ging zum Staatsminister. Er sagte: »Es ist eine Ehre für Dänemark, einen Gorki zu Gast zu haben, aber eine Aufenthaltserlaubnis für sechs Monate können wir ihm trotzdem nicht geben.« Ich hatte mir von meinen reichen Freundinnen Ringe und anderen Schmuck und einen Blaufuchs ausgeliehen, aber erst mein Lächeln konnte den Minister umstimmen. Beim Abschied sagte er: »Das nächste Mal habe ich nur nachts für Sie Zeit!« Brecht hat das sehr amüsiert. Ich alarmierte Georg Branting, den ich von Madrid her kannte. (Er ist der Sohn Hjalmar Brantings, der ein Vertrauter Lenins war. Georg Branting hat den Londoner Gegenprozeß zum Reichstagsbrandprozeß geleitet und sitzt in der ersten Kammer des schwedischen Reichstages.) Branting kam sofort mit dem Flugzeug nach Kopenhagen und hat die Formalitäten für die Einreise nach Schweden geregelt.

Nur bei Margarete Steffin klappte es nicht mit dem Visum, obwohl sie sich mit einem Dänen verheiratet hatte – natürlich nur formell, um einen Paß zu haben. Sie sprach zwar gut dänisch – und sie schrieb es auch richtig, vielleicht besser als ich –, aber man hörte den Akzent. Und gerade darauf achten die Spitzel. Sie hatten herausgefunden, daß Margarete Steffin als Deutsche nach Dänemark emigriert war und für Bertolt Brecht als Sekretärin arbeitete. Daß sie trotzdem nach Schweden kommen konnte, war wieder das Verdienst von Georg Branting. In Schweden hatte Grete eine gute Zeit. Das Klima war günstig für sie, und sie wohnte auch angenehm.

Zunächst fuhren nur Weigel, Brecht, Steff, Barbara und ich nach Schweden. Grete kam später nach. Georg Branting empfing uns und hatte auch schon ein Haus auf Lidingö ausfindig gemacht, das die Bildhauerin Ninnan Santesson ganz billig an die Brechts vermietete. Lidingö ist eine Insel im Nordosten von Stockholm. Ninnan Santesson hat den Kopf der Weigel modelliert, ihn später aber leider zerstört. Sie war wohl nicht zufrieden damit. Brecht hat die Plastik in verschiedenen Stadien der Arbeit fotografiert und dazu den Aufsatz geschrieben: »Betrachtung der Kunst oder Kunst der Betrachtung.«

Brecht in Lidingö, 1939

Das Haus hatte ein riesengroßes Atelier, in dem sich Brecht sein Arbeitszimmer einrichtete. Es war noch größer als später Brechts langes Arbeitszimmer in Buckow am Schermützelsee. Vom Atelier führte eine Treppe nach oben in einen kleinen, offenen Raum, eine Art Empore mit einer Brüstung. Dort stand Brechts Bett.

Brecht war zwar in Schweden gut aufgehoben, aber er befürchtete, daß sich die Situation weiter verschlechtern könnte. Deshalb war er gierig nach Informationen, und der kleine Radioapparat wurde sein wichtigster Besitz. Er hat ihn durch alle Länder der Emigration mitgeschleppt. Einmal hat er ihn sogar bedichtet: »In der Früh drehe ich den Schalter um und höre die Siegesmeldungen meiner Feinde.«

Ich fuhr wieder nach Dänemark zurück und besuchte Brecht in Lidingö nur, wenn ich spielfrei war oder Urlaub hatte. In Kopenhagen übersetzte ich sofort »Furcht und Elend des Dritten Reiches« und inszenierte das Stück in meinem Arbeitertheater. Wir spielten es noch, als die Nazis schon in Dänemark waren. Am 9. April 1940 hatten sie Dänemark und Norwegen überfallen. Die Norweger kämpften noch sechzig Tage, die Dänen haben nicht gekämpft. Das war eine grausame Zeit, denn ich hatte keine Verbindung mehr mit Brecht, weil keine Post befördert wurde. Vor allem fürchtete ich, daß die Nazis auch Schweden besetzen und daß Brecht nicht rechtzeitig wegkommt. Ich konnte nichts für ihn tun.

So wollte ich wenigstens Nexö von Kopenhagen weghaben und fuhr zu ihm. Der alte Herr war ganz vergnügt. Vor der Tür stand ein großer Wagen der sowjetischen Botschaft. Man bot Nexö an, ihn in die Botschaft zu bringen, wo er in Sicherheit war, und ihn zum Sowjetbürger zu machen. Aber der alte Herr winkte ab: »Nee, ich bin Däne! Aber wenn Sie so freundlich sein wollen, mich zum Flugplatz zu fahren. Ich möchte gern sehen, wie die Schweine landen.« Er fuhr tatsächlich zum Flugplatz und hat sich die Naziflugzeuge mit den Hakenkreuzen angeschaut. Nexös Haltung war großartig. Obwohl ich nicht geschafft hatte, ihn fortzubringen, war ich etwas beruhigt. Ich dachte mir, wenn in Schweden etwas passiert, werden die sowjetischen Diplomaten natürlich auch den Brecht abholen und ihn in ihre Botschaft bitten.

Die Zeit, bevor Hitler nach Dänemark kam, war sehr interessant für mich. Immer wenn ich Brecht in Stockholm besuchte, sprachen wir über die Lage in Schweden. Schweden war zwar neutral, lieferte aber Eisenerz nach Deutschland und unterstützte damit die Rüstungsindustrie der Nazis. Selbstverständlich verdiente Schweden daran gut. Um zu zeigen, wie sich eine Unterstützung der Nazis auswirken wird, schrieben wir das Stück »Was kostet das Eisen?«. Das heißt, ich fing zusammen mit den Mitgliedern eines schwedischen sozialdemokratischen Arbeitertheaters an, und dann hat uns Brecht geholfen. Unter Brechts Händen wurde unser Agitpropstück eine eher lustige Sache in Knockaboutstil. Als Schlußpointe wollte Brecht unbedingt, daß sich bei dem Darsteller des Eisenhändlers die Haare sträuben wie bei einem Clown. Das ist uns mit einer Perücke auch gelungen.

Bei den Proben war Brecht nicht dabei. Es war ihm zu mühevoll, dauernd von Lidingö nach Stockholm zu kommen. Deshalb ermunterte er mich: »Das machst du glänzend.« Die Inszenierung wurde von ihm akzeptiert. Ich war in den vorausgegangenen sechs Jahren ein Stück weitergekommen und hatte viel gelernt. Weil ich zur Generalprobe und zur Pre-

Brecht und Ruth Berlau in Lidingö, 1939

III

miere in Kopenhagen Theater spielen mußte, hat Brecht Fotos von der Inszenierung anfertigen lassen. Er hat sie in ein kleines Lederheft eingeklebt. In seiner Handschrift steht darauf: »Was kostet das Eisen?«

Der Maler Hans Tombrock hat Brechts schwedisches Arbeitszimmer während einer Diskussion mit ehemaligen Spanienkämpfern, meist Deutschen, gezeichnet. Sie sitzen im Halbkreis um Brecht herum. Tombrock weiß ihre Namen. Ich kannte jeden nur beim Vornamen. Später, in der DDR, traf ich ab und zu Leute, die mich fragten, ob ich mich nicht an sie erinnere, wobei sie einen mir völlig fremden Namen nannten. Heute weiß ich, daß damals auch Anton Plenikowski, Paul Verner und Herbert Warnke bei Brecht waren. Dort hießen sie Walter oder Peter. Sie lebten in der Illegalität und mußten sich tarnen.

Weil alle Emigranten Tragödien aus Spanien erzählten, hat Brecht einen Prolog und einen Epilog zum Stück »Die Gewehre der Frau Carrar« geschrieben: Der Spanienkrieg ist zu Ende, und die Kämpfer befinden sich in einem französischen Internierungslager. Ein Wachposten fragt einen der Gefangenen am Stacheldraht: »Warum habt ihr eigentlich gekämpft?« Der Arbeiter aus der Internationalen Brigade zeigt auf die Frau Carrar und erzählt ihre Geschichte. Nun wird das Stück gespielt. Im Epilog wird festgestellt: Also hat der Kampf doch einen Sinn gehabt. Auch die sich heraushalten wollten, sind mobilisiert worden. Um diese Frage ging es in den Diskussionen bei Brecht, weil so viele – zu viele – gefallen waren. Das gleiche Problem beschäftigte uns bei »Die Tage der Commune«. Auch ein verlorener Kampf ist nicht vergebens. Spätere Generationen lernen daraus.

Hans Tombrock hat alle diese Diskussionen miterlebt. Brecht war mit ihm wirklich eng befreundet. Nach meiner Meinung hatte Brecht überhaupt nur zwei intime Freunde, mit denen er auch über Privates sprach, was er sonst nie tat. Der eine war sein Schulfreund Otto Müllereisert und der andere Hans Tombrock.

Wenn ich im Sommer nach Lidingö kam, wohnte ich in

Zeichnung von Hans Tombrock: »Diskussion über die Niederlage im spanischen Bürgerkrieg bei Brecht in Lidingö bei Stockholm im August 1939.«
Links im Hintergrund, zeichnend, Ninnan Santesson, vor ihr eine Gruppe Spanienkämpfer, am Tisch Brecht, rechts neben ihm Hans Tombrock, Paul Verner, Herbert Warnke, Anton Plenikowski, Siggi Neumann, Lotte Bischoff

einem Zelt. In dieses Zelt wurde nur Hans Tombrock eingeladen, natürlich zusammen mit Brecht. Daß mich jemand anders im Zelt besuchte, hätte Brecht nicht gern gesehen, nur bei Tombrock machte er eine Ausnahme.

Der Grafiker Herbert Sandberg sagte einmal zu mir: »Brecht verstand nichts von Malerei.« Ich fragte: »Wie willst du das begründen?« Sandberg berief sich auf Brechts Urteil über Tombrock. Im Gegensatz zu Brecht hält Sandberg ihn für einen ganz »fruchtbaren« Maler. Aber Brecht hatte in der Emigration nicht Caspar Neher, mit dem er über seine Stücke hätte sprechen können. Das war ein großer Nachteil. Tombrock war ihm jedoch in dieser Zeit nicht nur ein Ersatz, sondern sowohl Anreger als auch Schüler. Er hat etwa zwei Dutzend »Galilei«-Radierungen für Brecht gemacht. Brecht schätzte diese Bilder sehr. Tombrock konnte sich ganz auf Brechts Denkweise einstellen. Auch bei »Mutter Courage und ihre Kinder« arbeitete Brecht eng mit Tombrock zusammen. Das große Bild »Das Feldlager der Courage« liebte Brecht sehr. Tombrock war Autodidakt, aber nach Brechts Meinung sehr talentiert. Er bezeichnete sich selbst als »Landstraßenmaler«, weil er seine Bilder oft an der Landstraße verkauft hat. Inzwischen hängen seine Bilder auch in schwedischen Volkshäusern.

Brecht und der Maler Hans Tombrock in Lidingö, 1939,
fotografiert von Ruth Berlau

Brecht benutzte Tombrock. Ihn konnte er belehren, was er immer gern tat. Sein Aufsatz »Verfremdungseffekt in den erzählenden Bildern des älteren Breughel« ist in Lehrgesprächen mit Tombrock entstanden. Brecht wollte Tombrock, der vor allem Landschaften malte, an konkrete gesellschaftliche Fragen heranführen. Tombrock war sein Opfer für einige Zeit, aber er war ein bereitwilliges Opfer und hat diese Rolle gern übernommen. Das war bestimmt nicht zu seinem Schaden. Ich glaube, Brecht hat mit keinem anderen so gute Gespräche über Kunst gehabt wie mit Tombrock, weil er sich ihm überlegen fühlte.

Tombrock schreibt an einem Buch über seine Freundschaft mit Brecht. Er erinnert sich oft wortwörtlich an die Gespräche mit ihm. Von Natur aus war Tombrock ein Vagabund. Er hielt es nirgendwo lange aus. An ihn denkend, denke ich an Ahasver.

Brecht dachte besser, wenn er sprach. Beim Reden müssen die Gedanken klar formuliert werden, damit ein anderer sie verstehen kann. Kleist hat darüber einen klassischen Aufsatz geschrieben. Brecht benutzte Leute zu Diskussionen – Tombrock ist dafür ein Beispiel –, um sich selbst über bestimmte Dinge Klarheit zu verschaffen. In Schweden hatte Brecht nur wenige, mit denen er sprechen konnte. Deshalb wurden kleine Leute wie ich und Tombrock für seinen Denkprozeß herangezogen. Er diskutierte auch ganze Abende mit Hermann Greid – ein deutscher Emigrant, Schauspieler und Schriftsteller –, der mit seiner jüdischen Frau, die aus Schweden stammte, in Stockholm wohnte. Greid war wirklich keine interessante Persönlichkeit. Aber andere Leute waren nicht da. Brecht brauchte nur bei Greid anzurufen, dann kam er. Das heißt, die Bedauernswerte, die jeden Abend Leute heranschaffen mußte, war die Weigel.

In Finnland wurde das dann zu einem wirklichen Problem für Helli. In dieser öden Gegend gab es weit und breit niemanden, mit dem Brecht hätte sprechen können. Wenn Hella Wuolijoki auf ihr Gut nach Marlebäck fuhr, blieben Brecht und Weigel allein in Helsingfors. Da gab es dann nur die Hagen, eine finnische Schriftstellerin, die überhaupt nicht auf

Brechts Linie war. Helli rief an und bettelte, daß sie kommt. Aber weder die Hagen noch jemand anderes wollte kommen. »Warum? Was soll das?« Niemand hat verstanden, was los war. Es war eine schwierige Zeit für Brecht. Er kam sich vor wie der Rufer in der Wüste.

Hermann Greid hat wenigstens auf dem Theatergebiet einiges aufgeschnappt. Viel war das aber nicht. Er schleppte seine Manuskripte an. Brecht hat hineingeschaut, ich glaube nicht, daß er sie durchlesen konnte. Aber er konnte ein Gespräch mit Greid führen, indem er von diesem Manuskript ausging und dann eigene Gedanken formulierte. Ich glaube, im Arbeitsjournal hat Brecht über Greids Arbeiten referiert, aber meistens wohl, was er selbst davon hält. Wenn er Greid zitiert, dann hat er ihn sicher verbessert.

Am 17. April 1940, acht Tage, nachdem die Nazis Dänemark und Norwegen überfallen hatten, flüchtete Brecht von Schweden nach Finnland. Schweden hatte sich durch seine neutralistische Kaufmannspolitik in Abhängigkeit gebracht. Nun gestattete die Regierung, daß die deutschen Truppen durch Schweden fuhren, um Norwegen zu bekämpfen. Da fand Brecht seinen Aufenthalt in Stockholm nicht mehr gemütlich.

Ich hielt mich noch eine ganze Weile in Dänemark auf. Dann forderte Brecht, und auch die Partei sagte, daß ich Dänemark verlassen soll. Als ich nämlich eines Abends nach einer Vorstellung von »Furcht und Elend des Dritten Reiches« nach Hause kam, war meine Wohnung nicht mehr vorhanden. Die Fensterscheiben waren eingeschlagen, die Türen herausgerissen, und auch innen war alles zerstört. Das waren dänische Nazis gewesen. Sie waren seit langem organisiert und für uns Kommunisten besonders gefährlich. Die Deutschen kannten uns nicht, sie benutzten dänische Nazis als Spitzel.

Als Brecht Deutschland verließ, glaubte er nicht, daß das Naziregime sich lange halten kann. Er setzte sich so nahe wie möglich an der deutschen Grenze fest, um schnell zurückkehren zu können. Davon bin ich fest überzeugt. Aber als die Nazis Deutschland mit Terror überzogen, als Parteien und Gewerkschaften verboten wurden, als Hitler Nichtangriffspakte anbot und gleichzeitig die Wehrmacht aufrüstete, und als die dänischen Sozialdemokraten sich so wankelmütig verhielten, wollte Brecht schnell aus Dänemark heraus. Ich glaube, er hat schon in Dänemark versucht, Visa für Amerika zu bekommen. Aber das war nicht leicht und dauerte seine Zeit. Deshalb ging Brecht erst einmal nach Schweden. Die nächste Station, Finnland, war ebenfalls eine Notlösung, weil er immer noch kein Visum für Amerika besaß. Und inzwischen brannte ihm auch in Schweden der Boden unter den Füßen.

In Finnland lebte Brecht weiterhin gefährlich. Die finnische Bevölkerung war von der idiotischen Hetze infiziert, daß die Sowjetunion Karelien geraubt habe. Finnische Nazis liefen herum und machten offen Propaganda gegen die Sowjetunion. Sie sympathisierten mit den deutschen Nazis. Da konnte sich Brecht nicht auf Dauer einrichten.

Als Brecht nach Finnland kam, war der Krieg zwischen Finnland und der Sowjetunion zu Ende. Einen großen Anteil an den Verhandlungen, die zu einem Waffenstillstand zwischen Finnland und der Sowjetunion führten, hatte der sowjetische Gesandte in Schweden. Merkwürdigerweise gibt es die Bezeichnung Gesandter nur in männlicher Form. Dieser Gesandte und spätere Außerordentliche und Bevollmächtigte Botschafter der Sowjetunion in Schweden war aber eine Frau, die berühmte Alexandra Kollontai, damals nahezu siebzig Jahre alt und linksseitig fast gelähmt. Sie hat es fertiggebracht, daß Schweden nicht in den Krieg an der Seite Finnlands eintrat. Ich habe sie immer sehr bewundert.

Die andere große Politikerin, die zu dem Waffenstillstand zwischen Finnland und der Sowjetunion beigetragen hat, war Hella Wuolijoki. Sie saß im finnischen Reichstag und, wenn etwas Wichtiges war, in London, Downingstreet 10, bei Churchill. Hella war eine »ganz gefährliche« Kommunistin. Ohne Rücksicht auf sich selbst hatte sie sowjetische Patrioten auf ihrem Gut Marlebäck versteckt. Die Nazis haben sie später vier Jahre lang eingesperrt. Ursprünglich war sie sogar zum Tode verurteilt worden, aber man hat nicht gewagt, das Urteil zu vollstrecken. Kurz bevor sie starb, sagte Hella: »Ich verstehe nicht, daß die Nazis mich eingesperrt haben. Vier Jahre! Da war doch kein Grund, mich ins Gefängnis zu stecken!« Zu jener Zeit stand in fast jedem Restaurant auf jedem Tisch ein Hakenkreuzwimpel, hingen in allen Straßen Hakenkreuzflaggen. Und Hella Wuolijoki hat als einzige in aller Öffentlichkeit dagegen protestiert.

Seit meiner Rolle als Martha in Hellas Stück »Die Frauen von Niscavuori« liebten wir uns sehr. Schon damals hatte ich Brechts Aufenthalt bei Hella Wuolijoki geplant und zu ihr gesagt: »Wenn etwas passiert, mußt du sofort Brecht und seine Familie aufnehmen.« Hella Wuolijoki kannte von Brecht mehr als die »Dreigroschenoper«, was damals nicht selbstverständlich war. Ich war sicher, daß Brecht von ihr gut aufgenommen wird. Sie war eine große Gutsbesitzerin, ungeheuer reich, beinahe selbst ein Puntila.

Bevor Brecht aus Schweden abreiste, schrieb er mir einen Brief, der mich auf Umwegen erreichte. Eigentlich war es kein richtiger Brief, sondern ein Zettel, auf dem Brecht fortlaufend notiert hatte, was ihm bei der Vorbereitung seiner Reise eingefallen war. Er war sehr vorsichtig, denn er fürchtete, bei Kriegsausbruch nicht aus Schweden wegzukommen und interniert zu werden. Schon jetzt hatte er Schwierigkeiten mit der Verlängerung seiner Aufenthaltserlaubnis und wurde mehr als früher kontrolliert. Brecht schrieb mir, daß ich zu Hella Wuolijoki kommen soll und daß er von nun an immer meine Reise mitorganisieren will. Er forderte mich auf, sofort ein Visum für die USA zu beantragen, möglichst ein Einwanderungsvisum, aber wenn das zu lange dauert, dann ein Besuchsvisum. »Denn«, schrieb Brecht, »von jetzt ab warte ich auf dich, wohin immer ich komme, und ich rechne immer mit dir. Und ich rechne nicht wegen dir auf dein Kommen, sondern wegen mir, Ruth.« Brecht riet mir, ruhig, praktisch, humorvoll, aber auch kritisch zu handeln. Wenn ich Geld brauche, soll ich es von Georg Branting leihen. Brecht hatte sich bei ihm verbürgt, alles zurückzuzahlen. Die Druckfahnen zu unserem Buch »Jedes Tier kann es« nahm er mit, damit wir weiter daran arbeiten können. Er nannte mir Adressen in Finnland und schrieb mir die Telefonnummer von Hella Wuolijoki auf. Alles das sollte ich auswendig lernen und den Brief danach vernichten. Nur den letzten Absatz sollte ich ausschneiden und bei mir behalten. »Liebe Ruth, komm bald. Alles ist unverändert, sicher und gut. J. e. *d.* Und es wird unverändert sein. So lange unsere Trennung dauern mag. Auch in zehn, auch in zwanzig Jahren. Und für Lai-tu: Sie bekommt den Auftrag, auf sich achtzugeben und sich durch die Gefahren zu bringen, bis *unsere* Sache beginnt, die echte, für die man sich aufsparen muß. Liebe Ruth e p e p Bertolt.«

Die beiden Abkürzungen will ich erklären. J. e. d. ist die Abkürzung für dänisch »jeg elsker dig«, ich liebe dich. Und e. p. e. p. sind die Anfangsbuchstaben für lateinisch »et prope et procul«, zu deutsch: in der Nähe in der Ferne. Ich habe es nicht übers Herz gebracht, den ersten Teil des Briefes zu vernichten, wie Brecht angeordnet hatte. Ich habe den ganzen Brief aufbewahrt und immer mit mir herumgetragen. Doch ich muß gestehen, daß ich in den letzten Jahren, als es oft schwierig war zwischen Brecht und mir, den Brief manchmal zerknüllt habe und verbrennen wollte, natürlich wegen des letzten Abschnittes. Das habe ich schließlich aber doch nicht gewagt, sondern den Brief immer wieder sorgfältig geglättet. So ist er erhalten geblieben.

In Finnland wohnte Brecht zuerst in Helsinki, nicht weit vom Hafen. Die Weigel – das war immer hervorragend an ihr – hatte in der Wohnung ein Arbeitszimmer für Brecht eingerichtet. Es war nicht sehr groß, aber Brecht konnte seine Manuskripte ausbreiten. Außer diesem Arbeitszimmer hatte die Wohnung nach meiner Erinnerung nur noch eine Art Vorraum mit einer Glastür und eine schmale, aber ziemlich lange Küche. Den Vorraum hatte Helli als Kinderzimmer eingerichtet. In der Küche hatte sie eine Schnur mit einer Gardine gezogen und dadurch zwei »Räume« bekommen. Die eine Seite war zum Kochen und Abwaschen bestimmt, auf der anderen Seite schlief sie. Helli hatte alles auf so selbstverständliche Art gemacht, daß Brecht gar nicht anders konnte, als in den einzigen größeren Raum einzuziehen.

Als ich nach Finnland kam, arbeitete Brecht an dem Stück »Der gute Mensch von Sezuan«. Die erste Fassung hatte er schon in Dänemark abgeschlossen und der Weigel gewidmet, ich glaube nicht später als 1935. In Finnland überarbeitete er das Stück noch einmal. Das ging so vor sich:

Kaffee war knapp in Finnland, im Laden oder im Restaurant sah man ihn nie. Auch alles übrige war rationiert, Fleisch und Eier zum Beispiel. Ich wohnte acht bis zehn Minuten von Brecht entfernt in einer kleinen Pension. Dort bekam man zum Frühstück etwas, was entfernte Ähnlichkeit mit Kaffee hatte, denn es sah braun aus. Das Schönste an diesem Getränk war, daß es in einer herrlichen Kupferkanne serviert wurde. Mit dieser Kupferkanne, eingewickelt in Zeitungspapier – niemand in der Pension durfte es bemerken –, lief ich pünktlich um sieben zu Brecht. Schon wenn ich die Straße hinunterkam, öffnete er sein Fenster. Er erwartete mich in seiner Lederjacke, und ich reichte die Kanne hinein. Dabei wurde kein Wort gesagt, nicht einmal Guten Morgen oder Danke. Es war Brechts Goldstunde. Er goß das Zeug schnell in eine andere Kanne und begann sofort zu arbeiten. Nachmittags gegen drei Uhr, nachdem er gegessen und sich ausgeruht hatte, las Brecht mir vor, und wir diskutierten, was er vormittags geschrieben hatte.

Im Sommer zogen wir alle auf Hella Wuolijokis Gut in Marlebäck. Dort hatten wir eine schöne Zeit. Brecht, die Weigel, die Kinder Barbara und Steff sowie Grete Steffin wohnten in einem Holzhaus, sechs bis acht Minuten vom Gutshaus entfernt, herrlich in einem Birkenwald gelegen, dicht am See. Ich wohnte bei Hella und aß auch regelmäßig mit ihr. Es gab immer Pilze und Gespräche über Pilze. Ich weiß gar nicht, von wem Brecht die Pilzgespräche im »Puntila« übernommen hat, von der Wuolijoki oder von der Weigel, denn beide versuchten sich im Fachsimpeln über Pilze zu übertreffen.

Zu Hella nach Marlebäck kamen die einflußreichsten Leute, darunter auch Minister. Sie pokerten, und phantastischerweise betrogen sich alle gegenseitig. Am besten schnitt immer der Finanzminister ab. Ich durfte manchmal dabei sein, sonst wurde niemand dazu eingeladen.

Brecht und Hella Wuolijoki in Berlin 1949

Beinahe jeden Abend nach dem Abendbrot kamen Brecht, Weigel und Steffin ins Gutshaus. Dann ließ Hella Kaffee auffahren, den sie aus dem großen Nachbarland bekam, und erzählte Geschichten aus Finnland. Sie war unerschöpflich und plauderte bis in die Nacht hinein. Es war so faszinierend, daß selbst Brecht den Mund gehalten hat. Grete Steffin hatte sich hinter eine Palme gesetzt. Dort stenografierte sie alle diese wunderbaren Geschichten mit. Wir wußten das, Hella aber nicht.

Eines Abends erzählte Hella von einem Mann aus ihrem Bekanntenkreis. Er war Besitzer eines Sägewerks und wurde das Vorbild für den Puntila. Wenn ich vorher nicht gewußt habe, was ein richtiger Feudalherr ist, dann habe ich es durch diese Geschichte erfahren. Hella sagte, daß sie über diesen Mann ein Stück geschrieben hat. Leider hatte sich kein Theater dafür interessiert. Deshalb wollte sie eine neue Fassung herstellen. Sie schielte zu Brecht, der sich köstlich amüsierte, als Hella das Stück aus dem Stegreif wiedergab. Brecht verstand den Wink. So kam es zu einer Zusammenarbeit.

Nun war Hella zwar eine großartige Erzählerin, aber sie war keine Dramatikerin. Stücke schreiben konnte sie nicht. Das sah auch Brecht sofort, als Hella die Fabel erzählte. Er hat dann, ausgehend von Hellas Stück und von ihren Erzählungen und gestützt auf eigene Beobachtungen, seinen »Puntila« geschrieben. Zum Beispiel hat er die Szene, wo Puntila auf dem Balkon steht und seine Leute dirigiert, bei Hella erlebt. Sie selbst stand wie ein leibhaftiger Puntila auf ihrem Balkon und schrie die Leute an, weil sie nicht verhindert hatten, daß ein Stier auf eine zu junge Kuh gegangen war. Ein Einfall stammt von mir: das Ehe-Examen mit dem Schlag auf den Hintern.

Irgendwann gab es Zwistigkeiten zwischen Hella und mir. Ich zog von ihr weg und schlug ein Zelt in dem Birkenwäldchen auf. Es war nur einen Katzensprung von Brechts Haus entfernt. Ich hatte meine Schreibmaschine bei mir. Brecht besuchte mich in dem Zelt, und wir arbeiteten miteinander. Damals entstanden die meisten der »Flüchtlingsgespräche«. Brecht hat sich beim Schreiben fast totgelacht. Es war keine »ernsthafte« Arbeit für ihn, sondern mehr eine Lockerungsübung. Er hat den Text nicht veröffentlicht, aber damals fand er seine Einfälle wunderbar. Ich war Feuer und Flamme für diese Geschichten und konnte viele Anregungen geben, nicht nur zum Kapitel über Dänemark.

Als der Sommer zu Ende ging, übersiedelten wir wieder nach Helsinki. Brecht hatte die kleine Wohnung in der Stadt nicht aufgegeben, weil Marlebäck nur im Sommer bewohnbar war. In Helsinki schrieb Brecht das Stück »Der aufhaltsame Aufstieg des Arturo Ui«. Die erste Fassung ist in unwahrscheinlich kurzer Zeit entstanden, denn Brecht wollte das Stück unbedingt vor der Abreise aus Finnland fertig haben.

Er hoffte, mit diesem Stück in Amerika bald zu Geld zu kommen. Er hatte dort Peter Lorre, Oskar Homolka und alle seine großen Schauspieler aus der Zeit in Deutschland. Mit ihnen, dachte er, kann man das Stück schnell inszenieren. Leider war das ein Irrtum, niemand in Amerika interessierte sich für das Stück, es wurde nicht im Theater aufgeführt und auch nicht verfilmt.

Ich erinnere mich, daß wir in Amerika einen aus Deutschland emigrierten Schauspieler namens Donath getroffen haben. Er konnte Hitler auf eine gespenstische Art kopieren. Wenn wir Hitlerreden am Rundfunk angehört hatten, sprach

Donath weiter und dichtete dabei Texte in Hitlerscher Machart. Wir lauschten, manchmal lachend und manchmal erschrocken. Er war ein guter Schauspieler und hätte den Ui in Amerika spielen können, aber leider war er nicht berühmt. So wurde nichts daraus.

Brecht wußte, daß er nicht in Finnland bleiben kann. Er hatte die Visa für sich und seine Familie, nicht aber für Grete Steffin. Er verschob die Abreise nach Amerika von einem Tag zum anderen und wartete auf dieses Visum. Er war nicht zum Schriftstellerkongreß nach Madrid gefahren, weil dort Bomben fielen, aber als er so lange in Finnland blieb, war das nicht weniger gefährlich. Er wollte Grete nicht im Stich lassen. Das habe ich sehr bewundert.

Ich hatte zum Glück außer dem Geld für die Reise noch so viel, daß ich ungefähr ein halbes Jahr in Amerika leben konnte. Als eiserne Reserve hatte ich auch noch etwas Schmuck. Aber Brecht und Weigel mußten für fünf Leute sorgen: für sich, für Steff, Barbara und Grete Steffin!

Ich reichte meinen Antrag für ein Visum beim amerikanischen Konsulat in Helsinki ein, bezahlte neun Dollar Gebühren, und alles schien in Ordnung. Das Konsulat wollte nur noch telegrafisch in Kopenhagen nachfragen, ob gegen meine Reise nach Amerika etwas einzuwenden ist. Als ich wiederkam, empfing mich der amerikanische Konsul stehend, kupferrot im Gesicht, mit einer Antwort aus Dänemark, die er vorlas: »Seit 1930 Mitglied der Kommunistischen Partei, viermal in der Sowjetunion gewesen ...« Es war ein langes Telegramm. Am Schluß sagte der Konsul: »Sie kommen niemals in die Vereinigten Staaten. Es nützt Ihnen auch nichts, Ihre Einreise an anderer Stelle zu beantragen. Die Angaben, die ich aus Kopenhagen bekommen habe, werde ich weiterleiten.« Dann hat er die Tür aufgemacht und nicht einmal Auf Wiedersehen gesagt. Zu dieser Zeit war ich schon von Robert Lund geschieden und konnte und wollte nicht zu ihm zurück nach Dänemark. Ich hatte alle Brücken hinter mir abgebrochen und konnte nirgendwo hin. Zwar war ich der Meinung, daß es politisch für mich besser gewesen wäre, in Dänemark zu bleiben, aber ich war Brecht gefolgt und mußte diesen Entschluß nun verkraften.

Wie ich es dennoch geschafft habe, nach Amerika zu kommen, ist eine lustige Geschichte. Ich ging zum dänischen Konsul in Finnland. Der Konsul war ein Herr Baek. Herrn Baek hatte ich vergessen, aber er hatte mich nicht vergessen. Er war in Leningrad Konsul gewesen, als ich mit meinem Fahrrad für das reaktionäre Blatt »Politiken« über Leningrad nach Moskau gefahren war.

Jetzt kann ich lachen, damals habe ich nicht gelacht. Brecht hatte mir empfohlen, meinem dänischen Konsul zu sagen: »Ich bin doch kein Dimitroff.« »Sage, du hast mit Theater zu tun.« Ich kam also rein und sagte: »Ich bin doch kein Dimitroff!« Das war aber nicht der Satz, der mir geholfen hat. Der Konsul sagte nur: »Geh morgen ins amerikanische Konsulat, Ruth, sage aber nicht, daß du mit mir gesprochen hast.« Ich ging am nächsten Tag ins Konsulat und bekam ohne weiteres mein amerikanisches Visum. »Das hat dein Zehn-Dollar-Lächeln bewirkt«, sagte Brecht hinterher.

Der dänische Konsul hatte den Amerikanern folgende Erklärung gegeben: »Diese Berlau war verheiratet mit Professor Robert Lund. Sie war Schauspielerin am Königlichen Theater. Sie ist zwar in die Kommunistische Partei eingetreten, aber sie ist eine Salonkommunistin. In Kopenhagen fuhr sie mit einem großen Lincoln-Wagen herum und keiner nahm ihr ab, daß sie eine Kommunistin ist. Man lachte über sie.« Der Konsul Baek hat mir das später erzählt. Als Diplomat konnte er mir natürlich nicht vorher sagen, wie er alles arrangieren wird.

Inzwischen saßen wir auf gepackten Koffern und Kisten. Ich sah nun schon zum dritten oder vierten Mal eine für Brecht typische Eigenart. Er hat seine Manuskripte, Bücher und Papiere nicht so schlampig behandelt wie Nexö und viele andere, sondern er war bemüht, alles zusammenzuhalten, was er hatte. Um den Transport der Manuskripte hat er sich immer selbst gekümmert. Das war ihm so wichtig, daß er in dieser Zeit nicht gearbeitet hat. Alles, was er mithaben wollte, legte er auf einen langen Tisch, genau nach Projekten geordnet und mehrmals überprüft. Praktischer im Einpacken war natürlich die Weigel. Aber die Entscheidung, was unbedingt mitmußte, lag bei Brecht. Auch als wir aus der Schweiz nach Berlin übersiedelten und ich später wegfuhr als er, spielte sich alles nach dieser Regel ab. Das Wichtigste nahm er selbst mit. Der zurückbleibende Teil war so geordnet, daß ich wußte, was nun wieder das Wichtigste ist und was ich eventuell zurücklassen kann. Zwar wäre es Brecht am liebsten gewesen, wenn ich alles mitgeschleppt hätte, aber das wäre über meine Kräfte gegangen.

Ich finde es bemerkenswert, daß Brecht nicht für den Moment gearbeitet hat. Die allgemeine Auffassung ist, daß Brecht seine Sachen aus einer bestimmten Situation für eine bestimmte Zeit geschrieben hat. Ich glaube, das stimmt nicht. Er sagte mir oft: »In fünfzig Jahren wird man mich verstehen, in fünfzig Jahren.« Darum achtete er so auf die Manuskripte.

Wir hatten uns entschlossen, über Petsamo zu fahren, weil die Route kürzer und billiger ist. Aber als wir aufbrachen, wurde Petsamo schon von den Nazis kontrolliert, so daß wir den langen Weg durch die Sowjetunion nehmen mußten.

In Leningrad waren wir nur zwei oder drei Tage. Ich erinnere mich an nichts anderes, als daß Grete Steffin sehr krank war. Darüber habe ich schon berichtet. Dann fuhren wir weiter nach Moskau. Für Brecht war ein großer Empfang vorbereitet. Auch die Weiterreise war schon organisiert, als wir eintrafen. Wir wohnten in einem komfortablen Hotel im Zentrum, jeder von uns hatte ein Zimmer.

In Moskau blieben wir acht Tage. Brecht war, glaube ich, einmal mit Piscator in Moskau gewesen, dann mit Dudow, als der »Kuhle Wampe«-Film aufgeführt wurde, und dann noch einmal mit Grete Steffin, meiner Meinung nach um 1935. Brecht war nicht so ruhig, wie wir ihn kannten, sondern er war sehr erregt, daß er wieder in Moskau war. Er ging mit uns durch die Stadt, um zu sehen, wie sich Moskau entwickelt hat, und um die gegenwärtigen Verhältnisse in der Sowjetunion zu studieren. Er interessierte sich für alles, was um uns vorging.

In Leningrad und Moskau ging es uns ökonomisch gut.

Brecht verfügte über Tantiemen, die unter anderem durch seine Mitarbeit an der Zeitschrift »Das Wort« angefallen waren. Er hat für jeden von uns etwas eingekauft. Die Weigel bekam einen kleinen braunen Persianerpelz – und ich einen schwarzen. Ich ging damals schon schwarz angezogen. Brecht liebte das.

Ich hatte in Moskau selbst viele Freunde und besuchte sie. Auch mit Leuten vom Schriftstellerverband hatte ich Gespräche.

Dann kam die schwere Stunde, als wir Grete Steffin ins Krankenhaus brachten. Die Karten für den Transsibirien-Expreß waren schon gelöst, sechs Stück, also auch für Grete. Aber sie konnte nicht mitfahren, und wir mußten weg, weil wir sonst das Schiff in Wladiwostok nicht mehr erreicht hätten. Brecht ließ seine Manuskripte bei dem Genossen Apletin zurück. Es hat mich tief berührt, daß er diesen Genossen in seiner kurzen Rede bei der Verleihung des Lenin-Friedenspreises als einen guten Freund hervorgehoben hat, weil er die Grete betreut und sich während des Krieges um Brechts Manuskripte gekümmert hat. Es gab noch andere Sorgen damals in Moskau.

Wir hatten eine gemütliche Reise nach Wladiwostok. Im Zug gab es richtige kleine Salons, in denen man Schach spielen oder Radio hören oder Tee aus dem Samowar holen konnte. An den Stationen konnte man sogar Post bekommen. In Wladiwostok blieben wir ein paar Tage. Brecht hatte sich schon etwas erholt von dem furchtbaren Schlag, daß er seine beste Mitarbeiterin verloren hatte.

Wir hatten Tickets für das schwedische Schiff »Annie Johnson«. Dort sollten wir alle in eine Kabine, die ganze Familie und auch ich. Grauenvoll! Aber es gab keine freie Kabine mehr. Vielleicht hatte man unsere Reise zu spät gebucht, oder zu viele Emigranten mußten untergebracht werden. Ich habe mich sofort mit dem Funker angefreundet. Er hatte eine extra Kabine, mußte aber in seinem Arbeitsraum schlafen, um jederzeit die Funksprüche aufnehmen zu können. Er sagte: »Sie können meine Kabine gern haben.« Ich nahm sie auch. Er hatte sich natürlich etwas erwartet. Nach kurzer Zeit hatte er begriffen, daß ich die Kabine wollte, aber nicht ihn. Ich habe in meinem Leben nie wieder so einen Feind gehabt. Leider wurde die »Annie Johnson« später torpediert und ging mit der ganzen Besatzung unter, mit dem Kapitän und all den lustigen Leuten. Es war ein schönes Schiff mit angenehmen Salons und einem Swimmingpool. Die Verpflegung war überreichlich. Wir fühlten uns sehr geborgen. Aber nach einigen Tagen kam durch den Rundfunk die Nachricht, daß die Sowjetunion von den Nazis überfallen worden ist. In der Trauer darüber war ein Witz von Brecht aufmunternd.

Auf dem Schiff befand sich ein belgischer Diplomat. Brecht hörte ein bißchen auf ihn, weil er meinte, daß ein Diplomat doch etwas von der Welt wissen muß. Aber der Belgier freute sich, daß die Deutschen so gut vorwärtskamen. Er sagte: »In zehn Tagen ist alles erledigt.« Mit Hitler könne man später abrechnen. Das mußte er sagen, weil er auf diesem Schiff nicht als Nazifreund dastehen wollte. Brecht hat nie wieder ein Wort mit ihm gewechselt. Er sagte: »Da sieht man, was für ein Depp er ist. Nun hat er sein ganzes Leben lang herumgespitzelt und kann sich nicht vorstellen, daß die Sowjetunion siegen wird.«

Brecht war von Anfang an fest davon überzeugt, daß Hitler die Sowjetunion nicht besiegen kann. Er war nur traurig, daß im Krieg viel kaputtgeht und daß so große Opfer gebracht werden müssen. Niemals hat er angenommen, daß Hitler siegt, niemals! Das ist bemerkenswert, denn die ersten Nachrichten waren grauenvoll.

Die Überfahrt dauerte, wenn ich mich recht erinnere, ungefähr zwei Monate. In dieser Zeit bekam ich Mumps – oder Ziegenpeter, wie man das merkwürdigerweise nennt. Erst hatte ihn Barbara, dann Steff. Da ich Mumps als Kind gehabt habe, hielt ich mich für immun. Ich stand Barbara und Steff damals sehr nahe und schlug alle Warnungen, mich vorzusehen, in den Wind. Aber plötzlich hatte ich eine dicke Backe. Mein rundes Gesicht, und dann noch Mumps! Das sah sehr komisch aus. Der Schiffsarzt glich Robert Lund, beide haßten kranke Leute wie die Pest. Wenn jemand seekrank wurde, setzte sich der Arzt in den Salon und spielte Klavier. Sobald sich der Seekranke erholt hatte, kam der Arzt wieder an Deck. Ich hatte vierzig Grad Fieber, war aber noch ziemlich lustig. Da sagte der Arzt zu mir: »Jetzt gehen wir zusammen essen.« Die Passagiere sind aus dem Speisesaal geflohen, als ich ankam. Ich gebe zu, daß das Essen kein reines Vergnügen für mich war.

Wir legten in Manila auf den Philippinen an und blieben dort drei oder vier Tage. Ich ärgerte mich, daß ich wegen meines Ziegenpeters nicht vom Schiff durfte. Helli hatte in der Nähe des Hafens einen Laden entdeckt, wo Ausverkauf war. Brecht kaufte wieder ein und schenkte mir einen wunderschönen schwarzen chinesischen Seidenpyjama mit einem eingestickten Drachen. Im Hafen beobachtete Brecht lange die Arbeiter, als sie die Ladung des Schiffes löschten. Es waren schöne Menschen, aber so dünn, wie man sich das gar nicht vorstellen kann. Zwischendurch aßen sie aus einem ganz kleinen grünen Blatt ein winziges bißchen Reis. Brecht war sehr beeindruckt und hat dieses kleine Blatt mit dem bißchen Reis nie vergessen. Von den Philippinen hatte unser Schiff abgelegt, kurz bevor die Insel von den Japanern besetzt wurde. Wir waren immer gerade so davongekommen – aus Dänemark, aus Schweden, aus Finnland, aus der Sowjetunion – bevor die Deutschen einfielen. Diesmal mußten wir uns vor den Japanern retten. Wir waren uns bewußt, daß wir Glück gehabt hatten.

Während der Überfahrt war Brecht sehr fröhlich. Er hat jeden Tag gebadet, was man selten bei ihm erlebte, in einer ganz kleinen, braunen Badehose. Er war ausgeglichen und nahm sich Zeit für Helli und die Kinder. Wirklich gekümmert hat sich Brecht niemals um seine Kinder. Er verließ sich ganz auf die Weigel. Sie ist die großartigste Mutter, die ich je gesehen habe. Ich habe viel von ihr gelernt.

Robert Lund hatte vier Kinder, als ich ihn heiratete, aber ich hatte keine Ahnung, wie man mit Kindern umgeht. Ich übernahm nur zwei, die anderen beiden blieben bei der Mutter, besuchten uns jedoch regelmäßig. An einem Neujahrsabend kam ich mit allen vieren bei den Brechts an. Helene Weigel und die Kinder hatten sich noch nie gesehen, aber es gab sofort eine enge Umarmung. Das hatte ich in zehn Jahren nicht geschafft.

Einmal kam die Weigel aus London zurück und besuchte mich in Kopenhagen. Sie wollte Grete Steffin sehen, die gerade aus Moskau eingetroffen war und bei mir wohnte. Lunds Kinder entführten die Weigel in den Park, der zu unserem Grundstück gehörte. Dort entdeckte sie ein kleines Häuschen, für das ich mich nie interessiert hatte, weil ich nichts damit anzufangen wußte. Aber Helene Weigel richtete darin einen Waschraum für die Kinder ein. Sie hatte immer gute, praktische Einfälle.

Brecht hat Steff und Barbara nie wie Kinder behandelt, sondern er unterhielt sich ganz ernsthaft mit ihnen. Als die Kinder größer wurden, hat er sie, vor allem Steff, an seinen Arbeiten teilnehmen lassen. Er gab ihm Bücher zu lesen und fragte ihn nach seiner Meinung. Steff hat Diderot schon mit acht Jahren gelesen, man konnte ihm nicht genug Bücher bringen. Brecht war sehr dafür, auch wenn Helli ab und zu warnte, Steff müsse seine Augen schonen; er hatte schon sehr früh schlechte Augen.

Am Anfang der Emigration wollte Brecht den Kindern vor allem beibringen, für sich selbst zu sorgen. In einem Gedicht schrieb er: »Man muß lernen, wie man durchkommt« und »Schau auf den Bauch, wenn du Hunger hast«. Aber eines Tages sagte Brecht zu mir: »Das habe ich falsch gemacht. Jetzt will ich Steff etwas anderes sagen.« Er erzählte Steff ein Beispiel: Leute stehen am Strand und sehen, daß jemand am Ertrinken ist. Einige können ihn nicht retten, weil sie zu schwach sind. Für sie wäre es sinnlos, Hilfe zu leisten, sie gingen mit zugrunde. Deshalb müssen sie zuschauen, wie jemand ertrinkt. Andere sind kräftiger. Sie gehen die Gefahr ein, selbst unterzugehen, aber sie versuchen, den Ertrinkenden zu retten. Wieder andere sind stark genug, um den Ertrinkenden ohne Schwierigkeiten an Land zu bringen. Das ist dann nichts Besonderes, denn man braucht nicht sehr mutig zu sein, wenn man den Willen und vor allem die Kraft hat, einem Menschen zu helfen. Steff mit seinen höchstens zehn Jahren hat das Gleichnis verstanden.

Helene Weigel und Margarete Steffin in Lidingö, 1939

Während der Überfahrt sollte ich Brechts Aufsatz »Fünf Schwierigkeiten beim Schreiben der Wahrheit« abschreiben. Der Aufsatz war damals noch nicht gedruckt, und Brecht brauchte dringend mehrere Exemplare. Ich saß in meiner Kabine und gab mir die größte Mühe. Aber Abschreiben ist das Schlimmste für mich, schlimmer noch als Auswendiglernen. Es muß ja alles stimmen, »sch« und »cht« und so weiter, und die Buchstaben müssen in der richtigen Reihenfolge stehen. Ich wurde nicht fertig. Und ich war froh, als wir vom Schiff aus die hohen Bohrtürme von San Pedro sahen und in den Hafen einfuhren. Nun mußte ich wohl oder übel meine Abschreiberei einstellen.

Unsere gute Stimmung wurde durch die Befragung vor dem Einwanderungskomitee gedämpft. Man wird auf Herz und Nieren geprüft. Wo immer man in Amerika ankommt, findet diese Kontrolle statt, werden Fingerabdrücke genommen und Fragen gestellt. An der Ostküste sitzt die Behörde auf der Insel Ellis Island, die New York vorgelagert ist, an der Westküste findet die Prozedur in San Pedro statt. Jeder Immigrant wird einzeln geladen. An einem runden Tisch sitzt er vier Herren gegenüber und wird ausgefragt. Die Hauptfrage ist, ob er Kommunist war oder gar noch ist, oder ob er einer kommunistischen Partei auch nur nahe gestanden hat. Dann bestand keine Aussicht, in die Vereinigten Staaten eingelassen zu werden. Ich muß gestehen, daß ich bei dieser Befragung sehr nervös war. Ich war Parteimitglied! Was sollte ich machen, wenn ich zurückgeschickt werde? Niemand in Amerika hätte für mich gebürgt. Brecht hatte Feuchtwanger und Peter Lorre und andere berühmte Leute, die bereits in Amerika lebten. Ich betrachte es heute noch als Wunder, daß ich durchkam. Die ganze Wahrheit konnte ich natürlich nicht sagen.

Das Einwanderungskomitee prüfte auch, ob wir genügend Geld für den Aufenthalt in Amerika haben. Man mußte nämlich tausend Dollar vorweisen können, wenn man ankam. Wir hatten unser Geld so verteilt, daß jeder tausend Dollar besaß.

Brecht hatte sich – was er später auch vor dem »unamerikanischen Ausschuß« in Washington ausgesagt hat – schon seit

1932 auf die Emigration vorbereitet. Im Verhör wurde ihm entgegengehalten, daß Hitler erst 1933 an die Macht gekommen ist. Brecht antwortete, zumindest jetzt müßte jeder wissen, daß die Anfänge des Nazismus viel weiter zurückgehen. Er hatte Hitlers Machtantritt lange vorausgesehen und sein eigenes Leben darauf eingestellt. Deshalb hatte er ein Haus am Ammersee gekauft, deshalb hatten Brecht und Weigel geheiratet, und deshalb hatte Brecht rechtzeitig Geld in die Schweiz geschickt. Falls er nicht in die innere Emigration gehen könnte, sondern ins Ausland flüchten müßte, wollte er von diesem Geld leben können. Er hatte in Deutschland gut verdient.

Freunde in Amerika hatten auch noch Geld für ihn gesammelt. Obwohl Brecht dieses Geld vorläufig gar nicht brauchte, nahm er es an. Und Alexander Granach hatte in Hollywood – Brecht hätte selbstverständlich nicht Hollywood, sondern Santa Monica gesagt – bereits ein Haus für ihn und seine Familie gemietet. Brecht war also einigermaßen gesichert, als er in San Pedro ankam.

In dem Zusammenhang erinnere ich mich, daß Helli mir eines Tages – das muß etwa 1935 gewesen sein – sagte: »Ich weiß nicht mehr, was ich machen soll, ich muß jetzt der Kinder wegen von Brecht Geld nehmen.« Sie waren schon fast drei Jahre in der Emigration, und ihr kleines Vermögen war aufgezehrt worden. Erst später habe ich verstanden, was Helli mit diesem Satz gemeint hat. Sie wollte vor allem, daß Brecht die ökonomische Freiheit haben sollte zu schreiben, was er für richtig und notwendig hielt – und nicht für Geld. Deshalb hatte sie bis 1935 niemals auch nur einen Pfennig von Bertolt Brechts Geld genommen.

Junge Leute haben mir hier die Frage gestellt: Wie konnte die Weigel mit Brecht zusammenleben? Für sie ist Helene Weigel ein Begriff als Mutter Courage, als *die* Mutter. Sie wollten wissen: Wieso hatte Brecht neben dieser wunderbaren Frau noch andere Frauen, und wieso hat die Weigel trotzdem zu ihm gehalten?

Ich selber finde das nicht so merkwürdig. Diese Konstella-

Brecht und Helene Weigel auf der Bühne des Berliner Ensembles, 1954

tion gibt es bei vielen großen Künstlern. Sie suchen immer
wieder Menschen, die sie inspirieren. Brecht wurde von
Schönheit und Jugend inspiriert. Ich habe den jungen Leuten
von der großen künstlerischen Freundschaft zwischen Weigel

und Brecht erzählt. Die Weigel hat während der gesamten Emigrationszeit, auch unter schwierigsten Umständen, stets aufopferungsvoll dafür gesorgt, daß Brecht so ungestört wie möglich arbeiten konnte. Sie hat es mit Selbstverständlichkeit getan und niemals viel Aufhebens davon gemacht. Brecht konnte das Angebot der Weigel ohne Skrupel annehmen. Aber die Weigel hat auch etwas herausbekommen. Sie ist heute Intendantin des besten und berühmtesten Theaters der Welt, sie ist eine weltbekannte Schauspielerin und kann die Rollen spielen, die sie will, und sie ist absolut unabhängig. Brecht wiederum hat für die Weigel die schönsten und größten Rollen in seinen Stücken geschrieben. (Übrigens hörte ich, daß sie Brecht versprochen hat, die Courage zu spielen, bis sie sechzig ist. Das ist großartig.)

Als ich einmal über einen Menschen sehr enttäuscht war, weil er nicht hielt, was wir uns von ihm versprochen hatten, nahm Brecht einen Bleistift und zeichnete mir auf: »Von einem Menschen kannst du zum Beispiel soviel erwarten, von einem anderen soviel und von einem dritten nur soviel. Du darfst nie beleidigt oder enttäuscht sein, wenn deine Vorstellungen nicht erfüllt werden. Dann hast du Vorurteile gehabt. Wenn du *einen* Menschen hast, auf den du dich hundertprozentig verlassen kannst, dann hast du viel. Zwei solcher Menschen gibt es nicht.« Für Brecht war dieser eine Mensch die Weigel. Das wurde zwar nicht ausgesprochen zwischen uns, aber wir wußten es beide. Brecht war an und für sich sehr einsam. Er mußte sich schützen – zu allen Zeiten, nach allen Seiten. Er hatte wirklich nur die Weigel, auf die er sich völlig verlassen konnte.

Die Geschichte, wie Brecht und Weigel zusammengekommen sind, ist sehr schön. Brecht hat sie mir selbst erzählt. Anfang der zwanziger Jahre war er verhungert, verkommen und verhurt. Er hatte keine Arbeit und wußte nicht, wo er bleiben konnte. Die Weigel war zu diesem Zeitpunkt mit dem Schauspieler Granach zusammen. Brecht und Weigel lernten sich in Berlin nach einem Theaterabend kennen. Während er ein ausgesprochener Bohemien war, war sie bereits Genossin, Mitglied der Kommunistischen Partei. Brecht hatte sie angeschwindelt und ihr gesagt, daß er nicht in Berlin wohnt und noch am Abend nach München oder Augsburg zurückfahren muß. Leider habe er den Zug verpaßt. Sie bot ihm daraufhin ihr Atelier zur Übernachtung an. Die Weigel machte ihm das Bett – und ging dann in ihr Zimmer. Etwas später klopfte es an ihrer Tür. Brecht stand da und sagte: »Es ist sehr kalt hier.« Die Weigel entgegnete: »Ich finde es überhaupt nicht kalt.« »Ja«, sagte Brecht, »in Ihrem Zimmer ist es wärmer.« Er mußte aber zurück in die Kälte, jedenfalls an diesem Abend. Frauen konnten Brecht nicht lange widerstehen.

In den Künstlerkreisen von Berlin kannte man Helene Weigel, obwohl sie noch keine großen Rollen gespielt hatte. Man wußte, was sie für ein Talent war. Als die Weigel ein Kind von Brecht haben wollte, war überhaupt keine Rede von Heirat. Sie fuhr mit Fritz Kortner in seinem Wagen herum, schon hochschwanger und glücklich wie im siebenten Himmel. Die schönsten Bilder, die es von der Weigel gibt, stammen aus dieser Zeit. Stefan war das erste Kind, und einige Jahre später kam Barbara.

Es gibt eine schöne Geschichte von Stefans viertem Geburtstag. Brecht schenkte gern, aber er haßte es, aus Konvention zu schenken. Zu Geburtstagen brachte er fast nie etwas mit. Auch Stefan hatte er nichts mitgebracht. Die Weigel sagte zu Stefan: »Bidi« – die Kinder nannten ihn immer so, nicht Vater oder dergleichen – »Bidi schenkt dir heute seinen Namen.« Aber Stefan wollte lieber ein Bonbon haben.

Die Hochzeit von Weigel und Brecht war nicht so lustig, wie Hochzeiten zu sein pflegen. Jedenfalls haben sich nicht alle darüber gefreut. Brechts große Verliebtheit zu dieser Zeit war Carola Neher. Die Neher war auf einer Tournee und erfuhr unterwegs, daß Brecht geheiratet hat. Brecht ging zum Bahnhof, um sie abzuholen. Otto Müllereisert, ein enger Jugendfreund Brechts, hatte schnell noch Blumen gekauft – weil Brecht selber nie auf so einen Gedanken kam – und sie ihm im letzten Moment in die Hand gedrückt. Der Blumenstrauß sollte Carola Neher beschwichtigen. Sie hat dem Brecht aber die Blumen um die Ohren geschlagen und ist weggegangen.

Brecht hat Pfirsichgesichter sehr gern gehabt – und Carola Neher war ungeheuer schön und zart und lustig. Sie wußte, daß Brecht sie liebt, und sie wußte auch, daß er ihre große Schauspielkunst bewunderte. Brecht hat mir erzählt, wie sie Menschen nachahmen konnte. Das muß toll gewesen sein. Wenn er mit ihr in ein Restaurant ging, hat sie in aller Öffentlichkeit die Anwesenden kopiert. Dabei haben sich mitunter auch peinliche Situationen ergeben. Aber Brecht war der Meinung, daß mit dieser Beobachtungsgabe und mit dem Talent zur Nachahmung die Schauspielkunst anfängt.

Carolas Verhalten nach Brechts Heirat war dumm. Für Brecht bedeutete es doch gar nichts, ob man mit Papier und Stempel verheiratet ist. Sie war nicht die einzige, die darüber erzürnt war, aber sie war es in besonderem Maße. Sie hat sich rächen wollen und private Beziehungen und Arbeit nicht auseinandergehalten. Als sie zum Beispiel die heilige Johanna der Schlachthöfe spielen sollte, bestand sie darauf, daß der Mann, in den sie sich verliebt hatte und den sie später heiratete, Regie führt. Das war natürlich Wahnsinn, denn Brecht wollte selbst inszenieren. Es ist – wenn auch aus anderen Gründen – nicht zu dieser Aufführung gekommen.

Später ist Carola Neher mit ihrem Mann in die Sowjetunion emigriert und hat in Gebieten, wo man Deutsch versteht, als Schauspielerin gearbeitet. Sie trat mit ihrer zauberhaften Stimme auch als Sängerin auf. Dann gehörte sie zu einer Gruppe, die ins Ausland fahren durfte. Ihr Mann – er soll Trotzkist gewesen sein – hat ihr angeblich Material mitgegeben. Es kam zu einem Prozeß, über den wir nie etwas Genaues erfahren konnten. Carola Neher wurde zu zehn Jahren Gefängnis verurteilt. Auch im Gefängnis konnte sie weiter Theater spielen, inszenieren und singen. Brecht schrieb ein Gedicht für Carola Neher: wie man sich im Gefängnis hilft, wie man sich wäscht, was man tun kann, um sich frisch zu halten und nicht unterkriegen zu lassen. Ich finde großartig, daß Brecht durch ihr Verhalten nicht beleidigt war. Er hat immer wieder versucht, sie aus dem Gefängnis herauszubekommen. In Kopenhagen, zum Beispiel, war ich mit ihm zusammen beim sowjetischen Botschafter, den ich schon länger kannte,

Brecht aber nicht. Als erstes – und das war ziemlich peinlich für mich – fragte er nach Carola Neher, ob man nicht feststellen kann, wo sie ist.

Ich möchte mit dieser Geschichte darauf hinweisen, daß Brecht immer zu seinen Leuten gehalten hat. In Berlin hat er sich auch um die Leute bemüht, die glaubten, nach dem Westen gehen zu müssen. Er hat sie nicht von vornherein verurteilt. Diese Freundschaften – auf der Basis von Zusammenarbeit, eine andere gab es nicht – waren für Brecht eine große Sache, obwohl ihn viele enge Mitarbeiter im Stich gelassen haben. Zum Beispiel ist Caspar Neher für uns einfach verschwunden. Jetzt, nach Brechts Tod, wo er helfen könnte und müßte, fehlt er. Da ist der alte Erich Engel treuer und nützlicher. Dabei ist es wirklich nicht leicht, Brechts Arbeit weiterzuführen. Aber Engel ist bereit, es zu versuchen. Das ist eine Haltung im Sinne Brechts.

Brecht und Ruth Berlau in Santa Monica, etwa 1942

Film als Geschäft · »Hangmen also Die« mit Fritz Lang ·
Feuchtwanger und »Die Gesichte der Simone Machard« ·
Brecht »privat« · New York, Office of War Information ·
Wystan Hugh Auden und »The Duchess of Malfi«
für Elisabeth Bergner ·
»Leben des Galilei« für und mit Charles Laughton ·
Verhöre in Washington ·
»Das kommunistische Manifest« in Versen
und »Der kaukasische Kreidekreis« ·
Karl Korsch, Erwin Piscator, Oskar Homolka und Peter Lorre,
Charlie Chaplin, Hanns und Lou Eisler, Gerhart und Hilde Eisler,
Elisabeth Hauptmann und Paul Dessau

Als wir in Amerika ankamen, sahen wir schon vom Schiff aus
Leute, die zum Empfang Brechts gekommen waren: Lion
Feuchtwanger mit seiner Frau Marta, Alexander Granach und
einige andere, deren Namen ich nicht kannte. Ich habe niemand von ihnen begrüßt, weil ich nicht wollte, daß Brecht
und Weigel sich um mich kümmern müssen. Ich fuhr mit einigen Genossen, die ich auf dem Schiff kennengelernt hatte,
nach Los Angeles. Brecht ging mit seiner Familie in das von
Alexander Granach gemietete Haus. Er hatte mit mir verabredet, daß ich ihn am nächsten Tag anrufe.

Einige Tage später fuhr ich mit dem Bus zu Brecht. Ich
hatte mir eingebildet, daß Santa Monica ein Vorort von Los
Angeles ist, den man schnell erreicht. Der Busfahrer wurde
schon ungeduldig, weil ich dauernd fragte, ob ich aussteigen
muß. Die Fahrt dauerte fast zwei Stunden. In Kopenhagen
fährt man nie mehr als fünf Minuten. Brecht wartete an der
Haltestelle. Es war klar, daß Los Angeles zu weit entfernt war,
wenn wir zusammen arbeiten wollten. Deshalb mietete ich ein
Zimmer in der Nähe von Brechts Haus.

In Amerika mietet man nur möblierte Wohnungen. Oder
man kauft eine Wohnung beziehungsweise ein Haus. Das
Haus, das Granach besorgt hatte, war mit viel Liebe eingerichtet worden, und es gab dort einfach alles. Aber es war so grau-

envoll spießig, daß sich einem die Haare sträubten. Darin konnte man unmöglich arbeiten.

Die Weigel hatte immer, auch wenn wir knapp lebten, für ein Haus gesorgt, in dem man leben und arbeiten konnte. Sogar die kleine Stadtwohnung in Finnland hatte sie entsprechend eingerichtet, zumal wir im Sommer nach Marlebäck fuhren. Deshalb suchte die Weigel in Santa Monica auch sofort nach einem vernünftigen Haus, und sie hat eins gefunden.

Die Häuser der Weigel, das ist eine enorme Sache! Sie handelte mit Häusern. Wenn man ein Haus kaufte, mußte man nicht den ganzen Betrag auf einmal haben, sondern konnte ihn in monatlichen Raten abzahlen. So lebte man wie zur Miete, bis die Kaufsumme erreicht war. Danach war man Besitzer und konnte über das Haus frei verfügen. In Dänemark zum Beispiel hat die Weigel das Haus am Svendborg-Sund für fünftausend Kronen gekauft und, als sie nach Schweden übersiedelten, für siebentausend Kronen wieder verkauft. Sie hat also dort umsonst gewohnt und außerdem zweitausend Kronen verdient.

In Santa Monica erwarb die Weigel ein Holzhaus. Es hatte eine wunderschöne Aussicht auf einen Garten. Brecht wollte, obwohl er angeblich mit der Natur nichts anzufangen wußte, immer Grünes vor Augen haben. Die Weigel hat das Haus erstklassig eingerichtet. Ein großes Arbeitszimmer für Brecht war ihr stets das Wichtigste. Besonders angenehm an diesem Haus war, daß es zwei Etagen hatte: Oben wohnte Weigel mit den Kindern, und unten wohnte Brecht. Ich wohnte nie mit der Familie zusammen, ich brauchte unbedingt eine eigene Wohnung, um arbeiten zu können.

Zuerst einmal war wichtig, in Amerika Geld zu verdienen. Brecht schrieb verschiedene Filmskripte, von denen er einige für ein paar hundert Dollar verkaufen konnte. Das ganze Jahr 1941 hat er nach meiner Erinnerung kaum etwas Ernsthaftes für sich schreiben können. Unsere erste Arbeit war entweder »Der Schneemann« oder »Das Gras sollte nicht darüber wachsen«. An diesen Skripten hat Brecht eng mit mir zusammengearbeitet. Das »Gras« war für einen Film mit Peter Lorre gedacht. Dann schrieben wir lange Zeit jeden Nachmittag gemeinsam mit dem versierten Filmautor Robert Thören, ebenfalls ein Emigrant, an einem Film, dessen Geschichte auf den Bermudas angesiedelt ist. Ich habe noch Entwürfe, die in meinem merkwürdigen Dänisch-Englisch geschrieben sind. Das ist ebenso komisch wie mein Dänisch-Deutsch. Es war eine gute Gemeinschaftsarbeit, auch Brecht hat sich amüsiert. Thören war sehr reich. Er stand nicht sehr weit links, aber doch links – sagen wir: ein bißchen links. Er war ein vernünftiger Mensch und hat sich später eine Hühnerfarm gekauft. Er wollte nicht mehr schreiben, obwohl er mit seinen Filmen erfolgreich war – im Gegensatz zu uns.

Dann war Brecht bei einer großen Filmgesellschaft engagiert und hatte geschafft, daß ich einen Vertrag als seine Sekretärin bekam, damit ich etwas Geld verdienen konnte. Er sollte für Ingrid Bergman, die berühmte schwedische Schauspielerin, einen Film schreiben. Ich kannte sie seit langem. Sie ist ein netter Mensch, privat viel mehr als in ihren Filmen. Brecht schätzte sie als Schauspielerin nicht besonders. Er fand sie zu süßlich, zum Beispiel in dem Spanien-Film nach Hemingways Buch »Wem die Stunde schlägt«. Der Film wurde allerdings ein enormer Erfolg für die Bergman. Brecht verstand, daß das Publikum sie wegen ihrer Schönheit mochte, aber er meinte, daß sie gerade gegen ihre Schönheit anspielen müßte. Es ist typisch für Brecht, daß er sein für die Bergman bestimmtes Manuskript »Die graue Gans« nannte.

Brecht machte noch eine weitere Filmarbeit für Ingrid Bergman. Remarques Buch »Arc de Triomphe« war sehr erfolgreich, und auch Brecht interessierte sich dafür. Es handelt von einem deutschen Arzt, der als Emigrant in Paris lebt, dort keine Arbeitserlaubnis bekommt und von französischen Ärzten ausgenutzt wird. Nachdem die Patienten narkotisiert sind, darf der deutsche Spezialist sie operieren. Aber den Ruhm für die gelungene Operation und den größten Teil des Geldes heimsen die französischen Kollegen ein. Der Roman beruht auf Tatsachen. (Übrigens kam so etwas nicht nur in Frankreich vor. Brecht hat eine ähnliche Geschichte in den »Flüchtlingsgesprächen« erzählt.)

Als schon einige Muster im Studio vorgeführt werden konnten, wurde Brecht geholt – und es war das einzige Mal, daß er im Filmstudio direkt mitgearbeitet hat –, weil ein Problem aufgetaucht war. Ingrid Bergman liebt im Film den deutschen Arzt. Der Arzt muß Paris verlassen, weil die Deutschen kommen. Die Bergman wird – in ihrer Rolle – eine Hure. Später gelingt es dem Arzt, sich in die Stadt zu schmuggeln. Er stellt fest, daß seine Geliebte ganz großartig wohnt. Sie ist inzwischen eine teure Hure geworden. Die Producer sagten, daß man Ingrid Bergman so nicht zeigen kann. »Sie wirkt unsympathisch.« Brecht sollte das ändern. Brecht hat Huren immer in Schutz genommen, und so machte er auch in diesem Fall gleich Vorschläge, wie Ingrid Bergman dem Publikum sympathischer erscheinen könnte. Daraufhin bestand der französische Hauptdarsteller darauf, daß auch die Franzosen nicht unsympathisch wirken dürften. Er wurde immer starrköpfiger. Er war zwar völlig unpolitisch, eher gegen uns, aber die Auseinandersetzung wurde ein interessantes Politikum. Das ging so weit, daß der Schauspieler kaum noch vor die Kamera zu bekommen war, wenn sich nicht auch Brecht im Studio befand.

Die für Brecht wichtigste Filmarbeit in Amerika war »Hangmen Also Die«. Brechts Manuskript war sehr gut, aber leider hat es der Regisseur Fritz Lang verdorben. Lang hatte in Deutschland mit Peter Lorre den berühmten Film »M« gedreht und war auch in Hollywood ein großer Mann. Brecht hätte mit ihm gern »Furcht und Elend des Dritten Reiches« verfilmt. Aber in Hollywood durfte man dieses Thema nicht anrühren. »Das interessiert doch die Leute nicht.« Daraufhin schlug Brecht einen Film über die Untergrundbewegung in der Tschechoslowakei vor. Ein Drehbuch über »Furcht und Elend« hätte er schnell schreiben können, weil das Material vorhanden war. Was dagegen in der Tschechoslowakei geschehen war und geschah, mußten wir erst untersuchen. Aber weil Brecht das Thema sehr interessierte, fing er die Arbeit mit viel Freude an. Er hat mit vielen deutschen Emigranten gesprochen, die einige Zeit in Prag gelebt hatten. Sie wußten über

Helene Weigel in einer stummen Rolle im amerikanischen Film
»Das siebte Kreuz« von Anna Seghers, 1944

die tschechische Untergrundbewegung genau Bescheid. Brechts Drehbuch beruhte auf Tatsachen. Es war ein böses Drehbuch.

Plötzlich – ich weiß immer noch nicht warum – hat Fritz Lang die Arbeit aus dem Hintergrund torpediert. Dies und das paßte ihm nicht, und wenn Brecht geändert hatte, mäkelte er an einer anderen Stelle herum. Brecht hat dann mit John Wexley an dem Manuskript weitergearbeitet. Wexley ist ein großer Mann, er hat sofort erkannt, wer Bertolt Brecht ist, und beiden hat die gemeinsame Arbeit Freude gemacht, aber auch Wexley konnte den Film nicht retten.

Brecht hatte für die Weigel eine kleine Rolle geschrieben, fast ohne Repliken, aber stark in ihrer Bedeutung. Eine alte Frau wird verhört. Man stellt ihr einen Stuhl hin, und dieser Stuhl ist so präpariert, daß dauernd das oberste Brett der Lehne herunterfällt. Die Frau wird gezwungen, das Brett jedesmal aufzuheben: Man will sie nervös machen. Zu Recht hat die Rolle kaum Text, denn Weigels deutscher Akzent im Englischen hörte sich grauenvoll an. Mein dänischer Akzent ist auch schlimm, aber er soll sympathischer, weicher sein als der deutsche. Die dänische Sprache hat, glaube ich, mehr Ähnlichkeit mit dem Englischen.

Man hatte schon Probeaufnahmen mit der Weigel gemacht. Aber eines Tages kam Brecht an und erfuhr, daß die Rolle gestrichen worden ist. Brecht ging nach Hause und hat sich nie wieder im Studio sehen lassen. Er hatte die Weigel für diese Rolle vorgesehen, weil er überzeugt war, daß niemand anders den Vorgang so spielen kann wie sie. Das Unbeschreibliche war, daß man Brecht die Streichung nicht einmal mitgeteilt hatte. Das war ein zu grobes Verhalten von Lang, der diese Entscheidung zu verantworten hatte. Wenn ein Amerikaner das gemacht hätte, hätte Brecht nur gelacht und gesagt: »Ach, die wollen nicht?« Aber Lang wußte, wer Bertolt Brecht ist!

In Amerika kannte – mit Ausnahme der Polizei – niemand etwas von Brecht. Nicht einmal die Schriftsteller und Regisseure, die mit Brecht zusammen vor dem Ausschuß zur Untersuchung unamerikanischer Tätigkeiten standen, hatten eine Ahnung von Brecht. Sie stellten ihm ihre Anwälte zur Verteidigung zur Verfügung und sagten: »This little fellow …« Fritz Langs Verhalten war nach meiner Meinung ein Verbrechen. Er hat Brecht aus dem Studio hinausgetrieben und ihm die Arbeit verleidet. Das war für Brecht eine der schlimmsten Enttäuschungen in der amerikanischen Emigration. So kam leider nicht der Film zustande, den wir eigentlich haben wollten. Brecht fand das Ergebnis scheußlich. Von der Fabel war nur ein Rest übriggeblieben.

Wir bildeten uns alle ein, zu wissen, was ein Filmproduzent ist. Ich sollte es besser englisch sagen: Producer. Aber als wir sie in Fleisch und Blut vor uns sahen, staunten wir über unser geringes Vorstellungsvermögen. Producer sind nämlich Aktienbesitzer von Käsereien oder Kaffeeplantagen, die ihr Geld durch Filmproduktionen vermehren wollen. Eines Tages versammelten sich solche Geldgeber bei Eisler. Eisler erzählte eine Fabel. Die Kaffee- und Käse- und vielleicht auch Seifenaktionäre hörten sich das an und sagten dann: »Da lacht doch keiner!« Sie hatten zwar selber gelacht, aber das Kinopublikum hielten sie für blöd und ungebildet. Eisler und Brecht reagierten im Chor: »Aber wir lachen!« Die beiden waren außerstande, unter ihrem Niveau zu denken und zu schreiben. Das verstanden nun wieder die Filmproducer nicht. Ich als Zuschauerin amüsierte mich: Hier trafen diese Geldleute auf jemanden, den sie nicht einfach einkaufen konnten.

Meistens allerdings hat es mich traurig gemacht, wenn ich beobachtet habe, wie Leute andere Leute behandeln. Ich war sehr lange nur unter Menschen gewesen, die mich liebten und sich für mich einsetzten. Brecht hat mir zu der Erkenntnis verholfen, daß dieser Glücksfall nicht die Regel ist. Heute wundere ich mich, wie naiv ich bei meinen ersten Gesprächen mit Brecht in Skovsbo-Sund war. Ich war sehr gefühlsbetont und quälte ihn mit Fragen wie: Was wird sein, wenn wir die Welt in Ordnung gebracht haben, wenn sie sozialistisch oder sogar kommunistisch ist? Wie werden sich dann die Beziehungen zwischen Menschen entwickeln? Wird es noch Eifersucht geben, Diebstahl, Verbrechen? In Amerika mußte ich vor allem durch die Arbeit im Filmgeschäft deprimierende Erfahrungen machen. Dazu gehört auch, daß Fritz Kortner nicht seinen Fähigkeiten entsprechend eingesetzt, sondern mit ganz kleinen Rollen abgespeist wurde, oder daß man der Weigel sogar eine Statistenrolle abnahm. Inzwischen verstehe ich längst, warum Brecht im »Kleinen Organon« sagt, auf dem Theater müssen in erster Linie die Beziehungen zwischen Menschen untersucht werden.

In der ersten Arbeitsphase am Manuskript »Die Gesichte der Simone Machard« hat Brecht eng mit mir zusammengearbeitet. Damals hatten wir, glaube ich, den Titel »Die Visionen«. Brecht dachte auch noch nicht an eine Theateraufführung, sondern wir schrieben das Manuskript als Entwurf für einen Film. Brecht erzählte den Tagesablauf der Simone, und ich fügte ihre Träume ein. Die Arbeit kam rasch voran. Ich schrieb wie im Fieber, weil ich etwas abliefern durfte, was Brecht verwenden konnte.

Als ich nach New York übergesiedelt war, schrieben Brecht

Brecht und Lion Feuchtwanger in Santa Monica, 1947,
fotografiert von Ruth Berlau

und Lion Feuchtwanger das Theaterstück, das inzwischen gedruckt worden ist. Es entstanden mehrere Fassungen, und jede wurde auf andersfarbiges Papier getippt. Das war Feuchtwangers Arbeitsmethode überhaupt. Die Reihenfolge – etwa weiß, grün, blau, gelb, rosa – war ein für allemal festgelegt, um die Entstehungsgeschichte der Arbeit immer vor Augen zu haben. Die beiden Herren verstanden sich im allgemeinen glänzend, aber über das Alter der Simone haben sie sich bis zuletzt – auch als das Stück Mitte der fünfziger Jahre in Berlin aufgeführt wurde – nicht einigen können. Für Brecht war die Simone naiv, ein Kind, und er machte sie jünger und jünger. Feuchtwanger sprach ihr Erfahrung und Einsicht zu und machte sie älter und älter. Natürlich fand sich in Amerika wieder kein Theater für das Stück.

Brecht nannte Hollywood deshalb »eine Kloake«. Doch als Eisler an der Musik für »Simone« arbeitete, vergaß Brecht für eine Weile diesen »geistigen Gestank«. Selten habe ich Brecht so froh gesehen wie damals über diese Musik. »Eislers Anwesenheit ist ein Glück«, schrieb er mir, »hoffentlich findet er was hier, daß er bleiben kann.« Immer wieder, wo Brecht auch lebte, hoffte er auf Eislers Anwesenheit. In vielen Briefen an mich kommt der Name Eisler in Zusammenhang mit einer gemeinsamen Produktion oder mit der Hoffnung auf eine gemeinsame Produktion vor.

Weil das Stück nicht angenommen wurde, hat Feuchtwanger den Roman »Simone« geschrieben, und es gelang ihm auch, den Roman an eine Filmgesellschaft zu verkaufen. Brecht war zu diesem Zeitpunkt gerade in New York. Feuchtwanger schrieb viele Briefe wegen des Vertrages an Brecht, erhielt jedoch nie eine Antwort. Schließlich bat er Brecht dringend, doch wenigstens zu bestätigen, daß er die Post erhalten hat. Aber Brecht reagierte aus unerfindlichen Gründen nicht. Ich habe dann an Feuchtwanger geschrieben, weil ich am eigenen Leibe erfahren hatte, wie zermürbend diese Schweigsamkeit von Brecht sein kann.

Ich glaube, Feuchtwanger hat den Roman nur deshalb geschrieben und an eine Filmfirma verkauft, damit auch Brecht zu etwas Geld kommt. Feuchtwanger war ein guter Freund. Brecht konnte sich in jeder Beziehung auf ihn verlassen – wahrscheinlich mehr als umgekehrt. Ich denke mit starken Gefühlen an die Stunden mit ihm und seiner Frau Marta zurück. Sie wohnten sehr großzügig in einer Villa in Pacific Palisades, von wo man eine ganz herrliche Aussicht hatte. Das Haus war geschmackvoll eingerichtet. Feuchtwanger war ein Bücherliebhaber, wie ich nie wieder einen getroffen habe. Seine Bibliothek war nicht nur riesengroß, sondern er hatte auch besonders wertvolle Ausgaben gesammelt. Marta Feuchtwanger brachte uns dann und wann einen Whisky mit Eis ins Arbeitszimmer. Brecht trank damals Whisky, aber sehr verdünnt.

Wodka oder Korn oder Cognac oder Weinbrand habe ich Brecht nie trinken sehen, nur eben Whisky. In London zum Beispiel hatte er, wenn wir ins Kino gingen, eine kleine silberne Flasche in seiner Gesäßtasche. Im Kino trank er dann ab und zu einen winzig kleinen Schluck.

Als die Schriftstellerkonferenz in Paris beendet war und Brecht nach Dänemark, ich aber nach Madrid fahren wollte, kaufte er zum Abschied eine halbe Flasche Champagner. Am

Abend kamen wir ins Hotel, wo seit Stunden der Regisseur Slatan Dudow saß und auf Brecht wartete. Brecht schlängelte sich weg. Er war müde und wollte keine Gespräche mehr haben. Wir gingen auf sein Zimmer und tranken die halbe Flasche Champagner aus. Danach schlief er sofort ein. Brecht wurde müde, wenn er etwas trank. In Berlin hat er abends zwei bis drei Flaschen Bier als Schlafmittel getrunken.

Übrigens hat sich Brecht immer – auch hier in Berlin – sein kleines Abendbrottablett selbst zurechtgemacht. Das war eine Zeremonie. Auf dem Tablett waren ein Holzbrett, ein sehr schönes Brotmesser, Brot und ein bißchen Belag und ein Humpen mit einem Deckel. Das Bier holte er aus dem Kühlschrank.

Ähnliches konnte ich beobachten, als Brecht mich in New York besuchte und wir nur ein Zimmer hatten. Jeden Abend fand eine enorme Eßorgie statt – was Brecht eben unter einer Orgie verstand. Dazu gehörten verschiedene Sorten Brot, grobes Salz und Rettich, den ich schon im Laufe des Tages geschält und gesalzen hatte, und drei Sorten Käse: richtiger Schweizerkäse mit großen Löchern, Camembert und wunderbarer Roquefort, den ich noch heute vor mir sehe. Und neben seinem Platz lagen kiloweise Zeitungen, die ich bei meinem Zeitungsmann an der Ecke geholt hatte. An so einem Abend ging Brecht spät ins Bett. Er liebte New York und war in dieser Stadt gut gelaunt.

In Berlin trank er hin und wieder Rotwein. Als ihm die Ärzte später rieten, möglichst wenig Flüssigkeit zu sich zu nehmen, nahm er zum Essen einen Schluck scheußlich süßlichen Dessertwein. Außerdem goß er den ganzen Tag ausgepreßten Zitronensaft mit enorm viel Zucker in sich hinein. Er schwor darauf, daß Vitamin C ihn vor allen Krankheiten behütet. Und dann genoß er natürlich seinen Morgenkaffee. Aber als Brecht in Berlin hörte, daß Kaffee sehr teuer und schwer zu beschaffen ist, hat er sich von einem Tag zum anderen auf Tee umgestellt. Das hat mir imponiert.

Ein einziges Mal habe ich Brecht mit einem Schwips erlebt, am Neujahrsabend in Finnland bei Hella Wuolijoki, zu dem auch der Finanzminister und andere große Leute eingeladen waren. Bei den Finnen muß man einfach mittrinken, man kann nicht nein sagen, wenn sie einem zuprosten. Brecht, der wohl merkte, daß er ein bißchen beschwipst war, versuchte, sich das nicht anmerken zu lassen. Aber das schlug ins Gegenteil um. Er wurde auffällig steif und machte ganz schnelle hölzerne Bewegungen, wenn er durch die Räume ging. Ich sehe es noch vor mir.

Auch die Weigel habe ich einmal beschwipst gesehen. Wir waren in einer der Kneipen am Hafen von Kopenhagen, wo es ein schweres, dunkles Bier gab. Nun trank die Weigel ja wirklich gar nicht, aber dieses schwarze, süßliche Bier mochte sie. An diesem Abend war sie mit einem Mal nett beschwipst und beobachtete sich dabei mit großem Spaß.

Im Nyhavn habe ich das einzige Mal mit Brecht getanzt. Ich habe ihn auch niemals wieder tanzen sehen. Er bewegte sich wunderbar, weil er so musikalisch ist – und er tanzte ungeheuer frech, frecher als ein Seemann. Man hielt ihn übrigens dort für einen Matrosen, weil er damals sehr, sehr dünn war und immer blaue Arbeitshosen anhatte. Niemand kam auf den Gedanken, daß er ein Schriftsteller sein könnte.

Nun habe ich viel Privates über Brecht erzählt. Brecht selbst hat es immer unterdrückt. Wenn man ihn gut kannte, bemerkte man allerdings schnell, daß es für Brecht etwas »Privates« überhaupt nicht gab. Für den Schriftsteller und Theatermann gehörte alles zu seiner Arbeit. Brecht beobachtete seine Umgebung ständig und bewahrte diese Beobachtungen auf. In diesen Seemannskneipen zum Beispiel erzählten Seeleute von ihren monatelangen Reisen. Brecht hörte ihnen zu und sah sich an, wie sie ihr gespartes Geld in einer einzigen Nacht ausgeben konnten. Andere Leute glotzen nur. Brecht sah mit einem einzigen Blick, wenn eine Hure einem Seemann im Gespräch das Geld wegnahm. Vier oder fünf Jahre später sagte er: »Kannst du dich erinnern, die Rothaarige da unten machte doch mit der Hand so und nicht so.« Solche Unternehmungen waren keine verlorene Zeit für ihn. Ich habe oft erlebt, wie Brecht Beobachtungen, die er vor langer Zeit gemacht hatte, als Regisseur verwendete. Das war unvergleichlich. Er schlug einem Schauspieler einen bestimmten Tonfall oder eine Geste vor, und ich erinnerte mich plötzlich: Richtig, er hatte so etwas vor Jahren gesehen oder gehört.

»Plaudern« gab es für Brecht überhaupt nicht. Ich habe es nie und nirgendwo erlebt. Brecht scheute Gesellschaften, in denen geplaudert wurde, weil es kein Thema gab. Dorthin ging er gar nicht erst, oder er ging schnell weg. Wenn man ihm erzählte, was irgendwo passiert war oder was man gesehen hatte, schwieg er eine Weile und fragte dann: »Na und?« Er hatte auf die Folgerungen gewartet, auf die Nutzanwendung. Es mußte einen Grund geben, warum man ihm die Geschichte erzählt hatte, sonst war es nur Schwafelei. Ein Zusammensein mit Brecht war oft anstrengend, weil man sich auf das Wesentlich konzentrieren mußte.

Wunderbare Gespräche hatte Brecht mit Peter Lorre und mit Homolka. Mit Geschonneck dagegen konnte er überhaupt kein Gespräch führen, und mit Busch war es zum Schluß auch schwierig geworden. Mit Alexander Granach habe ich ihn nur über alltägliche Dinge sprechen gehört, und auch nur dann, wenn es unbedingt notwendig war. Ich glaube, er war nicht der Typ für Gespräche. Dann machte Granach in Amerika eine große Dummheit. Er übernahm eine Rolle in dem »Ninotschka«-Film mit Greta Garbo, einem Hetzfilm gegen die Sowjetunion. Fortan wurde der Name Granach von Brecht nicht mehr erwähnt. Vorher meinte Brecht ab und zu, wenn er ein Filmmanuskript schrieb, daß Granach diese oder jene Rolle spielen könnte. Aber nachdem er sich politisch schlecht verhalten hatte, war er für uns gestorben. In dieser Beziehung war Brecht unerbittlich. Er hat auch später nicht zugelassen, daß Werner Krauß mit der Rolle des Galilei besetzt wird, weil er in dem »Jud Süß«-Film mitgespielt hat.

Ich war ungefähr ein Jahr in Santa Monica gewesen, als ich 1942 zu einem Frauenkongreß nach Washington fuhr. Eigentlich wollte ich, auch auf Brechts Wunsch, gleich danach zurückkommen. Ich blieb aber länger als vorgesehen.

Ich hatte in Santa Monica eine interessante alte Quäkerfrau kennengelernt, die für Frauenstimmrecht und überhaupt für Gleichberechtigung kämpfte und mich zu diesem Kongreß eingeladen hatte. Er wurde von Frauen einberufen, die schon in England für die Rechte der Frauen gekämpft hatten, sogenannte Suffragetten, von denen einige sogar ins Gefängnis gegangen waren. Mein Thema war: Was bedeutet der Nazismus für die Frauen? Ich habe berichtet, was Hitler aus den Frauen gemacht hat: eine deutsche Hausfrauenbewegung.

Nach dem Vortrag sagte eine Dänin zu mir: »Naja, Sie sind ja Mitglied der Kommunistischen Partei.« Ich fragte sie, wie sie denn darauf kommt, und sie antwortete, daß ihr das der Konsul Baek erzählt hat. Ich ging daraufhin zur dänischen Botschaft in Washington, ließ mich bei dem Botschafter melden und fragte ihn, ob denn ein dänischer Konsul dafür bezahlt wird, daß er seinen Landsleuten in Amerika Schwierigkeiten macht. Emigranten hatten es ohnehin schwer, durchzukommen, und so eine Indiskretion konnte einem das Genick brechen. Ich zeigte dem Botschafter meine Scheidungsurkunde von Robert Lund und meinen Vertrag mit dem Königlichen Theater, der noch immer bestand. (Allerdings zeigte ich ihm nicht die Forderung des Theaters, viertausend Kronen zu zahlen, weil ich vertragsbrüchig geworden war. Ich hatte niemanden informiert, daß ich abfahre. Aber ich spielte sowieso nur noch in Hella Wuolijokis »Frauen von Niskavouri«, und die waren von den Nazis sofort abgesetzt worden, so daß das Theater gar keinen Schaden durch meine Abreise hatte.)

Als erstes sagte mir der Botschafter, daß er mir auf die Scheidungsurkunde hin in Amerika Geld auszahlen kann, das Robert Lund in Dänemark einzahlt. Ich bekam dann monatlich fünfundsiebzig Dollar. Das war viel Geld für mich. Den Vertrag hatte übrigens Helene Weigel aufgesetzt, weil ich von Lund, der mit der Scheidung nicht einverstanden war, kein Geld haben wollte. Wir hatten zunächst getrennt gelebt, und nachdem Brecht von Dänemark weggegangen war, glaubte Lund, daß die Scheidung nun überhaupt unnötig geworden sei. Sie wurde erst ausgesprochen, als ich schon in Finnland war. Ich hatte Lund gebeten, endlich einzuwilligen, weil ich entschlossen war, nach Amerika weiterzufahren. Ich wollte, daß er wieder heiraten kann. Er brauchte eine häusliche Frau für die Kinder und hat sie später auch gefunden. Wir blieben in freundschaftlicher Verbindung, aber Helene Weigel meinte damals, daß alles seine Ordnung haben muß, und schrieb diese Unterhaltszahlung für mich in den Vertrag.

Nachdem die Geldgeschichte geklärt war, rief der Botschafter den Konsul Baek herein und fragte ihn, wie er dazu käme herumzuerzählen, daß ich Kommunistin bin. »Sie wissen doch, daß das in Amerika lebensgefährlich ist.« Der Konsul redete sich heraus, er habe gemeint: Salonkommunistin. Er hatte nicht verstanden, daß dieses Argument, das einmal nützlich gewesen war, keinesfalls immer nützt, sondern sogar schaden kann. Ich war so wütend, daß der Botschafter – um mich zu beruhigen – sagte: »Im Herzen sind wir alle Kommunisten!« Er stellte mir seine Frau vor und lud mich ein, wenigstens ein paar Tage bei ihm zu wohnen. Damit wollte er mir einen Halt geben und das »Gerücht« öffentlich widerlegen.

So gescheit und so scharf hätte ich den Kampf nicht führen können, wenn ich nicht von Brecht gelernt hätte, wie man mit einem Minister oder einem Konsul umgeht. Brecht hat ein Gedicht geschrieben, das er Lion Feuchtwanger gewidmet hat. Es fängt an: »Erhabener Vizekonsul, geruhe deiner zitternden Laus den beglückenden Stempel zu gewähren«, und es endet: »Haue das Stempelchen herein, deine Oberen werden dich schon nicht auffressen!« Dieses »Lehrgedicht« steckt voller Ironie. Es erklärt nämlich, wie man Leute behandeln soll, die über einen Stempel verfügen, mit dessen Hilfe einem die Flucht ermöglicht wird. Brecht, der Schmeichelei wie die Pest haßte, gestand sie in solchen Fällen zu, ja empfahl sie sogar. Man soll sehr freundlich sein und sehr unterwürfig. Aber man soll auch die Frechheit haben, einem höheren Beamten zu erklären, was sein Untergebener falsch gemacht hat, indem man das Einverständnis des Vorgesetzten mit dem Beschwerdeführer einfach voraussetzt. So war ich in Washington vorgegangen. Es war eine Denkweise und Kampfart, die brechtisch ist und die ich sonst wohl nicht gehabt hätte. Als ich beim Staatsminister in Kopenhagen um das Visum für die Familie Brecht bettelte, lernte ich von Brecht, mit Spaß zu kämpfen. Es ist falsch, zitternd irgendwo hinzugehen und darüber nachzudenken, wie die Verhandlung wohl ausgehen wird. Wenn man eingesperrt wird, muß man sofort darauf dringen, daß man eine Schreibmaschine bekommt. Man muß die Leute verblüffen, indem man auf Rechte pocht, von denen sie noch nie gehört haben.

Nach dem Frauenkongreß in Washington überlegte ich, auf welche Weise ich mal nach New York kommen könnte. Ich wollte die Stadt gern sehen, aber ich hatte kein Geld, um die Reise zu finanzieren. Da kam mir das Glück zu Hilfe. Die dänische Abteilung des Büros für Kriegsinformation – Office of War Information – hatte von meinem Washingtoner Auftritt erfahren und fragte telegrafisch bei mir an, ob ich über den Rundfunk nach Dänemark reden möchte. Das war noch kein Engagement, aber meine Reise war gesichert. Der dänische Botschafter gab mir sogar ein Empfehlungsschreiben mit, um zu verhindern, daß mir die Rumrederei von Konsul Baek die Chancen verdirbt. Eine Kommunistin im Büro für Kriegsinformation wäre doch sehr merkwürdig gewesen.

Ich schrieb an Brecht, daß ich in New York eine Möglichkeit zum Arbeiten habe. Mir war auch wichtig, daß ich unabhängig bin und meinen Lebensunterhalt selbst verdiene und nicht immer als Anhängsel von Brecht behandelt werde. Ich hatte auch nicht sehr viel Lust auf Hollywood. Die Filmschreiberei fand in einer scheußlichen Atmosphäre statt. Außerdem freute ich mich darauf, endlich wieder politisch arbeiten zu können.

Den Text für meine erste Sendung schrieb ich selbst, und ich sprach ihn auch selbst ins Mikrofon. Man war sehr zufrieden, denn meine tiefe Stimme eignet sich besonders gut für Kurzwellensendungen. Ich glaube, daß auch mein Manuskript sehr geschickt war, denn ich hatte Brechts »Schwierigkeiten, die Wahrheit zu sagen« im Kopf. Das Büro hatte mir für die erste Sendung acht Dollar zugesagt, dann aber gaben sie mir zwölf Dollar und boten mir ein festes Engagement an, sehr gut bezahlt. Später erfuhr ich, daß viele Kommunisten in Dänemark meine Sendung gehört und mich verstanden haben.

Die Leiterin des Büros war Ida Bachmann. Sie war nicht in der Partei, hat sich aber immer wie eine Kommunistin benommen. Als ich mich bei ihr meldete, empfing sie mich sehr herzlich. Ich sagte etwas verwirrt: »Du kennst mich doch hoffentlich nicht?« Ich hielt es für einen Vorteil, unbekannt zu sein. Ida Bachmann kannte mich aber doch und war begeistert, mich in ihr Büro zu bekommen. Ich war bald sehr eng mit ihr befreundet.

Ich hatte zuerst ein Zimmer mit einer kleinen Kammer gemietet. In dieser Gegend wohnten außer mir, glaube ich, nur Huren. Nachdem ich mein Engagement hatte und gut bezahlt wurde, suchten Ida Bachmann und ich eine gemeinsame Wohnung. Wir fanden sie in einer vornehmen Gegend: Nummer 124 in der 57. Straße. Dieses kleine, schmale Haus müssen die Bauspekulanten übersehen haben, als sie ringsherum ihre Hochhäuser errichteten. Die Miete war billig, weil das Haus alt war und die Wohnung hoch lag – im dritten Stock, ohne Fahrstuhl. Wir zahlten zusammen fünfundsiebzig Dollar für ein großes Zimmer, ein etwas kleineres mit einem Balkon und einer Küche. Von dem Balkon aus blickte man auf die berühmte Wolkenkratzer-Silhouette, die Skyline New Yorks. Natürlich hatten wir – wie überall in Amerika – zwei Badezimmer.

Jetzt, da ich Brecht anständig empfangen konnte, sah ich auch eine Chance, daß er kommt. Ich beschrieb ihm meine Situation und bat ihn, seine Reise schnell zu planen. Daraufhin antwortete er, er finde es sehr schön, daß ich ihn aushalten will, er müsse aber erst noch ein paar Kontrakte erfüllen. An »Aushalten« hatte ich nicht gedacht, ich war nur froh, Essen und ein Dach überm Kopf für uns zu haben.

Es dauerte mindestens ein halbes Jahr, bis Brecht endlich kam. Ida Bachmann war so freundlich, zu einer Freundin zu ziehen, so daß Brecht und ich allein in der Wohnung waren. Ich gab Brecht das Balkonzimmer, weil man von da eine schöne Aussicht hatte und die Sonne hineinschien. Aber es war kleiner als meins, und Brecht fragte sehr bald, ob wir nicht tauschen könnten, obwohl er nun nichts Grünes gegenüber hatte, sondern nur ein langweiliges Haus.

Brecht konnte in New York gut arbeiten. Er hatte viele Besprechungen und konnte auch einige Verträge abschließen. Er

Women From Nazi-Occupied Nations

A Danish actress, formerly of the Royal Theater, Copenhagen, broadcasting from the O. W. I. Overseas Branch studio in New York

Collect and Broadcast Facts for O. W. I.

Ruth Berlau produziert im Rundfunkstudio
des Office of War Information in New York Sendungen für Dänemark
(Zeitungsausschnitt aus Brechts Arbeitsjournal vom 16. 11. 42)

fühlte sich wohl. Meine täglichen Fahrten zum Office of War Information hat Brecht allerdings nicht gern gesehen. Ich weiß nicht, warum er mißtrauisch war, denn wir lebten damals – trotz seiner Allergie gegen das »Aushalten« – von meiner Arbeit. Einige Male gab das Office Brecht die Möglichkeit zu Sendungen mit Lotte Lenya. Nach der ersten Sendung bat ich ihn, sehr deutlich zu sprechen. Da hatte ich aber einen großen Fehler gemacht, denn Brechts Bemühungen waren so übertrieben, daß die nächste Sendung ganz furchtbar wurde.

Selbstverständlich kam Brecht nicht nur meinetwegen nach

New York. Hier wohnten fast alle seine politischen Freunde. In Hollywood hatte er – mit Ausnahme von Hanns Eisler – keine politischen Freunde. Man kann Feuchtwanger nicht dazu rechnen, auch wenn er und Brecht natürlich immer über Politik gesprochen haben. Aber Feuchtwanger war kein Marxist. In New York waren unter anderen Gerhart Eisler, ein Berufspolitiker, mit dem Brecht hochinteressante politische Diskussionen hatte; seine Frau Hilde, eine sehr begabte Journalistin; der Publizist Hermann Budzislawski, der nach 1933 die »Neue Weltbühne« herausgegeben hatte und eine Zeitlang der Sekretär von Dorothy Thompson war, einer Vertrauten Roosevelts, in deren Auftrag Budzislawski Wahlreden für Roosevelt entwarf. Weiterhin waren da der alte Hermann Duncker, seinerzeit Leiter der Marxistischen Arbeiterschule in Berlin, und der Gewerkschafter Jacob Walcher, ein wirklicher Arbeiter, mit dem Brecht bis zu seinem Tode eng befreundet war. Auch Hertha Walcher, früher einmal Sekretärin von Clara Zetkin, war interessant für Brecht, ebenso der Historiker und Spanienkämpfer Albert Schreiner. Und dann war Karl Korsch da.

Karl Korsch war Marxist durch und durch. Nach der Novemberrevolution von 1918 war er vorübergehend Justizminister in Thüringen gewesen. Er war ein so unerbittlich kritischer Denker, daß er sich mit seiner Partei leider bald überworfen hat und ausgeschlossen wurde. Brecht schätzte ihn nicht deswegen, sondern trotzdem. Er hielt viel von Korschs Analysen und von seinem Urteil. Soweit ich es beurteilen kann, fanden die intensivsten Gespräche, die Brecht während seines New-Yorker Aufenthalts überhaupt hatte, mit Karl Korsch statt.

Sie regten sich gegenseitig an. Ich erinnere mich besonders deutlich an einen Abend. Brecht drängte Korsch, seine Marx-Biographie endlich abzuschließen, und Korsch diskutierte mit Brecht über die Versfassung des »Kommunistischen Manifests«. Nach dem Gespräch brachte ich Korsch mit dem Wagen in seine Wohnung. Als ich zurückkam, saß Brecht ganz vergnügt bei seiner Käse- und Zeitungsorgie. Plötzlich klingelte das Telefon. Am anderen Ende der Leitung war ein Arzt, zu dem mich Elisabeth Bergner geschickt hatte. Ich glaubte, daß ich ein Kind kriege, wußte es aber noch nicht genau. Der Arzt hatte eine Blutprobe genommen und einen Abstrich gemacht. Jetzt stand fest, ich war schwanger. Ich antwortete nur mit einem kurzen Satz und ging wieder zum Tisch. Da sah ich in Brechts Augen, daß er sehr froh war.

Noch etwas anderes ist mir von diesem Abend unvergeßlich. Brecht sagte, als wir über Korsch sprachen: »Du solltest viel mehr dabeisein, wenn wir solche Gespräche haben.« Ich war bei solchen Zusammenkünften zurückhaltend, weil ich das Gefühl hatte, daß sich Brecht lieber zu zweit unterhält und daß dann auch mehr herauskommt. Auch ich führe spezielle Gespräche lieber zu zweit. Hin und wieder sind Leute beleidigt, wenn ich sage: »Bitte geht doch mal ins Nebenzimmer.« Bei Brecht kam so etwas oft vor. Manchmal wollte er natürlich auch mehrere Leute um sich haben, aber dann sammelte er hauptsächlich Meinungen. Bei einem Gespräch mit Korsch, dachte ich, sind Zuhörer überflüssig, und deshalb zog ich mich zurück. An diesem Abend aber hatte ich nicht rechtzeitig den Absprung gefunden, und dann wurde die Diskussion zu interessant, um noch wegzugehen.

Korsch war ein großer Mann. Ich sage »war«, denn als ich ihn später in Westberlin wiedertraf, war er kaputt. Das Verhältnis zwischen Brecht und mir war zu dieser Zeit nicht gut, aber eines Abends kam er und sagte: »Korsch ist hier.« Ich sagte nur: »Ja?« Brecht fuhr fort: »Komm, fahren wir.« Komischerweise wollte er mich mit dabeihaben. Wir sind dann gefahren. In einer Pension, eine Treppe hoch, trafen wir Korsch.

Die Unterhaltung zwischen Brecht und Korsch täuschte zwar Humor vor, aber sie war in Wirklichkeit nicht lustig, sondern für mich – und ich glaube auch für Brecht – sehr traurig. Korsch war zerstreut und innerlich zerrissen. Er wußte nicht mehr aus noch ein und fühlte sich von aller Welt beobachtet, verraten und verfolgt. Er war – ich sage das in großem Mitgefühl für ihn – wahnsinnig geworden. Brecht fragte, nur um das Gespräch in Gang zu halten, wie es in der Welt weitergehen wird. Stalin war kurz zuvor gestorben. Korsch schaute ihn irritiert an: »Wie immer.« Brecht sagte: »Ich habe nicht viel zu streichen, nur den einen Satz in der ›Erziehung der Hirse‹ von dem ›großen Ernteleiter‹.« Korsch kannte die »Hirse« von Brecht überhaupt nicht. Ich glaube, Korsch konnte zu jedem Satz stehen, den er geschrieben hat, und ich dachte, was wohl die sagen werden, die soviel zu streichen haben. Nach dieser Zusammenkunft wäre ich froh gewesen, wenn sie nicht stattgefunden hätte.

Ich lebte in New York, bis ich 1948 Amerika verließ. Nach Santa Monica fuhr oder flog ich nur, wenn ich mit Brecht etwas schreiben wollte, wie andererseits Brecht nur nach New York kam, wenn eine Arbeit damit verbunden war.

Unsere erste Arbeit in New York war die Inszenierung von »Furcht und Elend des Dritten Reiches«. Brecht hoffte, die Amerikaner gegen Hitler mobilisieren zu können, indem er ihnen die Zustände in Deutschland zeigt. Das Stück sollte von einem Gewerkschaftstheater aufgeführt werden. Piscator begann mit der Arbeit, Brecht unterstützte ihn, und ich assistierte Brecht mit Leidenschaft. Plötzlich sprang Piscator ab, weil es zu Streitigkeiten gekommen war. Ich erinnere mich nicht mehr, worum es ging. Ich glaube, für Piscator war das Unternehmen nicht attraktiv.

Piscator leitete in Amerika eine Schauspielschule für reiche Vollidioten. Sie hatten kein Talent, aber sie konnten zahlen. Piscator hatte die Witwe eines Elektro-Millionärs geheiratet und bewohnte ein großes Haus. Das Schlimmste in seiner Wohnung war für mich das Aquarium mit Goldfischen – und daß seine Frau dauernd im Nerzumhang herumlief. Brecht sagte einmal: »Da sieht man, daß man mit Glühbirnen den größten lebenden Regisseur einkaufen kann.«

Piscator war ein schöner Mann und sehr geistreich. In Amerika sah ich ihn zum letzten Mal bei der New-Yorker »Galilei«-Premiere. Am Schluß war er sehr mitgenommen und sagte: »Jetzt habe ich wieder Lust, Theater zu machen.«

Kurz zuvor hatte ich die Premiere von Piscators »Krieg und Frieden«-Adaption gesehen. Wir waren uns – wahrscheinlich wegen meines dänischen Humors – sehr sympathisch geworden. Trotzdem brachte ich nach der Premiere nichts anderes hervor als: »Na, diesmal hat ja alles geklappt.« Die ganze Theaterwelt weiß, daß bei Piscators Berliner Premieren in den zwanziger Jahren das reinste Chaos geherrscht hat. Brecht erzählte mir, daß er während so einer Vorstellung mit Piscator im Hof des Theaters herumgelaufen ist. »Wir waren doch nicht lebensmüde«, sagte er. Drinnen krachte es, ein Motor lief, die Dekoration knarrte, und man verstand keinen Satz auf der Bühne. Am Schluß pfiffen die Zuschauer und warfen mit Äpfeln und Tomaten. Aber diesmal, in Amerika, hatte es bei Piscator so gut geklappt, daß ich mißtrauisch geworden war. Man ließ Piscator in Amerika in Ruhe arbeiten, weil er weltberühmt und seine Schule kapitalistisch eingestellt war. Wer so vornehm wohnte wie Piscator, kam nicht in den Verdacht, Kommunist zu sein.

Als Piscator nach dem Kriege nach Europa zurückkehren wollte, bekam er aber doch Schwierigkeiten. Man hatte inzwischen herausgefunden, daß er Mitglied der Kommunistischen Partei gewesen ist. Er mußte lange warten, bis er fahren durfte.

Nachdem Piscator von unserem Theaterprojekt abgesprungen war, übernahm Berthold Viertel die Regie. »Furcht und Elend des Dritten Reiches« hatte in der amerikanischen Version den Titel »The Private Life of the Master Race«. Für diese Aufführung hat Hanns Eisler eine sehr schöne Musik geschrieben. Die Aufführung erreichte zwar nicht die Qualität der späteren Inszenierung im Berliner Ensemble, es war aber doch eine gute Ensembleleistung mit einigen Höhepunkten. Zum Beispiel erinnere ich mich deutlich an den hervorragenden Albert Bassermann als Richter oder an Liesel Neumann und Ludwig Roth. Da in englischer Sprache gespielt wurde, konnte leider Helene Weigel mit ihrem starken deutschen Akzent nicht eingesetzt werden.

Wenn Brecht Englisch sprach, klang das auch hart. Aber Brecht war musikalischer als Helli, und darauf kommt es bei Sprachen an. Brecht beherrschte das amerikanische Englisch jedenfalls so weit, daß seine Aussprache Charles Laughton bei der Zusammenarbeit nie gestört hat.

Brecht und W. H. Auden in New York, 1944,
fotografiert von Ruth Berlau

Sprachlich lernte Brecht am meisten von dem großen englischen Dichter Wystan Hugh Auden, mit dem er Websters »The Duchess of Malfi« für Elisabeth Bergner bearbeitet hat. Das Originalstück war in Jamben geschrieben. Für Brecht waren diese englischen Jamben schwierig, deshalb hat er Auden dazugeholt. Brecht schätzte ihn ganz außerordentlich, er hätte gern viel mehr mit ihm zusammengearbeitet. Am liebsten wäre es ihm gewesen, wenn Auden zumindest alle Lyrik in Brechts Stücken übersetzt hätte. Er war niedergeschlagen, wenn er jemanden anders suchen mußte, weil Auden keine Zeit oder keine Lust hatte.

Auden wohnte, wie ich, in der 57. Straße, jedoch im westlichen Teil, während meine Wohnung im östlichen, vornehmeren Teil, in der Nähe der Park-Avenue lag. Auden hatte sich das billigste Zimmer in einem Plüsch-Pensionat genommen, das überhaupt zu haben war. Das Zimmer war immer verdunkelt, weil Auden nie die Gardinen zurückzog und auch nie die Fenster geöffnet hat. Wenn man hineinkam, konnte man nicht die Hand vor Augen sehen, so verraucht war es. Auden qualmte Zigaretten am laufenden Band. Sein Hemd saß auch nie da, wo es sitzen sollte, und an den Füßen trug er Filzschuhe von ungeheuren Ausmaßen. Das alles störte Brecht nicht, er ging gern zu Auden. Brecht konnte sich gut auf Leute einstellen. Der Umgangston zwischen beiden war stets höflich oder sogar respektvoll.

Das »Duchess«-Manuskript existiert, glaube ich, nur in englischer Sprache, denn die Arbeit war für eine amerikanische Aufführung mit Elisabeth Bergner bestimmt. Brecht bemühte sich um sprachliche Gewandtheit und war bienenfleißig, so daß weder Auden noch ich mitkamen. Ich habe nie gesehen, daß Auden zuerst einen Entwurf vorgelegt hat, immer war Brecht derjenige, der vorgearbeitet hatte. Er kam glücklich an, zeigte sein Manuskript und korrigierte dann manches. Die Arbeit war stets sehr lustig. Auden und Brecht redeten stundenlang über dies und jenes, oft ganz fernliegendes, und plötzlich hatten sie herausgefunden, daß ein Wort im Text ausgetauscht werden muß oder daß es besser ist, den Satz A auf den Satz B folgen zu lassen.

Brecht liebte das Stück »The Duchess of Malfi«. Er hat sich so hineingekniet, daß man Websters Originalstück kaum noch erkennen kann. Nur der Hauptstrang der Fabel ist in Grundzügen erhalten geblieben. Ein Bruder liebt seine Schwester, ohne daß sie es ahnt. Der Bruder muß in den Krieg und setzt Leute auf die Schwester an, um sie zu bewachen. Aber die Schwester heiratet doch ihren Butler und bekommt viele Kinder von ihm.

Während der Arbeit kam es zu einer Diskussion, die typisch für Brecht ist. Auden hat sich darüber sehr amüsiert – soweit man das in dem verdunkelten und verräucherten Raum sehen konnte. Der Bruder will sich versichern, daß seine Schwester mit keinem anderen schläft, wenn er im Krieg ist. Wir überlegten: Was kann ein Mann machen, um hundertprozentig sicher zu sein, daß seine Frau mit keinem anderen schläft. Auden meinte, sie soll auf die Bibel schwören. Brecht lachte: »Da ist keiner sicher. Der Schwur hat keine Folgen.« Er schlug vor, die Bibel zu vergiften, damit sie stirbt: »Das ist die einzige Art, bei der man ganz sicher sein kann.«

Als das Stück später geprobt wurde, wollte die Bergner nicht auf die epische Spielweise eingehen. Nach meiner Meinung wäre sie dazu aber in der Lage gewesen. Sie hat auch nur in einer Szene Erfolg gehabt, wo sie gar nicht anders spielen konnte als episch. Die Duchess ist wieder einmal schwanger – auch ein Einfall von Brecht, der bei Webster nicht vorkommt. Weil man das bei der damaligen Kleidermode nicht ohne weiteres sehen konnte, läßt der Bruder ihr einen großen Korb frischer Aprikosen bringen. Die Schwester stürzt sich darauf und entlarvt sich dadurch. In dieser Szene war die Bergner am besten. Sie konnte nichts verderben, weil sie keine Repliken hatte.

Elisabeth Bergner hat sich an der Bearbeitung des Stückes sehr beteiligt. Natürlich konnte man sie nicht in die Wohnung von Auden einladen, das wäre unzumutbar gewesen. Wir trafen uns dann bei ihr. Brecht zeigte ihr, was er geschrieben hatte, und sie machte ihre Vorschläge. Ich will ein Beispiel für die Art der Zusammenarbeit geben. Eine Szene spielt im Irrenhaus. Der Bruder stellt der Schwester halb wahnsinnig nach und läßt sie einsperren. Brecht hielt die Szene für überflüssig und wollte sie streichen. Aber da war ein Satz, den die Bergner unbedingt sagen wollte. Auf einer Bank sitzend, fragt sie eine andere Patientin: »Bist du auch verrückt?« Diesen Satz fand die Bergner so wunderbar, daß wir die ganze Szene spielen mußten. Nun muß man allerdings gehört haben, wie die Bergner den Satz sagte. Ich höre ihn noch jetzt. Brecht schmolz hin, wenn sie redete. Er war vernarrt in die Bergner, wie alle, die sie je gehört haben. Sie konnte aus harmlosen Salonkomödien Kunst machen. Brecht hätte sie so gern in sein Berliner Ensemble geholt, aber sie kam nicht. Sie hätte sich aussuchen können, was sie spielen will. Vielleicht hat sie ihre Absage inzwischen bereut.

Die Inszenierung kam nicht gleich zustande, weil noch nicht genug Geld für die Produktion vorhanden war. Brecht fuhr deshalb wieder nach Santa Monica. Ich war gerade bei ihm, als wir hörten, daß probiert wird und daß man aus Ersparnisgründen Dekorationen aus England – von einer inzwischen abgesetzten »Duchess«-Inszenierung, natürlich in der Originalfassung – heranbringen läßt. Was sie auspackten, war ganz alter Käse und nichts für die Amerikaner am Broadway.

Brecht hatte an ganz andere Dekorationen gedacht. Er wollte das Stück modern und sehr frech ausstatten. Es bereitete ihm keine Mühe, sich nach dem Broadway-Geschmack zu richten, er liebte diese schnellen, farbensprühenden Musicals. Auch die »Duchess«-Story hätte mit Kostümen in prächtigen Farben und in großem Tempo gespielt werden müssen, wenn die amerikanischen Zuschauer sie aushalten sollten. Aber sie haben eine falsche Dekoration gehabt und auch das Tempo nicht geschafft.

Man hat mir gesagt, daß Brechts Name nicht auf dem Programmzettel ist. Dort steht nur: »Bearbeitet von W. H. Auden.« Das ist mir damals nicht aufgefallen, oder ich habe es vergessen. Bestimmt war es keine Distanzierung Brechts von der Arbeit. Entweder geschah es aus Bescheidenheit oder aus politischen Gründen, vielleicht mit Rücksicht auf Elisabeth Bergner. Die Bergner wurde übrigens auch zum Verhör vor den unamerikanischen Ausschuß zitiert, weil sie diese Arbeit mit Brecht gemacht hatte. Von gewissen Leuten war also registriert worden, daß Brecht der Autor oder Mitautor gewesen ist.

Die Aufführung war ein totales Fiasko. Sie wurde vielleicht zwei- oder dreimal gegeben. Nach der Premiere sollte ich herumhorchen, was die Leute sagen. Ich hörte nur immer: »Bergner hin, Bergner her, aber ein Bruder darf nun mal seine Schwester nicht lieben, das geht selbst bei der Bergner nicht.« Der Mann von Elisabeth Bergner, Paul Czinner, verlor bei dem Unternehmen ein Vermögen. Er hatte in die Produktion viel Geld investiert. Brecht meinte, daß Bergner und Czinner für diesen Verlust selbst verantwortlich sind. Sie hätten auf ihn hören sollen. Nach der Premiere kam es zu einem riesigen Krach. Brecht wollte die Bergner nie wieder sehen, unter keinen Umständen, und niemals wieder Theater mit ihr machen. Ich habe aber zu ihr gehalten, trotz der Wutausbrüche von Brecht. Ich war sehr eng mit Elisabeth Bergner befreundet und bin es immer noch. Als ich krank wurde und in eine Irrenanstalt kam, hat sie mir mehr geholfen als irgend jemand. Elisabeth Bergner ist sehr gläubig, aber ganz unaufdringlich mit ihrer Religion. Sie ist der gütigste, hilfreichste, uneigennützigste und liebevollste Mensch, den ich je getroffen habe. An ihr habe ich mich oft aufgerichtet, und wenn sie mich in schweren Zeiten in Berlin besuchte, war ich im siebenten Himmel.

Brecht hat mit seiner Verdammung der Bergner auch nicht ewig durchgehalten. Ich hatte insgeheim auch Verständnis für ihn. Es war nicht herausgekommen, was seiner Meinung nach hätte herauskommen können. Brecht ging es nicht um den Verlust von Geld, obwohl Geld für uns damals sehr wichtig war. Am meisten war Brecht irritiert, wenn er Arbeit und Zeit umsonst investiert hatte. Diese Erfahrung hat ihn sehr mitgenommen.

Man kann nicht voraussehen, ob Vorstellungen, die man hat, erfüllt werden oder nicht. Bei der »Duchess« haben sich Brechts Hoffnungen nicht erfüllt, bei der Erarbeitung der amerikanischen Version von »Leben des Galilei« war genau das Gegenteil der Fall. Das Stück war an und für sich fertig, aber es war zu lang für die Aufführungspraxis in Amerika. Brecht arbeitete zwei Jahre lang mit Charles Laughton an der Übersetzung, die sich zu einer Bearbeitung des Stückes auswuchs. Sie trafen sich entweder bei Brecht oder in dem phantastischen Haus von Charles Laughton. Es kam zu einer ebenso intensiven wie lustigen Arbeit für beide. Die Art der Zusammenarbeit ist nicht leicht zu beschreiben. Laughton konnte kein Wort Deutsch – wirklich kein Wort! –, und Brecht beherrschte zuwenig Englisch, um sich in dieser Sprache souverän ausdrücken zu können. Brecht spielte halb deutsch und halb englisch gestisch vor, was er meinte, und Laughton formulierte, was er gesehen hat. Wenn er auf dem Punkt war, sagte Brecht: »Das ist es!« Dann wurde der Text aufgeschrieben. Auf diese Weise ist nach meiner Meinung die beste Übertragung eines Stückes von Brecht zustande gekommen.

Ich wurde zu dieser Arbeit hinzugezogen und konnte beim Übersetzen helfen, weil ich Englisch ganz gut beherrschte, jedenfalls besser als Brecht. Ich hatte im Büro für Kriegsinformation meine dänischen Manuskripte für die Zensur ins Eng-

Brecht und Charles Laughton, etwa 1945, fotografiert von Ruth Berlau

lische übersetzen müssen und dabei schnell gelernt, die Übersetzung gleich in die Schreibmaschine zu diktieren.

Daß ich zu dieser Zeit in Santa Monica sein konnte, hatte ich einem Zufall zu verdanken. In der norwegischen Abteilung des Büros für Kriegsinformation arbeitete eine Frau, mit der ich mich befreundete. Sie hatte einen steinreichen Vater in Oslo, einen Ölkönig, der Dollars besaß. Auf Umwegen erhielt sie eines Tages eine Nachricht von ihm. Sie sollte sich in Amerika ein Haus kaufen, damit das Geld während des Krieges nicht stilliegt oder verfällt. Ich riet meiner Freundin, ein Haus in Santa Monica – zu ihr sagte ich natürlich Hollywood – zu kaufen, und wir fuhren auch sofort los, um eins auszusuchen. Ich sagte ihr: »Wenn ich mit dir zusammen wohnen soll, muß das Haus möglichst nahe der 26. Straße liegen« – wo Brecht wohnte. Daraufhin kaufte sie eines der wunderbarsten Häuser in Pacific Palisades und gab mir das größte Zimmer. Das Haus hatte tiefe französische Fenster. Brecht ging nie durch die Tür, wenn er kam, sondern er ging um das Haus herum in den Park zur Fensterfront. Dort hatte ich eine kleine Treppe aufgestellt, so daß Brecht leicht durchs Fenster einstei-

*Brecht und Charles Laughton beim Rundfunkinterview für die Aufführung
von »Galileo Galilei«*

gen konnte. Auf diese Weise vermied er, jemandem zu begeg-
nen. Er kam regelmäßig um zwei Uhr. Ich hatte das Essen
dann schon fertig. Nach dem Essen hat sich Brecht einen Moment hingelegt und ausgeruht, wodurch er den Tag teilte und,
wie er sagte, täglich zweimal frisch an die Arbeit ging. Wenn
er aufgestanden war, bereiteten wir vor, was wir mit Charles
Laughton arbeiten wollten. Um vier oder halb fünf fuhren wir
zu ihm.

Die amerikanische Fassung ist sehr kurz, mit Pause nur zweieinhalb Stunden. In Berlin dauert die Vorstellung mehr als drei Stunden. Darauf würden sich die Amerikaner gar nicht einlassen, sie würden hinauslaufen. Die größten Schwierigkeiten hatten wir bei den Monologen Galileis am Anfang und am Ende des Stückes. Besonders lange haben wir an der Schlußszene gearbeitet. Das kann man auch einer Schallplatte entnehmen, die Charles Laughton für Brecht besprochen hat, nachdem Brecht schon in Europa war. Laughton hat mehrere Fassungen vorgeschlagen. Die notwendigen Striche haben Brecht oft in Verzweiflung getrieben. Um lange Passagen nicht lang erscheinen zu lassen, haben wir alle diese smarten amerikanischen Regietricks angewandt. So ein Trick war zum Beispiel Galileis Morgenwäsche, während er mit Andrea spricht. Weil Laughton mit nacktem Oberkörper auftrat, haben die Zuschauer die Rede geschluckt. Übrigens hat mich an Laughton gestört – ich war auch mal verliebt in ihn, wie alle Frauen –, daß er überhaupt keine Haare am Körper hatte. Die Maskenbildner mußten sie ihm im Studio vor jeder Vorstellung ankleben.

In Amerika trafen wir auch den Schriftsteller Erich Maria Remarque. Er war sehr wohlhabend und wohnte äußerst exklusiv, aber mit großem Geschmack. Remarque war ein richtiger Don Juan, allerdings unbefangener als Brecht. Ich erinnere mich an einen Abend, an dem wir Remarque und seine damalige Freundin, eine wunderschöne Frau, besucht haben. Sie hatte für nicht einmal fünf Pfennige Kleider an. Brecht hat sich amüsiert. Das ging gut, weil sie, obwohl eine echte Amerikanerin, sofort verstanden hat, was für ein komischer Mensch mit ihr plänkelt. Brecht war sehr gut gelaunt. Das war ausnahmsweise mal ein Abend, an dem nicht gearbeitet, sondern nur geplaudert wurde. Ich erkannte Brecht nicht wieder. Er stellte sich auf das Ping-Pong der Gespräche ein. Ich vergaß übrigens meine Handschuhe bei Remarque wirklich unabsichtlich und hatte hinterher große Schwierigkeiten, sie von ihm wiederzubekommen. Ich hatte lange weiße Handschuhe angehabt.

Dann lebte in Santa Monica eine weltberühmte Tänzerin, eine hochinteressante, sehr expressive und bildhübsche Frau. Brecht kannte sie aus Berlin und wollte sie gern treffen. Ich hatte damals einen Wagen und fuhr Brecht zu ihr, wollte aber selbst mit Alexander Granach in einen mexikanischen Film gehen, der nur an diesem Abend lief. Anschließend wollte ich Brecht abholen. Aber ich fand den richtigen Eingang nicht und ging rings ums Haus – die Häuser in Hollywood sind fast alle in einem Bungalow-Stil gebaut –, so daß ich zur Hintertür hereinkam. Was ich dann sah, habe ich selten gesehen. Brecht wollte immer in einem Stuhl für sich sitzen, anders hatte ich es nie erlebt – doch hier überraschte ich ihn in einem Lunchsessel, der für zwei Personen eigentlich etwas zu eng war. Sie saßen aber ganz anständig, mit einem Glas Whisky vor sich. Da wußte ich, daß Brecht einen angenehmen Abend gehabt hat. Es war ein vornehmer Flirt, nicht so eine mickrige, kleine Sache, und es sah auch sehr nett aus. Brecht besprach mit der Tänzerin ein Ballett, wahrscheinlich die »Sieben Todsünden«, das er gern aufgeführt haben wollte. Brecht verknüpfte seine Verliebtheiten immer mit Arbeit. Bis zu diesem Tag besaß Brecht keinen Führerschein. Am nächsten Morgen hat er sich entschlossen, die Fahrprüfung zu machen. Ich mußte ihm schnell noch beibringen, was dazu gehört. Am Abend darauf fuhr Brecht allein zu der Tänzerin und wollte nicht abgeholt werden.

Die engste Verbindung Brechts, wann immer, bestand natürlich zu Hanns Eisler. Sein Haus lag an einem der schönsten Orte Kaliforniens, in Malibu am Meer. Eisler war Professor für Musik an einer Universität und schrieb Filmmusiken. Er verdiente viel Geld, es ging ihm besser als Brecht.

Brecht und ich besuchten eine Vorlesung Eislers in der Universität. Auf dem Rückweg hatten wir großen Spaß an Eislers verblüffender Art zu reden. Wenn er ein englisches Wort nicht schnell fand, sprach er das deutsche Wort in amerikanischer Fasson aus – »und zwar ohne alle Hemmungen!« meinte Brecht beeindruckt.

Zum erstenmal habe ich Eisler gesehen, als er mit seiner

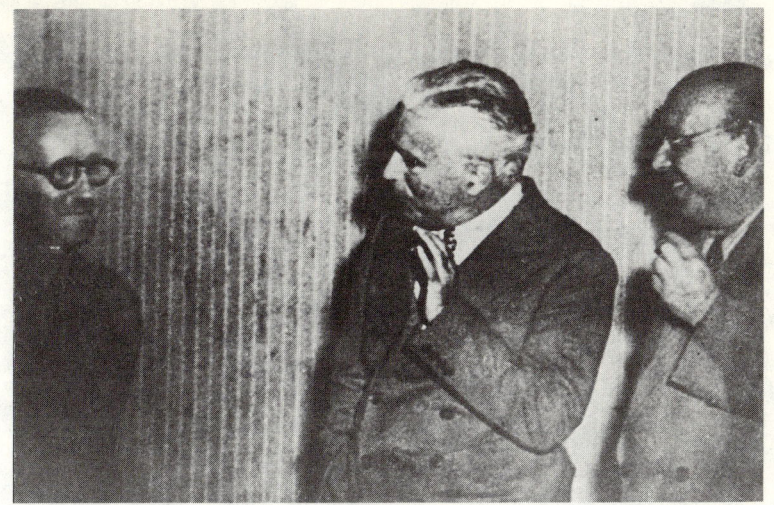

Brecht, Charlie Chaplin und Hanns Eisler in Kalifornien, etwa 1947, fotografiert von Ruth Berlau

späteren Frau Lou nach Dänemark kam. Brecht war immer dagegen, daß seine Freunde heiraten, denn danach waren sie irgendwie anders engagiert und hatten gerade dann keine Zeit, wenn Brecht sie brauchte, oder es paßte dieses und jenes nicht, weil es ihrer Frau nicht paßte. Fast immer hat Brecht die Frauen seiner Freunde und engen Mitarbeiter mit einem gewissen Mißtrauen behandelt. Ich habe das in Amerika anfangs nicht verstanden. Die verschiedenen Taktiken waren nicht leicht zu durchschauen, weil über sie nicht gesprochen wurde. Wenn Brecht mit Lou nicht reden wollte, mußte Helli mit ihr Kaffee trinken. Lou hat dann geglaubt, Helli will sie von Brecht fernhalten. Aber sie hat Helli absolut mißverstanden. Helli konnte gar nicht anders. Sie mußte sich in der Emigration danach richten, wen Brecht in seinem Arbeitszimmer haben wollte.

Nun hatten die Eislers immer viele berühmte Gäste. Lou hat das dann so arrangiert, daß die Brechts an den Nachmittagen, an denen Chaplin kam, nicht hinzugeladen wurden. Wegen dieser merkwürdigen Taktik – ab und zu wirklich schade – entwickelte nun Helli wieder den Ehrgeiz, zu ihren Abenden mit berühmten Leuten die Eislers nicht einzuladen.

Brecht und Charlie Chaplin bei der Premiere von »Galileo Galilei«,
Beverly Hills 1947, fotografiert von Ruth Berlau

Helli hatte Laughton gekapert, aber Lou hatte Chaplin. Beide
hatten einen Trumpf. Diese Chaplin-Nachmittage waren natürlich Lous Stolz. Ich war dabei und habe gesagt: »Mein Gott,
laß doch auch den Brecht mal ran!« Ich verstand mich mit Lou
sehr gut. Später, in Berlin, hat Brecht sich auch mit Lou angefreundet, weil sie sich während der Emigration in Amerika
sehr freundschaftlich zu mir verhalten hat.

Eines Tages klappte es aber doch, und Brecht traf Chaplin
bei Eisler. Brecht verehrte Chaplin sehr. Er hielt ihn für ein
Genie auf seinem Gebiet und hätte ungeheuer gern mit ihm
zusammengearbeitet. Aber Chaplin sagte: »Was soll ich machen? Ich bin mein eigener Schriftsteller, mein eigener Dramaturg, mein eigener Regisseur, mein eigener Hauptdarsteller, mein eigener Komponist« – wobei er Eisler ansah – »und
mein bester Zuschauer.« Und da hatte er recht. Wir besuchten
ihn einige Male im Atelier und sahen, wie er arbeitete. Brecht
wurde auch zu Vor-vor-vorauufführungen der Filme Chaplins
eingeladen. Nun lachte Brecht wirklich gern und sehr viel,
aber Chaplin lachte über sich am meisten. Das hat mich fasziniert. Brecht hat auch den »Diktator« gesehen, aber erst nach

dem »Arturo Ui«. Denn der »Ui« entstand in Finnland, als Chaplins »Diktator« in Europa überhaupt nicht gespielt werden durfte, weil überall die Nazis saßen.

Einmal, noch vor seiner Emigration, hat Brecht ein Gedicht über einen Film Chaplins geschrieben, nachdem er »The Face on the Bar Room Floor« gesehen hatte. Chaplin sitzt vor einer Kneipe auf dem Trottoir und versucht, auf dem Pflaster seine Geliebte mit Kreide zu zeichnen. Aber es fällt ihm nicht mehr ein, wie das Gesicht ausgesehen hat. Am Ende verzweifelt er. Brecht meinte, man hätte einen neuen, größeren Film daraus machen können, so schön war der Einfall. Chaplin hat das auch interessiert. Aber er war in einer Aufbruchsphase. Er wollte nicht mehr den alten Chaplin spielen, die Rolle, in der er berühmt geworden war. Ich hatte mal ein langes Interview mit ihm für mein Blatt in Dänemark. Er sagte damals: »Nach Roosevelts ›New Deal‹ läuft keiner mehr mit Löchern in der Hose und in solchen Schuhen herum.« Roosevelt habe seine Figur sozusagen kaputt gemacht. (Jetzt kann er sie aber bald wieder spielen, denn ich höre, daß es inzwischen wieder elf Millionen Arbeitslose in Amerika gibt.) Brecht hat diese Haltung Chaplins sehr interessiert. Er fand es spannend, daß Chaplin etwas Neues machen will.

Ich erinnere mich an Gespräche zwischen Brecht und Chaplin während der McCarthy-Zeit, in der viele Leute verhaftet wurden. Obwohl die McCarthy-Verhöre mit ihrer Hetze gegen eine angebliche, von Moskau aus gesteuerte kommunistische Infiltration in Amerika für uns sehr gefährlich waren, fanden Chaplin und Brecht auch da etwas Komisches heraus. Sie improvisierten im Gespräch – jeder immer auf die Replik des anderen reagierend – eine Geschichte, wie Chaplin Amerika verläßt. Er sitzt schon auf einem Schiff, als die Emigrationsbehörde erscheint. Sie will herausbekommen, ob er ein »Sicherheitsrisiko« ist, und fängt an, ihn auf Herz und Nieren zu prüfen. Aber niemand versteht die Sprache, in der Chaplin antwortet. Man holt einen chinesischen, danach einen japanischen, dann einen koreanischen Dolmetscher und so weiter, aber alle scheitern. Kein Wunder, denn Chaplin redet in einer Sprache, die er selbst erfunden hat. Als er uns das vorspielte, bekamen wir Bauchschmerzen vor Lachen. Am Schluß zeigte er uns, wie die Emigrationsbehörde schließlich kapituliert. Während das Schiff den Hafen verläßt, schaut Chaplin aus einer kleinen runden Fensterluke zur Freiheitsgöttin zurück und sieht, wie sie das eine Auge zukneift und ihm zublinzelt.

Chaplin hat uns auch vorgespielt, wie er in Washington auftreten will, wenn man ihn zum Verhör holt. Er rechnete mit vielen Zuschauern, und der Saal wäre mit Sicherheit bis zum letzten Platz besetzt gewesen. Chaplin wollte den Senatoren eine Nase drehen, wenn er vor ihnen sitzt. »Meine Nase kratzt so merkwürdig, seitdem ich in Washington bin.« Aber man hat so etwas wohl geahnt und ihn niemals vorgeladen. Lieber verzichtete man auf das Verhör, als sich von Chaplin verspotten zu lassen.

Man kam nicht als Angeklagter vor den Ausschuß in Washington, sondern man wurde aufgefordert, sich einer »Befragung« zu unterziehen. Angeklagt konnte man erst werden, wenn das Verhör beendet war, zum Beispiel wegen Mißachtung des Ausschusses. Brecht wurde aus Kalifornien nicht abgeholt, sondern er fuhr »freiwillig« nach Washington. Er sollte pünktlich da sein, hatte man ihm empfohlen. Sonst wäre er natürlich abgeholt worden.

Brecht wurde zusammen mit achtzehn Schriftstellern – hauptsächlich Filmschreiber in Hollywood – verhört. Diese »Achtzehn« – wie sie nach dem Verhör genannt wurden – waren so reich, daß sie teure Rechtsanwälte bezahlen konnten. Sie nahmen Brecht als neunzehnten in ihre Gruppe auf, obwohl keiner von ihnen wußte, wer Brecht war. Sie vermittelten ihm einen Rechtsanwalt, den Brecht aus eigener Tasche gar nicht hätte bezahlen können. Als dieser Rechtsanwalt hörte, daß Brecht Gedichte geschrieben hat, trat er von der Verteidigung zurück. Wahrscheinlich war ihm ein Poet zu mysteriös. Brecht bekam einen anderen Anwalt.

Ich habe mich später erkundigt, mit welchen Filmen diese »Achtzehn« Amerika kommunistisch unterwandert und damit »die Freiheit der Nation bedroht« haben sollen. Darauf konnte mir aber niemand eine Antwort geben, denn solche Filme gab es gar nicht. Einer sagte mir, die Producer hatten von vornherein darauf geachtet, daß ihre Filme keinen politischen Sprengstoff enthielten. Wenn ein Bankdirektor fett, ekelhaft und niederträchtig war, mußte wenigstens seine Frau eine nette Person sein, die den Armen half. Das galt dann als soziale Gerechtigkeit, und mehr konnte gar nicht gezeigt werden.

Die Verhöre wurden veranstaltet, um die Bevölkerung einzuschüchtern. Man wollte eine Psychose gegen die Sowjetunion erzeugen. Zwar gelang es nicht, die Achtzehn als Kommunisten zu entlarven, aber man fand einen Dreh, einige ins Gefängnis zu stecken. Sie wurden nach dem Verhör wegen Verweigerung der Aussage oder – wie es offiziell hieß – »wegen Mißachtung des Kongreßausschusses« verurteilt. Sie hatten nämlich die Antwort verweigert, als ihnen die sogenannte sechsundsechzigste Frage gestellt wurde: »Sind Sie Kommunist?« Dabei beriefen sie sich auf die amerikanische Verfassung, die Gesinnungsschnüffelei verbietet. Die Betroffenen strengten sofort einen Gegenprozeß an, so daß sich die Vollstreckung des Urteils lange hinzog. Sie hofften, daß der Kongreßausschuß aufgelöst ist, bevor sie ins Gefängnis müssen. Diese Rechnung ist leider nicht aufgegangen, denn der Ausschuß war sehr zählebig. Bedauerlicherweise haben einige von den Achtzehn nicht durchgehalten, weil man ihnen Schwierigkeiten in der Arbeit machte: Sie bekamen keine Aufträge für Drehbücher oder für eine Regie. Sie sind umgefallen und Verräter geworden.

Damals war das eine herrliche Kampfgruppe. Sie wehrten sich mit Spaß. Sie hatten sich gut auf das Verhör vorbereitet und ihre Antworten vorher vereinbart. Als wir zum erstenmal in den Saal kamen, um die Art des Verhörs zu studieren, machten wir eine merkwürdige Erfahrung. Die Achtzehn saßen mit ihren Rechtsanwälten da, hemdsärmlig und mit den Füßen auf dem Tisch, und schnipsten beim Reden immerfort mit den Fingern. Wir haben erst nicht verstanden, warum sie das machten. Später haben wir erfahren, daß das FBI überall Mikrofone aufgestellt hatte. Die Aufnahmen wurden aber nahezu unbrauchbar, wenn man beim Sprechen gleichzeitig mit den Fingern knallte. Einige von den Schriftstellern waren tatsächlich in der Kommunistischen Partei oder standen ihr nahe, andere nicht. Jedenfalls dort haben sie wunderbar zusammengehalten.

Brecht konnte sich als Emigrant nicht auf die amerikanische Verfassung berufen, sondern mußte diese sechsundsechzigste Frage beantworten. Auch das war mit der Partei und den Rechtsanwälten der »Achtzehn« vereinbart worden. Aber nach dem Verhör kamen einige deutsche Genossen zu mir und mäkelten an Brechts Verhalten herum. Sie fanden es nicht richtig, daß er als einziger die Frage nach der Parteizugehörigkeit beantwortet hatte – »und dann auch noch mit ›nein‹.« Die Antwort war korrekt. »Ja«, meinten sie, »aber er hat außerdem gesagt, daß er es immer für richtig gehalten hat, ein unabhängiger Schriftsteller zu sein.« Diese Genossen hatten nur Auszüge des Verhörs im Rundfunk gehört. Der Reporter hatte natürlich ausgewählt, was ihm ins Konzept paßte.

Die Sendung über Brechts Verhör führte zu einem regelrechten Volkswitz in Amerika. Man hatte Brecht nachgewiesen, wann und wo er sich mit Gerhart Eisler getroffen hatte und ihn gefragt, worüber sie bei solchen Gelegenheiten gesprochen hätten. Brecht antwortete: »Ich habe mit ihm Schach gespielt.« Diese Antwort wurde in jeder Reportage über die Verhöre als »klassische Ausrede« zitiert. Gerhart Eisler war für die Amerikaner der Hauptagent Moskaus, der im Untergrund ständig für die Kommunistische Partei gearbeitet hat. Brechts Antwort wurde sprichwörtlich. Wenn ein Mann spät nach Hause kommt und seine Frau fragt: »Wo bist du gewesen?«, antwortet er: »Ich habe Schach gespielt.« Das Bildmagazin »Life« veröffentlichte ein Foto von Brecht, auf dem man ihn vor dem Mikrofon in seiner eigenen Zigarrenwolke sieht.

Selbstverständlich waren viele deutsche Kommunisten mit Brechts Haltung auch einverstanden, zum Beispiel Hermann Budzislawski. Er hatte das Verhör vorher mit Brecht durchgeprobt und erzählte immer ganz stolz, daß fast alle Fragen, die er sich ausgedacht hatte, tatsächlich gestellt wurden.

Brecht flog am Tag nach dem Verhör nach Europa. Helli

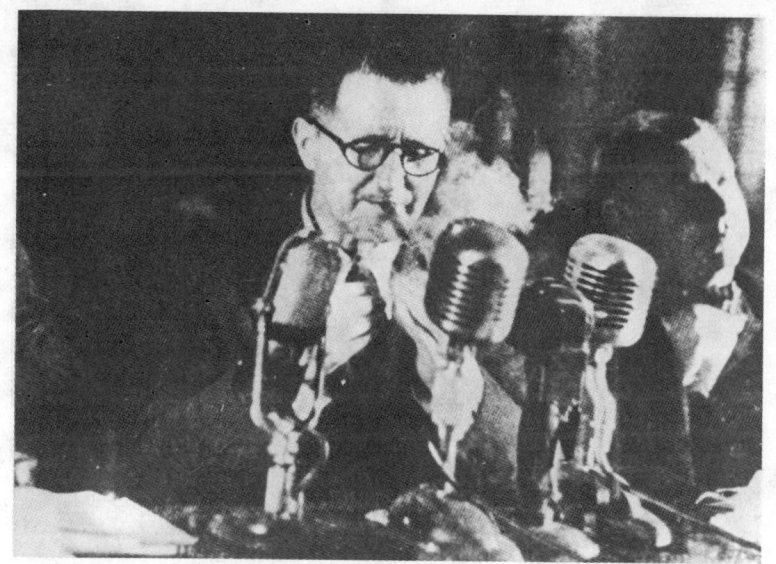

Brecht vor dem Ausschuß zur Untersuchung unamerikanischer Tätigkeiten in Washington (Zeitungsausschnitt in Brechts Arbeitsjournal vom 15.9.1947)

und Barbara folgten ihm bald darauf mit dem Schiff. Ich blieb allein in Amerika zurück. Ich sollte die New-Yorker »Galilei«-Aufführung noch abwarten und Brecht darüber berichten. Gerade da kamen diese Querelen wegen Brechts Verhalten vor dem Ausschuß auf, und ich mußte ihn dagegen verteidigen.

Ich dachte, es könnte nützlich sein, wenn ich mir die Originalprotokolle von dem Verhör beschaffe. Es gab Tonaufnahmen und stenografische Mitschriften, außerdem natürlich Fotos. Diese wunderbaren kleinen Stenografierapparate, mit denen man viel schneller schreiben kann, als gesprochen wird, habe ich bisher nur in Amerika gesehen. Während der Verhöre wurden damit die Protokolle für den Ausschuß, die Rechtsanwälte, die Polizei, die Presse – und was weiß ich für wen noch – geschrieben. Außerdem war alles von Anfang bis Ende auf Schallplatten aufgenommen worden.

Ich ging zur Polizei – in meinem Paß stand immer noch Lund, und über mich hatte man nichts herausbekommen – und sagte, daß ich nach Dänemark zurückkehren möchte.

Hanns Eisler vor dem Ausschuß zur Untersuchung unamerikanischer Tätigkeiten, Okt. 1947, als ihm ...

»Aber«, sagte ich dann, »ich will dort zeigen, was für Leute sich in dieses wunderbare Land einschmuggeln wollten.« Daraufhin bekam ich das gesamte Material und bezahlte vierzig Dollar dafür.

Wir hatten eine sehr gute Freundin in Amerika, Ella Winter. Sie war Mitglied der Partei, aber auch Millionärin, und bewohnte mit ihrem Mann, dem Schriftsteller Donald Ogden Stewart, ein großes Haus. Bevor ich Amerika verließ, luden Ella und ich viele Leute, vor allem amerikanische und deutsche Kommunisten, dahin ein, um ihnen die Platten von dem Verhör vorzuspielen. Da haben sie dann gehört, wie gescheit Brecht geantwortet und wie gut er sich verhalten hat. Die Amerikaner waren ganz begeistert und sagten: »So ist es richtig, so muß man kämpfen!« Auch unsere deutschen Genossen waren nun zufrieden.

Auf dem Schallplattenetikett stand »Verhör in Washington«, natürlich in Englisch, und dazu das Datum der Aufnahme. Ich habe das Schild überklebt und »Hollywood-Dialog« darauf geschrieben. Das hat sich als richtig erwiesen, denn auf dem Schiff wurde mein gesamtes Gepäck untersucht. Die Platten, auf denen »Hollywood-Dialog« stand, wurden nicht abgehört, bei fast allen anderen wurden Stichproben gemacht, um herauszubekommen, ob ich nicht irgendwelche Konterbande bei mir habe.

Hanns Eisler wurde einige Zeit vor Brecht nach Washington zitiert. Er war sehr nervös, als er die Vorladung bekam. Natürlich hatte er ebensowenig wie Brecht Lust, einige Jahre in amerikanischen Gefängnissen zu verbringen, nachdem die Nazis endlich besiegt waren. Er war als Komponist von Filmmusiken nicht in wirklicher Gefahr. Er war in Gefahr als Bruder von Gerhart Eisler und weil er die Musik zu Brechts »Mutter« geschrieben hatte.

Man hielt ihm ein Foto vor, das ihn im New-Yorker Hafen inmitten von Genossen zeigt, und fragte ihn: »Was machen Sie denn da, Herr Eisler, mit der Hand?« Eisler sitzt da, schaut das Bild an und zeigt, was er mit der Hand macht – nämlich »Rot Front«, den Gruß der kommunistischen Arbeiter. In diesem Augenblick wurde er von den anwesenden Fotoreportern geknipst, und wir hatten das zweifelhafte Vergnügen, ihn am nächsten Tag auf der ersten Seite der Zeitung beim »Rot Front«-Gruß vor dem Ausschuß zur Untersuchung unamerika-

... das Foto aus dem »Daily Worker« von 1935 vorgelegt wurde

nischer Tätigkeiten zu sehen. Er muß damals in einem psychisch und physisch schlechten Zustand gewesen sein, sonst hätte er sich niemals zum »Rot Front«-Gruß hinreißen lassen. Wenn mir so ein Bild vorgelegt worden wäre, hätte ich gesagt: »Soll ich das sein? Ich kann es nicht erkennen. Haben Sie eine Lupe?« Hanns Eisler hat dann behauptet, es sei der Gruß aller Antifaschisten auf der ganzen Welt. Man hat ihn in dem Verhör als den »Karl Marx der Musik« bezeichnet. Das ist bestimmt ein großes Lob für ihn, auch in der Meinung seiner Freunde. Aber für die Senatoren in dem Kongreßausschuß bedeutete das ebensoviel wie der Teufel persönlich. Auf die Frage, ob er Mitglied der Kommunistischen Partei war oder ist, hat er weder ja noch nein gesagt. Er hat erklärt, daß er keine Beiträge bezahlt hat, und wer keine Beiträge zahlt, könne nicht Mitglied sein. Man mußte lavieren, sonst wäre man im Gefängnis gelandet. Eisler hat sich als Genosse völlig richtig verhalten, ich war nur in Sorge, weil er so nervös war, als er zu dem Verhör ging.

Die Behörden sperrten das Ausreisevisum, das Eisler schon in der Tasche hatte. Deshalb mußte er länger, als er wollte, in Amerika bleiben. Chaplin hat Eisler in dieser heiklen Situation sehr geholfen. Er – und Thomas Mann – schrieben überallhin Briefe und organisierten ein Komitee für die Freilassung Hanns Eislers. Chaplin wurde auch dauernd wegen Eisler interviewt. Er wußte, daß Eisler sehr gefährdet war, und sagte: »Das ist mein bester Freund und der größte Komponist, den ich kenne.« Man konnte das in allen Zeitungen lesen.

Als ich Chaplin in der Schweiz besuchte, lange nach den Verhören, sagte er mir allerdings: »Eisler hat mich sechs Millionen Dollar gekostet.« Er meinte damit, daß ihm sein Film »Monsieur Verdoux« nicht die sechs Millionen eingebracht hat, die er gekostet hatte. Kein Kino traute sich, ihn zu zeigen. Chaplin führte das auf seinen Einsatz für Eisler zurück.

Aber es gab auch andere Gründe, den Film »Monsieur Verdoux« zu boykottieren. Ich kann mich gut erinnern an einen dieser Eislerschen Nachmittage in Malibu bei Kaffee und Whisky. Brecht und Eisler hatten es fertiggebracht, einige Sätze in Chaplins Film »Monsieur Verdoux« einzubauen. Eisler hatte zum Beispiel den Satz vorgeschlagen: »Der Krieg ist nichts anderes als Geschäfte mit anderen Mitteln.« Dieser Satz war natürlich für die Geschäftsleute zuviel. Kein großes Kino spielte »Monsieur Verdoux«. Vor einem ganz kleinen Kino sah ich Leute in einer Schlange stehen, um Karten zu bekommen. Da kamen von hinten Leute vom Ku-Klux-Klan mit Knüppeln, und die Menschen lagen dann vor dem Kino auf der Straße. Man glaubt so etwas nicht, aber ich habe es selbst gesehen. Es handelte sich um organisierte Faschisten. Das war das letzte, was ich in Amerika sah, bevor ich abfuhr.

Das Seltsame an den Brüdern Eisler war, daß Hanns von Europa aus gern immer mal wieder nach den USA kommen wollte, aber nach diesem Trubel für alle Zeit ausgewiesen blieb, während Gerhart endgültig aus Amerika wegwollte, aber nicht herausgelassen wurde. Das Justizministerium erklärte ihn zum Sicherheitsrisiko und hielt ihn fest.

Gerhart ist für mich nicht nur ein Politiker von ungewöhnlichem Format, sondern auch einer der wunderbarsten Menschen, die ich kenne. Eines Abends hatte ich Gerhart und seine Frau Hilde zum Essen eingeladen. Ich erwartete sie um sieben Uhr. Wenn man, wie Hilde, selbst kocht, kommt man immer pünktlich. Aber sie kamen nicht. Es mußte etwas Ungewöhnliches passiert sein. Als ich gegen neun Uhr zu meinem Zeitungskiosk ging, sah ich dort in jeder Zeitung auf der ersten Seite die Schlagzeile stehen: »Sowjetspion Gerhart Eisler verhaftet!« Da waren Gerhart und Hilde entschuldigt.

Gerhart machte aus seiner Verhaftung einen echten Kampf. Sein Verhör – alles, was er aussagte und wie er sich verhielt – war ein Schulbeispiel für politische Aktivität und persönliche Unerschrockenheit. Nachdem er eingesperrt worden war, reiste Hilde überall im Lande herum und hielt Vorträge: Ihr Mann habe nichts verbrochen, sondern wolle nur zurück nach Deutschland, von wo ihn die Faschisten vertrieben haben. Hilde war sehr schlank und sah wunderbar aus. Alles, was sie sagte, ging direkt in die Herzen der amerikanischen Frauen.

In Amerika kann man gegen eine Kaution aus dem Gefängnis herauskommen. Einen Mörder herauszukriegen, kostete damals fünftausend Dollar. Für Gerhart Eisler aber mußten fünfundzwanzigtausend Dollar aufgebracht werden. Es wurde geschafft, aber Gerhart war nicht wirklich frei. Ständig wurde er von zwei oder drei Herren im Trenchcoat »begleitet«. Das war sehr lästig, auch wenn es Gerhart immer wieder gelang, seine Überwacher loszuwerden. Er entwickelte eine Technik, aus der Straßenbahn in die U-Bahn zu wechseln oder im Menschengedränge unterzutauchen, daß die FBI-Leute das Nachsehen hatten. Hin und wieder telefonierten wir miteinander, natürlich ohne Namen zu nennen, weil mein Telefon schon lange überwacht wurde. Ab und zu trafen wir uns auch unter Einhaltung aller konspirativen Regeln.

Eines Abends fuhr ein polnisches Schiff von New York nach London. Am Hafen waren wie immer große Abschiedsszenen. Gerhart, dem es gelungen war, seine Bewacher abzuschütteln, kaufte für fünfundzwanzig Cent Blumen und mischte sich unter die Leute, die auf das Schiff gingen. Aber er ging nicht wieder herunter. Als das Schiff den Hafen verlassen hatte, meldete er sich beim Kapitän als blinder Passagier. Georg Alexan, ein amerikanischer Genosse, der jetzt in Berlin lebt, bezahlte die Reise. Es war aber jemand vom amerikanischen Rundfunk an Bord, der die Sache herausbekam. Er funkte eine Personalbeschreibung Gerhart Eislers nach Amerika, und von da ab unternahm das FBI alles, um Gerhart wieder zurückzubekommen.

Als das Schiff London erreichte, wartete die Polizei auf ihn. In Schweizer Zeitungen sahen wir damals Fotos von ihm. Er wurde von vier Leuten, zwei an den Armen und zwei an den Beinen, vom Schiff heruntergetragen. Wir dachten, er hat einen Nervenzusammenbruch gehabt und muß ins Krankenhaus eingeliefert werden. In Wirklichkeit hatte Gerhart sich vorgenommen, englischen Boden nicht freiwillig zu betreten. Er ließ sich von polnischem Hoheitsgebiet – das gilt auch für ein Schiff – nur unter Zwang nach England bringen.

Die Engländer, diese konservativen Herren – aber manchmal hat das auch Vorteile – ließen Gerhart frei und brachten ihn auf das Schiff zurück. Nach englischem Recht durfte er nicht an die USA ausgeliefert werden. Bis der Fall geklärt war, saß Gerhart allerdings einige Zeit im Gefängnis. Hunderte

Ruth Berlau in Kalifornien, etwa 1945

von englischen Genossen haben vor dem Gefängnis gestanden und »Freiheit für Gerhart Eisler« gerufen. Sie haben außerdem Kampflieder von Gerharts Bruder Hanns gesungen. Es war eine politische Aktion, die um die ganze Welt ging. In jeder Nachrichtensendung wurde über Gerhart Eisler berichtet.

Ich habe gesagt, wie sehr ich Gerhart Eisler verehre. Aber es gibt auch etwas, was ich ihm krummnehme.

Hier in meiner Berliner Wohnung sagte Brecht in Gegenwart von Gerhart Eisler, daß er die Versifizierung des »Kommunistischen Manifestes«, die er in Amerika begonnen hatte, fortsetzen will. Er sagte, er versteht inzwischen etwas mehr von Hexametern und will versuchen, die Arbeit zu Ende zu bringen. Statt ihm zuzureden, meinte Gerhart Eisler: »Es ist doch schwierig genug für die Arbeiter, das ›Kommunistische Manifest‹ in Prosa zu lesen und zu verstehen!« So ein Satz lähmte Brecht bei seiner Arbeit.

Auch Feuchtwanger hatte Einwände gegen die Versifizierung und meinte: »Das geht nicht, das kann man nicht machen, das ›Kommunistische Manifest‹ in Hexametern ist unmöglich.« Aber dann war der kleine Nachsatz gut, den er anfügte: »Nun, gut, wir können es versuchen.« Und dann setzte er sich mit Brecht hin. Brecht war auf eine fördernde Kritik angewiesen. Feuchtwanger machte Brecht produktiv. Feuchtwanger hätte nie gesagt, was Gerhart Eisler gesagt hat, selbst wenn er so gedacht hätte. Er stellte fest, daß hier und da das Versmaß nicht stimmte, und das nahm ihm Brecht auch ab. Ich habe die beiden Herren beim Schreiben beobachtet. Es war eine Zusammenarbeit, die sich durch große Freundlichkeit und Großzügigkeit auszeichnete.

Sie redeten sich mit »Sie« an, obwohl sie sich schon ewig und sehr gut kannten. Feuchtwanger klopfte Brecht auf dem Bartisch den Hexameterrhythmus vor, und Brecht lachte. So kam zustande, was jetzt da ist.

Einmal, als Brecht mich in New York besuchte, hat er eine Fassung seines »Manifests« einigen Freunden vorgelesen. Jacob Walcher, Hermann Duncker, Albert Schreiner und einige amerikanische Freunde waren dazu eingeladen. Leider las Brecht den Text in einer Weise vor, so merkwürdig steif, daß niemand ihn verstehen konnte. Die amerikanischen Genossen wußten gar nichts damit anzufangen, aber auch unsere Genossen hatten keine Ahnung, worauf es Brecht ankam. Alle waren verwirrt. Hinterher sagten sie jedoch mit großem Respekt, das Gedicht sei ganz wunderbar. Das war nichts für Brecht. Er wollte Kritik. Er wollte sachliche Einwände hören. Er wollte wissen, wo er etwas verändern muß. Doch war die Höflichkeit immer noch besser, als so wie Gerhart Eisler zu reagieren. Ich bin auch gar nicht sicher, ob sein Urteil stimmt. Überprüft hat er's nicht.

Die erste Inszenierung des »Galilei« in Kalifornien wurde mindestens zwei Jahre lang vorbereitet. Die Übersetzung aus

dem Deutschen ins Amerikanische war schon eine Art Regie-
konzeption. Brecht und Laughton legten die Aussage jeder
Szene fest und formulierten die Fabel.

Ganz am Anfang hatte sich Fritz Kortner um die Rolle des
Galilei beworben. Es war aber klar, daß Kortner keine Chance
hat, wenn man Charles Laughton bekommen kann – schon
wegen Kortners deutschem Akzent. Damals hoffte Brecht, daß
der »Galilei« mit Laughton den Broadway erobern kann.
Brecht hat Kortner angeboten, den Papst zu spielen. Das hat
Kortner aber abgelehnt, er wollte den Galilei – oder gar
nichts.

Bei der Vorbereitung der kalifornischen Aufführung kümmerte sich Brecht um jede Kleinigkeit. Damals habe ich etwas
gesehen, was später ganz verlorengegangen ist. Brecht spielte
und tanzte alles vor, das Drehen um die Sonne, das Trommeln, den Straßensänger und so weiter. Davon habe ich auch
Fotos gemacht. Wir mußten in einem primitiven Saal probieren, weil uns die Bühne erst später zur Verfügung stand. Für
mich waren diese Proben wirklich großes Theater.

Mit den Bühnenproben waren wir sehr viel schlechter dran
als später im Berliner Ensemble. Aus finanziellen Gründen
konnten wir uns nur vier oder fünf Wochen leisten. Als Regisseur zeichnete Joseph Losey. Brecht hat aber von Anfang an
mitgearbeitet. Er legte die Arrangements fest, bestimmte die
Gänge und erklärte den Schauspielern den Inhalt jeder Szene.
Die Straßenszene mit dem Balladensänger war allein Brechts
Arbeit. Sie war in Kalifornien und auch bei der späteren Aufführung in New York viel klarer und aussagekräftiger als in
Berlin. Hier versteht man nur schwer, was gemeint ist. Ich
habe mein Bestes getan und sowohl Erich Engel als auch dem
Choreographen mehrmals den Film vorgeführt, den ich in
Amerika gedreht habe. Sie haben leider nicht angebissen.

Helene Weigel hat in Kalifornien die Kostüme für »Galilei«
entworfen. So eine gründliche Arbeit, die auf dem Studium
von enorm viel Material aufbaute, kannte man dort gar nicht.
Helli ging nicht von den allgemein üblichen, aber geschmack-
losen Hollywood-Ausstattungen aus, sondern hatte sich histo-
rische Vorlagen beschafft und als Anregung benutzt. Die Re-

Szenen aus Brechts »Galileo Galilei« mit Charles Laughton ...

quisiten hat Brecht besorgt oder nach den Zeichnungen eines dänischen Wissenschaftlers, den wir dort kennenlernten, anfertigen lassen.

Charles Laughton hatte, glaube ich, fünfzehn Jahre lang nicht Theater gespielt, sondern nur gefilmt. Er wollte unbedingt wieder mit dem Publikum in Kontakt kommen und hatte doch gleichzeitig Angst davor. Ganz besonders war er verunsichert, weil er mit der epischen Spielweise nicht zurechtkam. Er hielt sich anfangs an das Probenkonzept und brach dann plötzlich in Schweiß aus, weil die Reaktionen ausblieben, die er erwartet hatte. In New York wurde das schlimmer, als es in Kalifornien war. Zwischen Laughton und Brecht bestand eine große gegenseitige Verehrung. Laughton spielte für Brecht, aber in New York war Brecht nicht mehr da.

Ich hatte von Brecht den Auftrag bekommen, die kalifornische Inszenierung zu fotografieren. Es war eine furchtbare Arbeit, denn Laughton war so hysterisch, daß ihn jedes Knipsen des Fotoapparates störte. Mehrmals hat er deshalb die Proben einfach abgebrochen. Daraufhin ließ ich in der Beleuchterloge eine Glaswand einbauen, so daß Laughton nicht mehr hörte, wenn ich fotografierte. So gern Brecht auch Bilder haben

... in der New-Yorker Aufführung, 1947, fotografiert von Ruth Berlau

wollte, er hätte sich letzten Endes doch nach Charles Laughton gerichtet, wie er es immer bei seinen großen Stars getan hat. Er hätte gesagt: »Dann können wir es leider nicht machen.« Ich aber habe mir gesagt: »Wir brauchen die Bilder unbedingt, wenn nicht anders, dann durch eine Glaswand!«

Viele Male bin ich todmüde mit meinen Kameras und Stativen in einem ganz kleinen Ford-Auto, dessen Rückwärtsgang nicht mehr funktionierte, vom Theater nach Hause gefahren. Im Keller hatte ich mir eine Dunkelkammer eingerichtet. Jede Nacht entwickelte ich meine Filme und machte Vergrößerungen. Morgens, bevor Brecht zur Probe ging, legte ich ihm die Bilder auf den Tisch. Wir haben sie genau angeschaut und überlegt, wo man etwas auf der Bühne ändern könnte oder müßte. Brecht entwickelte seine Inszenierung auch nach der Premiere weiter. In Berlin fanden wir das selbstverständlich, aber in Amerika war das ungewöhnlich. Brecht war sehr höflich und vorsichtig im Umgang mit Laughton. Er sagte: »Wäre es nicht vielleicht lustiger, wenn man hier das und das machte? Was meinen Sie?« (Im Englischen heißt es natürlich »du«, aber die Form der Unterhaltung war so, daß ich beim Übersetzen »Sie« sagen muß.) Für Charles Laughton war diese

Arbeitsweise sehr aufregend, und ich glaube, daß er sie bei niemand anders als bei Brecht akzeptiert hätte. Ich habe noch die »kalifornische Decke«. Die beiden Herren haben sie mir einmal von ihrem großen Wagen in meinen kleinen herübergeworfen, weil es in meinem Labor sehr kalt war. Sie selbst gingen Austern und Kaviar essen.

Nach der kalifornischen Premiere habe ich Chaplin mit Brecht und Chaplin mit Laughton fotografiert. Als ich die Filme gerade in den Entwickler gelegt hatte, kam Brecht. Er blieb nur kurz, aber ich war so müde, daß ich einschlief und die Filme vergaß. Statt zwanzig Minuten lagen sie zwei Stunden im Entwickler. Aber mit ein bißchen Geschick und mit Ausdauer kann man doch noch Bilder davon machen. Es ist das einzige Foto, das von Brecht und Chaplin existiert.

Die Premiere der kalifornischen »Galilei«-Aufführung fand am 30. Juli 1947 im Coronet Theatre in Beverly Hills statt. Drei Monate später, das heißt fünf Wochen vor der New-Yorker »Galilei«-Premiere, verließ Brecht Amerika. Ich hielt die Stellung, um mich in Brechts Auftrag um die Aufführung zu kümmern.

Leider war Brecht schon bei den Vorarbeiten zur New-Yorker Aufführung nicht mehr dabei. Das war ein großer Nachteil, weil es viele Umbesetzungen gab. In Amerika gibt es kein Theater mit einem festen Ensemble, aber viele arbeitslose Schauspieler. Wenn man Glück hat, findet man gute Darsteller. Die kalifornische Aufführung war glänzend besetzt, doch in New York hatten wir in dieser Beziehung große Schwierigkeiten. Joseph Losey trug nun die volle Verantwortung für die Regie. In Wirklichkeit mußte er machen, was Charles Laughton wollte. Ich fand, daß Losey keine guten Einfälle, dafür aber einen schlechten Geschmack hatte. Da war es schon besser, daß er sich nach Laughton richtete. Ich saß da und versuchte, soviel wie möglich von der Arbeit festzuhalten, damit ich Brecht in der Schweiz darüber berichten kann. Es war mir nicht wohl bei den vielen Änderungen, aber vielleicht war doch auch Brauchbares darunter. Leider kamen die meisten Änderungen deshalb zustande, weil Laughton erneut Angst bekommen hatte, nun nicht mehr nur wegen der epischen Spielweise, sondern auch wegen des Aufsehens, das Brechts Verhör vor dem unamerikanischen Ausschuß erregt hatte.

Eines Tages wurde es mir zu bunt mit den vielen Änderungen, und ich bat Laughton, Brecht selbst zu informieren und einen Brief an ihn zu schreiben. Aber Laughton weigerte sich. Brecht, sagte er, schreibe auch nicht an ihn. Daraufhin schlug ich Laughton vor, Schallplatten zu besprechen und Brecht zu erzählen, was er ändert und warum. Ich zog ihn am Bart ins Studio und sorgte dafür, daß die Aufnahmen gemacht wurden. Diese Platten mit Laugthons Auskünften existieren noch.

Nachdem ich schon dreitausend Fotos gemacht und die meisten an Brecht geschickt hatte, schrieb er mir: »Es fehlen noch zwei Bilder in der ersten Szene, vier Aufnahmen in der siebenten und drei in der elften Szene.« Ich war verzweifelt und kaufte für mein letztes Geld eine Schmalfilmkamera. Damit filmte ich die gesamte Vorstellung. Wieder griff Laughton ein und beharrte darauf, daß weder fotografiert noch gefilmt wird. Erst hatte ihn das Klicken gestört, dann das Surren. Glücklicherweise war ich mit meiner Arbeit schon fertig. Man sagte mir, Laughton habe sich die Barthaare einzeln ausgerissen, als er hörte, daß ich alle Änderungen aufgenommen habe.

Die für mich wichtigste gemeinsame Arbeit mit Brecht war das Stück »Der kaukasische Kreidekreis«. Brecht kam Mitte November 1943 für vier Monate nach New York. Er wohnte wieder bei mir. Brecht arbeitete an vielen Projekten und schloß auch einen Vertrag über eine »Kreidekreis«-Version ab. Den Kontrakt hatte die Schauspielerin Luise Rainer vermittelt. Sie war mit dem Dramatiker Clifford Odets verheiratet und hatte Beziehungen zu einflußreichen Broadway-Theaterproduzenten. Das war eine große Chance für Brecht.

Brecht fing mit der Arbeit noch in New York an. Zu dieser Zeit wurde ich durch Brecht schwanger. Ich war sehr glücklich, und Brecht war es auch, obwohl er äußerst bemüht war, meinen Zustand geheimzuhalten. Wir hatten uns auch schon über Namen geeinigt. Ein Mädchen sollte Susanne heißen, ein Junge Michel – wie das Kind im »Kreidekreis«. Kurz nachdem

Brecht das Stück beendet hatte, am 3. September 1944, wurde Michel geboren. Brecht notierte in seinem »Journal«, daß ich in einem Hospital von Los Angeles »operiert« worden sei.

Ich war tatsächlich schwerkrank und lag mit hohem Fieber. Der Arzt verlangte eine Entscheidung: die Mutter oder das Kind? Ich sagte: »Rettet das Kind!« In diesem Augenblick stürmte Bertolt Brecht mit weißem Kittel und weißer Haube herein und rief: »Ich bin hier, ich bin gekommen.« Brecht kam jeden Tag. Davon hatte ich aber nicht viel, denn ich lag unter einem Atemgerät und war dem Sterben näher als dem Leben. Brecht hat seinen Sohn in dem Raum für Frühgeburten gesehen. Er erzählte mir später, daß ich immer nur nach Michel gefragt habe und daß mir nichts wichtiger war als die Rettung des Kindes.

Eines Tages kam der Arzt zu mir, den Peter Lorre besorgt hatte, weil wir selbst die hohen Krankenhauskosten nicht hätten bezahlen können. Der Arzt setzte sich an mein Bett. Ich

Ruth Berlau und Charles Laughton, 1945

konnte nur seinen Schlips sehen, als er sehr behutsam begann, er müsse mir etwas erzählen. Ich sagte: »Ich weiß schon, Michel ist gestorben.« Er hat nur wenige Tage gelebt.

Das Weitere erzählte mir später Hanns Eisler. Er sagte, daß er mit Brecht überhaupt nicht mehr sprechen konnte. »Brecht war so verwirrt, wie ich ihn nie gesehen habe.« Eisler fragte ihn: »Was ist los? Habe ich dir was getan? Habe ich mich politisch falsch verhalten?« Aber Brecht antwortete nur: »Nein, es ist privat.« Da ist Eisler traurig nach Hause gegangen, denn Privates war aus Brecht nicht herauszubekommen. Durch die Frauen hat er es dann erfahren: »Ruth Berlau hat ein Kind mit Bertolt Brecht gehabt. Sie ist sehr krank. Das Kind ist tot, und wir wissen nicht, ob Ruth noch lebt.«

Brecht hat mich aus dem Krankenhaus abgeholt, bevor ich wieder gesund war. Wir waren arm und konnten uns einen längeren Aufenthalt nicht leisten. Er brachte mich in das Haus von Berthold Viertel. Seine Frau Salka hatte ein kleines Zimmer für mich eingerichtet. Hier erholte ich mich dann allmählich.

Alles das ist für mich eng verknüpft mit der Arbeit am »Kaukasischen Kreidekreis«. Brecht sagte zu mir: »Sei nicht mehr traurig über Michels Tod. Wenn wir nach Berlin kommen, adoptieren wir sofort ein Kind. Es gibt jetzt viele Kinder ohne Vater und Mutter.« Wir haben kein Kind adoptiert, aber es sind immer viele Kinder bei mir. Brecht hat recht gehabt, ich liebe sie ebenso wie ein Kind von Bertolt Brecht und mir.

Die Grundzüge der Azdak-Geschichte hat mir Brecht schon in Dänemark erzählt. Die Funktion eines Richters in gesetzlosen Übergangszeiten hat ihn immer interessiert. Die Hauptarbeit in Amerika war die Erfindung der Grusche-Fabel: wie sie das Kind stiehlt, wie sie es liebgewinnt und wie sie sich schließlich nicht mehr von ihm trennen kann. Brecht hat die in New York begonnene Arbeit in Santa Monica fortgesetzt. Er schickte mir jede neue Szene, sobald er die Blätter aus der Schreibmaschine gezogen hatte. Ich habe ihm auch jedesmal sofort geantwortet und meine Meinung gesagt. Es war, als arbeiteten wir auch dann gemeinsam weiter, als Brecht an der

Ruth Berlau und Paul Robeson, etwa 1945

Westküste Amerikas saß und ich an der Ostküste. Brecht legte
eine Mappe an, in die er Manuskripte zum »Kreidekreis« ein-
klebte, Bilder, die er als Vorlagen für Kostüme und Requisiten
gesammelt hatte, sowie meine Notate. Er hat viele Anregungen von mir aufgegriffen. Zu der Zeit hießen Grusche und Si-
mon noch Katja und Wolodja.

Am meisten hat sich Brecht mit dem »Vorspiel«, dem »Streit
um das Tal« abgequält. Er wollte unbedingt etwas finden, was

die »Kreidekreis«-Legende mit unserer Zeit verknüpft. Nach meiner Meinung ist diese Verknüpfung sehr gut gelungen, aber nach der Berliner Premiere, 1954, wurde das Vorspiel von allen Seiten angegriffen, sowohl in der DDR, als auch in Westdeutschland. Bei uns wurde Brecht besonders von Fritz Erpenbeck und Alfred Kurella kritisiert. Kurella wollte sogar das Wort »kaukasisch« aus dem »Kaukasischen Kreidekreis« gestrichen haben – die Verhältnisse seien dort ganz anders, als Brecht sie beschrieben habe. Erpenbeck griff vor allem das Spiel mit Masken an und unterstellte Brecht, daß er chinesische Traditionen übernehmen will, statt sich um die Entwicklung eines deutschen Nationaltheaters zu kümmern. Solche Kritiken waren damals nicht auf die leichte Schulter zu nehmen. Brecht schonte seine Kräfte und schwieg. Das fand ich sehr gut. Aber dann war ich erstaunt, als er bei der westdeutschen Erstaufführung des »Kaukasischen Kreidekreises« – im Frühjahr 1955, unter der Regie von Harry Buckwitz und mit Käthe Reichel als Grusche – ausdrücklich einverstanden war, daß das »Vorspiel« gestrichen wird. Brecht sagte nur: »Sonst könnte das Stück in Frankfurt am Main gar nicht herauskommen, oder die Premiere wäre gleichzeitig das Ende der Intendanz von Harry Buckwitz.« Andererseits bestand er darauf, daß der Text des »Vorspiels« in den »Versuchen« der Suhrkamp-Ausgabe gedruckt wurde, obwohl Peter Suhrkamp darüber gar nicht glücklich war.

Im Sommer 1944 wurde ich im Office of War Information plötzlich ins Chefzimmer gerufen. Der Chef sagte mir, hinter seinem großen Schreibtisch sitzend, er hätte herausgefunden, daß ich in Spanien auf der falschen Seite gekämpft habe. Die Information hatte er von einem dänischen Sozialdemokraten bekommen, den ausgerechnet ich im Büro für Kriegsinformation untergebracht hatte: Hans Bendix.

Ich hatte im Laufe der Zeit mehrere Dänen in dieses Büro vermittelt, damit sie ein paar Dollar verdienten. Bendix hatte zwei Kinder, die Schuhe brauchten. Leider hatte Bendix eine Fistelstimme, so daß man ihn nicht haben wollte. Ich ging zum Chef und sagte ihm, er könne doch so gut Stimmen aus-

Peter Lorre liest Brechts »Svendborger Gedichte«
1943, fotografiert von Ruth Berlau

bilden – das stimmte gar nicht, aber er war stolz, wenn man ihm das sagte –, und vielleicht gelänge ihm das auch bei Hans Bendix. Er brachte nicht nur die Stimme in Ordnung, sondern Hans Bendix wurde später selbst dort Chef.

Diesem Bendix ist es gelungen, Ida Bachmann und mich zu denunzieren, so daß wir arbeitslos wurden. Ich mußte sofort gehen, in Begleitung von zwei Herren, damit ich nichts mitnehmen konnte, kaum meinen Hut. Meine norwegische Freundin lud mich zum Trost in ein vornehmes Restaurant ein. Als wir eintraten, saß Peter Lorre mit seiner Frau da. Ich erzählte ihm, daß ich arbeitslos bin. Da zog er seinen Schlüssel aus der Tasche, gab ihn mir und sagte: »Fahre nach Santa Monica, du kannst bei uns bleiben.« Er hatte eine herrliche Villa in Santa Monica.

Ich kam sehr früh mit dem Zug in Santa Monica an. Weil ich wußte, daß Brecht früh aufstand, rief ich um sieben an. Zehn Minuten nach sieben war er da.

Auch Brecht war sehr dankbar für Peter Lorres Hilfe. Er hat uns bei vielen Gelegenheiten unterstützt. Aber was Brecht wirklich von Peter Lorre wollte, hat er nicht bekommen. Sie haben oft über eine »Schweyk«-Produktion in Amerika gesprochen, aber Lorre hat den Schweyk nicht gespielt. Es gibt Briefe Brechts an mich, in denen er schreibt, daß er den »Schweyk« überhaupt nur deshalb schreibt, weil er in Amerika Peter Lorre als Hauptdarsteller hat. Aber Lorre hat versagt. Ebenso hat Kurt Weill versagt, der die Musik schreiben sollte.

Brecht hätte für diese Musik lieber Hanns Eisler gehabt. Aber Eisler sagte mir eines Tages in Amerika: »Ich bin es müde, Musik für die Schublade zu schreiben.« Nun, was die Stücke von Brecht angeht, so hat Eisler die Musik nur für kurze Zeit in die Schublade legen müssen. Kurz vor Brechts Tod hat er schließlich doch noch den »Schweyk« komponiert und Brecht die Lieder vorspielen können. Aber nach meiner Meinung hätte er mehr für Brecht tun müssen.

Im Gegensatz zu Hanns Eisler hat Paul Dessau in Hollywood ohne zu murren für die Schublade gearbeitet. Er hat schon dort angefangen, den »Kreidekreis« zu komponieren, und auch ein großer Teil der »Kriegsfibel« ist in der Emigration entstanden. Aber natürlich, Dessau war in Amerika nicht so berühmt wie Eisler. Er wurde nicht wie Eisler in den Filmstudios beschäftigt und hatte Zeit. Brecht schätzte Dessau sehr, und die Zusammenarbeit war auch stets lustig. Dessau ist auf eine wunderbare Weise verrückt. Er hatte den Komplex, unbedingt etwas von Brecht ergattern zu wollen. Mir hat er zehnmal die Heirat angeboten. Dann hat er schließlich Elisabeth Hauptmann – auch was von Brecht – bekommen.

Elisabeth Hauptmann hat Brechts Entwicklung am vollständigsten und aus nächster Nähe miterlebt, angefangen vom »Dickicht der Städte«. Sie war Genossin und hat in Brechts frühen Berliner Jahren an allem mitgearbeitet und alle kennengelernt. Eisler und Dudow, Weisenborn und Suhrkamp, Emil Hesse-Burri, den Boxer Samson Körner, Caspar Neher und die anderen Augsburger Jugendfreunde. Es ist unmöglich, alle aufzuzählen. Es wäre so wichtig, daß die Hauptmann über ihre Erfahrungen schreibt, sonst geht viel verloren.

Zum Beispiel sollte sie etwas über die Arbeit an der »Maßnahme« erzählen, woran sie beteiligt war. Ich denke daran, weil »Die Maßnahme« ein besonders heikler Punkt in Brechts Washingtoner Verhör war. Man hatte Brecht vorgeworfen, daß er einen Mord verherrlicht. Aber Brecht hat das Komitee verwirrt und sich auf eine japanische Vorlage berufen. Nur war das nicht die Vorlage für »Die Maßnahme«, sondern für den »Jasager«. In »Die Maßnahme« ging es um die Einhaltung der unbedingt notwendigen Parteidisziplin im illegalen politischen Kampf.

Schon vor Brechts Emigration war es zu einem Bruch zwischen Elisabeth Hauptmann und ihm gekommen. Der Grund war wohl, daß Margarete Steffin von Brecht als Mitarbeiterin herangezogen wurde. Das war zuviel für die Hauptmann, sie legte eine Pause in den Beziehungen ein.

Als die Hauptmann nach Dänemark kam, wo Brecht schon einige Zeit lebte, wollte Brecht gern, daß sie bleibt. Aber sie ist nach Amerika gefahren und dort Lehrerin geworden. Später hat sie mir einmal erzählt, warum sie Brechts Wunsch nicht erfüllen konnte. Da war Helene Weigel mit den Kindern, dann sah sie Grete Steffin als Brechts Mitarbeiterin, und schließlich habe sie auch noch mich getroffen.

1935 hat Elisabeth ihre Arbeit als Lehrerin aufgegeben, um Brecht bei der »Mutter«-Inszenierung in New York zu unterstützen. Brecht wollte sie haben, weil Grete Steffin nicht mit nach New York gekommen war. Die Hauptmann hatte eine kleine Wohnung mit einem Zimmer für Brecht und einem für sich eingerichtet. Sie kannte das Stück gut, beherrschte ausgezeichnet Englisch und konnte viel helfen. Aber die alten Be-

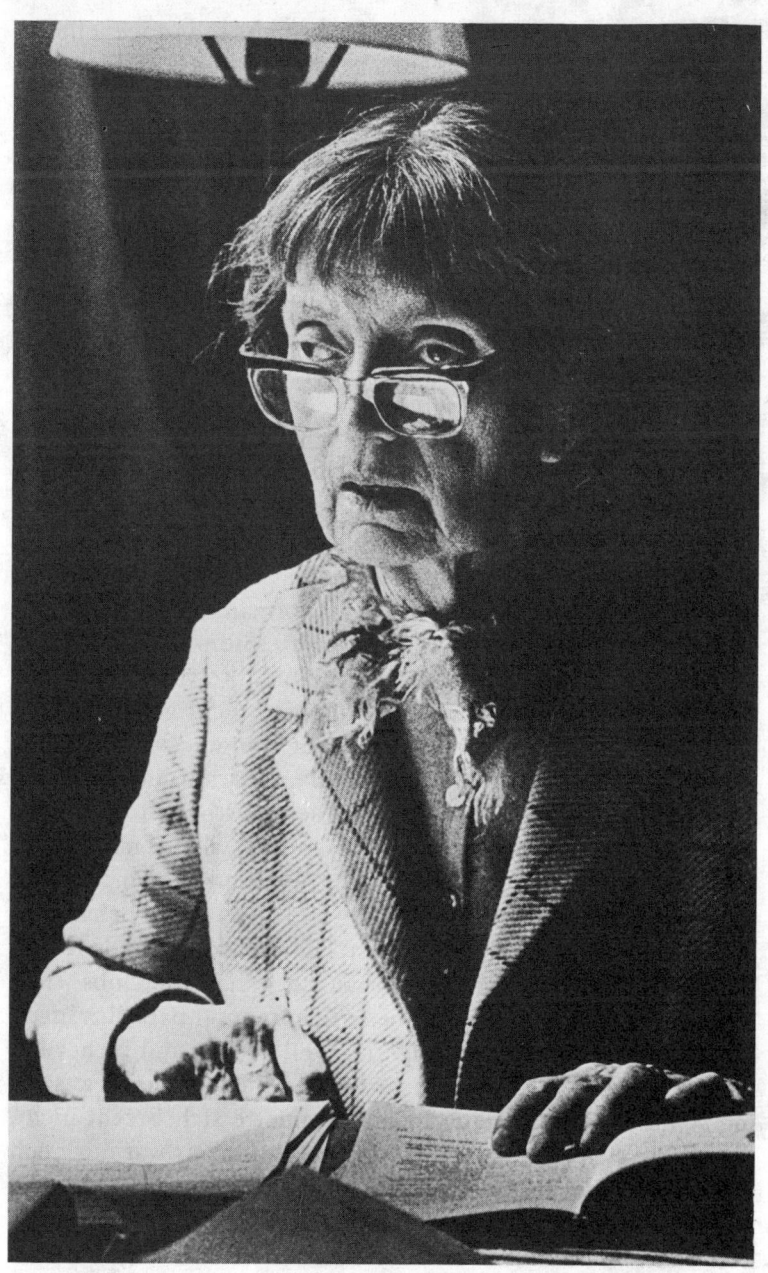

Elisabeth Hauptmann, etwa 1970

ziehungen waren kaputt. Es war nicht mehr sehr angenehm in der kleinen Wohnung. Brecht hat, so erzählte mir Elisabeth Hauptmann, sofort ein Verhältnis mit der Übersetzerin – »sie wog zwei Zentner« – angefangen. Das hat die Hauptmann ihm krumm genommen. Nach der Inszenierung hat sie wieder in ihrem Beruf gearbeitet.

Als wir 1941 nach Amerika kamen und Brecht mich dann in New York besuchte, habe ich sie gebeten, vielleicht zwei Stunden in der Woche für Brecht zu arbeiten, Briefe zu schreiben und bei Verhandlungen zu dolmetschen. Ich habe schon erzählt, daß sie dazu nicht bereit war. So mußte also ich mit meinem schlechten Englisch und meinem schlechten Deutsch Briefe tippen. Elisabeth – das sehe ich heute – hatte recht. Sie wollte endlich ihr Leben für sich haben. Sie freundete sich mit Horst Bärensprung an, einem emigrierten Sozialdemokraten, der in der Weimarer Republik Polizeipräsident gewesen war. Sie hat ihn dann auch geheiratet. Sie hat überhaupt immerfort geheiratet, ich glaube viermal: Hauptmann, den Rezitator Ludwig Hardt, Bärensprung und Dessau. Sie war vernünftiger als viele andere, auch während der neun Jahre vor der Emigration, als sie Wohnung an Wohnung mit Brecht gelebt hat.

Elisabeth Hauptmann kam nach der Emigration verhältnismäßig spät nach Berlin. Brecht hatte sehr auf sie gewartet, denn er brauchte sie dringend für seine Arbeiten. Elisabeth hat ihn – wenn sie schon entschlossen war, wieder mit ihm zu arbeiten – wahrscheinlich zu lange warten lassen. Als sie schließlich eintraf, hat Brecht sie leider schlecht behandelt. Wir hatten zu der Zeit noch kein Theater, sondern als festen Platz nur ein Büro im Hinterhaus des Künstlerclubs »Die Möwe«. Dort hatte ich das beste Zimmer – natürlich nach dem Intendanzbüro der Weigel –, weil Brecht und Neher bei ihren täglichen Besprechungen in meinem Zimmer zusammenkamen. Um die Hauptmann kümmerte sich Brecht nicht. Sie mußte sich selbst ein Zimmer beschaffen. Es war nur noch ein ganz kleines da, nicht mal so groß wie meine Toilette. Die Hauptmann nahm es und ließ sich die Kränkung nicht anmerken. Bald wußten alle im Ensemble, was für eine große Persönlichkeit sie ist. Brechts Assistenten, seine »jungen Leute«, kamen immerfort zu ihr. Sie saßen in dem kleinen Raum mit ihr zusammen und fragten sie aus. Elisabeth Hauptmann hat vielen mit ihren Ratschlägen geholfen. Was man damals über die frühe Zeit Brechts wußte, war ihr zu verdanken. Aber es war lange Zeit nicht sehr schön für sie. Sie hatte wenig Geld, und sie war außerdem krank. Trotzdem hat sie ganz bescheiden und mit großer Ausdauer die Arbeit für Brecht aufgenommen. Jetzt sieht jeder, wie wichtig sie für Brecht war und ist.

Brecht und Oskar Homolka in Kalifornien, 1942

Ruth Berlau, etwa 1945

Endstation Berlin

―――――

Aufenthalt in der Schweiz, Feldmeilen ·
»Antigone« in Chur für Helene Weigel · Caspar Neher
und Hans Gaugler · Für Brecht im amerikanischen Sektor ·
Gast in Wolfgang Langhoffs Deutschem Theater ·
»Mutter Courage und ihre Kinder« · Gründung des Berliner Ensembles ·
»Die Tage der Commune« · »Herr Puntila und sein Knecht Matti«
mit Leonard Steckel · Das Brecht-Archiv ·
»Die jungen Leute« Benno Besson, Hans Bunge, Egon Monk,
Peter Palitzsch, Wolfgang E. Struck und Manfred Wekwerth ·
Über Regie und Schauspielkunst ·
Nach Brechts Tod

Nach der New-Yorker »Galilei«-Premiere konnte ich meine
Zelte in Amerika abbrechen und reiste – mit einer Kiste Zigarren für Brecht im Gepäck – in die Schweiz. Brecht hatte inzwischen das Atelier aufgegeben, wo ich ihn vorzufinden
hoffte. Er wohnte in Feldmeilen. Helene Weigel hatte eine gemeinsame Wohnung eingerichtet, damit Brecht wieder
Wärme und Essen und kleine Bequemlichkeiten hat.

Am 22. Januar 1948 traf ich in Zürich ein. Am Abend kam
Brecht mit dem Zug nach Zürich herüber, um mich in Europa
zu empfangen. Wir fingen sofort mit der Arbeit an. Es geschah wirklich so, ohne jeden Übergang, denn Brecht und
Caspar Neher steckten mitten in der »Antigone«-Inszenie-
rung. Die beiden arbeiteten, wie sie immer zusammen gearbeitet hatten. Neher saß mit einem Block da, nicht sehr groß,
und zeichnete, während Brecht erzählte und Vorstellungen
über die Inszenierung entwickelte. Am Schluß übergab Neher
einen Packen Skizzen mit Arrangements, Haltungen, Gesten,
Dekorationsentwürfen, Kostümen und so weiter. Beim Inszenieren kam Brecht leichter voran, wenn er Nehers »Protokolle« – ich sage es in Anführungszeichen, weil Neher ja viele
eigene Ideen einbrachte – als Erinnerungshilfen vor sich
hatte.

Der Text des Stückes lag vor, aber er war natürlich, wie immer bei Brecht, nicht endgültig abgeschlossen. Brecht hatte

verschiedene Übersetzungen von Sophokles geprüft – ich sah sogar einen Text in Griechisch, denn Brecht hatte jemanden gefunden, der ein bißchen Griechisch beherrschte – und sich dann für die Hölderlinsche Bearbeitung entschieden. Er hielt die »Antigonä« für mehr als eine sprachliche Übertragung. Schon wegen des »schwäbischen Volksgestus«, auf den Brecht mich beim Vorlesen immer wieder hinwies, war Hölderlins Text für ihn »der kräftigste und amüsanteste«.

Wir waren sehr fröhlich. Der Krieg war vorbei, das Washingtoner Verhör hatte keine schlimmen Folgen für Brecht gehabt, er hatte Caspar Neher wieder, viele Freunde waren erreichbar, und Brecht hatte Stücke liegen, die gespielt werden konnten. Alles war in Ordnung bis auf eines: Brecht wollte, daß Helene Weigel endlich wieder auf der Bühne steht, aber das Schauspielhaus in Zürich verhielt sich schwerhörig. Kurt Hirschfeld hatte mit den Proben zu »Puntila« begonnen, und Brecht wünschte, daß die Weigel die Rolle der Branntweinemma übernimmt. Aber Hirschfeld war – ich weiß nicht warum, vielleicht vertraute er ihr nicht nach so langer Bühnenpause – gegen eine Besetzung mit Helene Weigel und gab die Rolle der Giehse.

Ich habe die Weigel sehr bewundert, wie sie diese Enttäuschung verwunden hat. Leicht kann es nicht gewesen sein, denn nun mußte sie weiter die Rolle der Hausfrau spielen, die ihr die Emigration aufgezwungen hatte. Aber sie war guter Dinge und nicht ungeduldig. Sie empfing Gäste und bewirtete sie mit Charme. In dem schmalen Eßzimmer, das sie eingerichtet hatte, brachte sie zu den Mahlzeiten mindestens zehn Leute unter. Die politisch fortschrittlichen Schweizer, die Brecht besuchten, besaßen meistens keinen Rappen – wie der Pfennig in der Schweiz heißt –, und bei der Weigel sollten sie jedenfalls etwas zu essen haben.

Möglicherweise hätte Brecht die »Antigone« gar nicht geschrieben, wenn die Weigel im »Puntila« hätte spielen können. So aber mußte Brecht ein anderes Projekt für sie suchen. Er wollte unbedingt »Mutter Courage und ihre Kinder« mit der Weigel inszenieren, und sie sollte vorher Gelegenheit haben, sich nach der langen Pause als Schauspielerin auf der

Brecht und Caspar Neher in Feldmeilen, 1948, fotografiert von Ruth Berlau

Bühne auszuprobieren. Er zweifelte nicht an ihrem Talent, aber er glaubte, daß ihr die Bestätigung nützt. Die Figur der Antigone war wie für die Weigel ausgedacht. Vielleicht hat sich Brecht auch an Weigels Darstellung der Magd im »Ödipus« erinnert, von der er 1929 ganz hingerissen war.

Ich kam gerade rechtzeitig in der Schweiz an, um die Inszenierung der »Antigone« zu fotografieren. Wir hatten zwar schon nach Foto-Modellen gearbeitet, nämlich in Dänemark bei meinen Inszenierungen »Die Mutter« und »Die Gewehre der Frau Carrar«, aber jetzt dachten wir an ein richtiges, gedrucktes Modellbuch mit Text und Fotos und Anmerkungen.

Die Inszenierung kam unter schwierigen Umständen zustande. Das Schauspielhaus in Zürich stand nicht zur Verfügung. Hans Curjel, der in Berlin Dramaturg an der Kroll-Oper gewesen war, bevor er emigrieren mußte, leitete das kleine Theater in Chur. Er bot Brecht seine Bühne für das Experiment an. Wir konnten sie aber erst kurz vor der Premiere benutzen und mußten bis dahin mit verschiedenen Proberäu-

Brecht mit Helene Weigel (Antigone) und Hans Gaugler (Kreon) auf einer Probe zu
»Antigone« in Chur, 1948, fotografiert von Ruth Berlau

men vorlieb nehmen. Brecht und Neher konnten auch nicht
kontinuierlich probieren, weil manche Schauspieler Gastspiel-
verpflichtungen hatten.

Zum erstenmal sah ich, was Regie für Brecht bedeutet. In
Amerika war er immer gehandikapt gewesen. Ich war faszi-
niert, mit wieviel Spaß Brecht die »Antigone« probierte. Alles
entwickelte sich ohne Hektik, obwohl gar nicht viel Zeit zur
Verfügung stand, amüsant, höflich, voller Bereitschaft zu prä-
ziser Arbeit. Helene Weigel war gut gelaunt und sehr graziös.
Vergessen war, daß sie mehr als fünfzehn Jahre nicht auf der
Bühne gestanden hatte. Für die Rolle des Kreon erwartete
Brecht einen großen Star, erst, glaube ich, Gustav Knuth und
dann Walter Richter. Aber die Stars kamen nicht, und Brecht

vertraute die Rolle einem jungen Schauspieler an, der in den Proben Kreon markiert hatte: Hans Gaugler. Besser hätte die Rolle gar nicht besetzt werden können. In der Szene mit dem Tanz um den Seher Tiresias fand Brecht Gauglers Darstellung geradezu exemplarisch. Gaugler, der einen Star vertreten hatte, wurde selbst ein Star. Brecht holte ihn später für die Rolle des Hofmeister nach Berlin.

Caspar Neher war während der Schlußproben wegen anderer Verpflichtungen nicht mehr in Chur. Aber er hatte eine immense Vorarbeit geleistet und bei der Anfertigung der Dekoration überall selbst Hand angelegt. Ich sehe ihn noch die Rupfenwände mit Hilfe eines Schrubbers blutigrot anstreichen. Um das Spielfeld standen hölzerne Säulen, auf die Knochengerüste von Pferdeköpfen aufgespießt wurden. Ich erinnere mich mit Grausen, wie die Pferdeköpfe frisch ankamen und wie sie dann in einem Waschkessel ausgekocht wurden. Brecht und Neher wollten, daß Curjels Theater möglichst wenig Unkosten hat.

Leider war das Publikum nicht in Form. Die Premiere war erträglich, weil auch aus Zürich und Basel Zuschauer gekom-

Brecht nach einer »Puntila«-Probe in Zürich, 1948, fotografiert von Ruth Berlau

Brecht in Feldmeilen, neben ihm Therese Giehse,
fotografiert von Ruth Berlau

men waren. Aber das Publikum in Chur fand die Vorstellung eigenartig und hat, glaube ich, nichts verstanden. Deshalb kam es zu nur fünf Vorstellungen, und dazu gehörte auch noch eine Matinee in Zürich. Hans Curjel konnte das Unternehmen finanziell nicht durchhalten und lud zwei Geldleute ein. Er wollte sie überreden, uns zu unterstützen, aber die Geldleute konnten sich für das Projekt nicht erwärmen.

Unmittelbar nach der Premiere der »Antigone« haben Brecht und ich das Modellbuch der Inszenierung hergestellt, »Antigonemodell 1948«. Brecht hat es an den Gebrüder-Weiß-Verlag verkauft. Weiß wollte unbedingt etwas von Brecht haben und reiste glücklich ab. Vielleicht war er später nicht mehr so glücklich, denn das Buch hatte gar keinen Erfolg. Ich hatte erst in der Nacht vor seiner Abreise die letzten Fotos fertig, außerdem hatte Weiß 1948 kein gutes Papier für die Reproduktionen. Er ist also entschuldigt.

Das »Antigonemodell« war das einzige Manuskript, das Brecht in der Schweiz verkauft hat, obwohl er mit vielen Verlegern verhandelte. Aber alle diese Verhandlungen schleppten sich hin und verliefen im Sande. Dabei ging es uns in der Schweiz finanziell keineswegs gut. Wir hatten wenig Geld, und ich mußte noch immer für reaktionäre Blätter schreiben.

Brecht wäre gern nach Augsburg und München gefahren. Er wollte seine Heimatstadt sehen und die Jugendfreunde treffen, er wollte mit Erich Engel und mit seinem Freund, dem Regisseur Jakob Geis, über gemeinsame Projekte sprechen, und er wollte sich um bevorstehende Inszenierungen kümmern, »Herr Puntila und sein Knecht Matti« in München und eine Tournee-Inszenierung der »Dreigroschenoper« mit Hans Albers. Aber die Amerikaner haben die Einreise in ihre Besatzungszone nicht erlaubt. Deshalb schickte Brecht mich nach Westdeutschland, um über die Inszenierungen zu berichten und Verlagsangelegenheiten zu regeln. Ich besaß noch einen Journalistenausweis von den Amerikanern und konnte damit nicht nur frei herumreisen, sondern auch im Münchner Pressezentrum wohnen. So hatte ich den Vorteil einer unzensierten, schnellen Postverbindung und konnte mit Zürich telefonieren, was den Deutschen nicht erlaubt war. Außerdem hatte ich keine Not mit der Verpflegung, die der Bevölkerung durch die Besatzungsmacht knapp zugemessen wurde.

Ich habe Brecht immer noch in Verdacht, daß er mich hauptsächlich nach Deutschland geschickt hat, um ihm ein Auto zu besorgen. Die Nazis hatten 1933 seinen Wagen beschlagnahmt, und er wollte unbedingt wieder zu einem Auto kommen. Wir haben viel miteinander telefoniert und viele Briefe gewechselt – und immer war ihm das Auto die Hauptsache. In Zürich hatte Brecht nicht genügend Geld für ein Auto. Deshalb sollte ich in München mit dem Verleger Desch Verbindung aufnehmen, ihm die Rechte für den »Dreigroschenroman« und für das »Puntila«-Stück anbieten und von dem Vorschuß einen Wagen besorgen. Es mußte auch noch unbedingt ein Kabriolett sein, möglichst ein Steyr, wie ihn Brecht früher gehabt hatte. Desch nahm den Roman und das Stück, aber trotz seiner guten Beziehungen hat es mit dem Wagen nicht geklappt. Allmählich begriff ich, warum Brecht bei seinen Verlagsgesprächen in der Schweiz so gezögert hat. Er wollte erst abschließen, wenn das Auto gesichert war.

Etwa ein Vierteljahr bin ich in der amerikanischen Besatzungszone geblieben und habe mich überall umgesehen. Ich war auch beim Nürnberger Prozeß und habe für dänische Zeitungen darüber berichtet. Meine Eindrücke von den Deutschen waren zwiespältig. Ich traf alte Genossen und unbelehrbare Nazis. Die Städte bestanden zumeist aus Ruinen, das Leben unmittelbar nach dem Kriege war sehr kompliziert. Brecht bekam von mir ausführliche Briefe, wahrscheinlich wa-

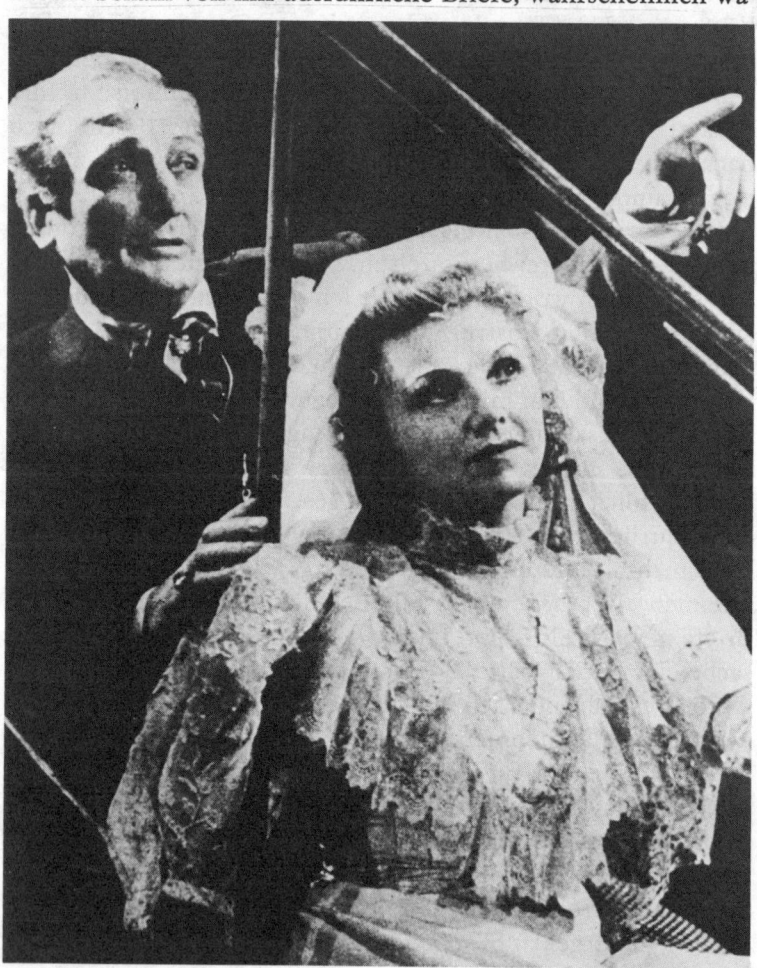

Im Auftrag Brechts besuchte Ruth Berlau eine Aufführung der »Dreigroschenoper« in den Kammerspielen München, 1949, mit Maria Niklisch (Polly) und Hans Albers (Mackie Messer), Regie Buckwitz

ren sie oft zu lang, so daß er sie nicht bis zu Ende gelesen hat. Als ich in die Schweiz zurückkam, hatte Brecht inzwischen das »Kleine Organon für das Theater« geschrieben. Damals ahnten wir noch nicht, wie hysterisch einige Theaterleute darauf reagieren werden. Sie befürchteten – zu Recht –, daß Brecht das alte Plüschtheater mit seinen Emotionen ausrotten wollte.

Mit der Zeit wuchs Brechts Sehnsucht, nach Berlin zu kommen. Er fand Freunde, die ihm zu einer Reise nach Berlin verhalfen: Gottfried von Einem in Österreich, Egon Erwin Kisch in der Tschechoslowakei und Günther Weisenborn, der eine gute Verbindung zur sowjetischen Kommandantur in Berlin hatte. Mitte Oktober 1948 fuhren Brecht und Helene Weigel über Salzburg, Prag und Dresden nach Berlin. Es war eine beschwerliche Reise mit vielen Zwischenaufenthalten. Brecht war bedrückt von den schrecklichen Zerstörungen, die er überall sah. Aber er kam zurück nach Deutschland! Er war aufgeregt, Berlin wiederzusehen, das er vor fünfzehn Jahren Hals über Kopf verlassen mußte. Brecht hatte sich Zurückhaltung auferlegt und wollte vor allem nirgendwo öffentlich sprechen, bevor er nicht einen Überblick über die Verhältnisse im sowjetisch besetzten Teil Deutschlands hat. Aber er war bereit, an einem Empfang teilzunehmen, den man für ihn im Haus des Kulturbundes vorbereitet hatte. Darüber gibt es eine Anekdote, die ich nicht bestätigen kann, weil ich noch in der Schweiz lebte, deren Wahrheitsgehalt ich aber nicht bezweifle. Im Kulturbund warteten Johannes R. Becher, Ludwig Renn, Alexander Abusch, Slatan Dudow, Herbert Jhering, Arnold Zweig, Jacob Walcher, der Schulfreund Otto Müllereisert, der Intendant des Deutschen Theaters, Wolfgang Langhoff, der Kulturoffizier der sowjetischen Militäradministration, Alexander Dymschitz, und andere prominente Leute, die zum Empfang geladen waren. Nur Brecht fehlte. Die Gesellschaft wurde unruhig. Schließlich erkundigte sich Becher beim Pförtner. »Ja«, sagte der, »da kam einer, aber der sah aus wie ein Heimkehrer und paßte nicht in diese Gesellschaft. Ich habe ihn nicht hereingelassen, und er ist auch widerspruchslos gegangen.« Den Pförtner hatte wahrscheinlich Brechts lässige

Kleidung und sein Haarschnitt gestört. Er hatte einen anderen Heimkehrer in ihm vermutet. Becher hat dann dafür gesorgt, daß Brecht aus seinem Hotel abgeholt wurde.

Brecht und Weigel wohnten zuerst im berühmen Hotel Adlon beziehungsweise in dem Teil, der nach einem Bombardement stehengeblieben war. Wolfgang Langhoff akzeptierte sofort den Vorschlag Brechts, selbst im Deutschen Theater »Mutter Courage und ihre Kinder« zu inszenieren. Brecht war, glaube ich, noch keine vierzehn Tage in Berlin, als er mit den Proben anfing. Er gewann Erich Engel als Mitregisseur. Die Probenatmosphäre war phantastisch. Brecht hatte Schauspieler gefunden, mit denen er wunderbar arbeiten konnte, zum Beispiel Paul Bildt, Werner Hinz, Paul Esser, Gerda Müller, Gerhard Bienert und Friedrich Gnaß, aber auch junge Schauspieler wie Ernst Kahler, Joachim Teege und Angelika Hurwicz. Die Premiere wurde zu einem Triumph für Brechts Theaterarbeit. Brecht hat danach Helene Weigel geschrieben: »Als der Planwagen der Courage über die Bühne des Deutschen Theaters rollte, wurde das Theater eines neuen Zeitalters eröffnet.«

Ich sah Brecht bei den Proben und wußte sofort, daß er in Berlin bleiben wird. Er hatte Gespräche mit Wolfgang Langhoff über das Projekt eines Studiotheaters, das dem Deutschen Theater angeschlossen werden sollte. Fürs erste wollte Brecht hauptsächlich die großen Schauspieler heranziehen, die in der Emigration gewesen waren. Sie sollten zu Gastspielen in Berlin verpflichtet werden. Gleichzeitig wollte Brecht ein eigenes Ensemble aufbauen. Die Beratungen fanden meist im Hotel Adlon statt. Helene Weigel wurde als Leiterin des Ensembles vorgesehen. Außer ihr waren der Regisseur Erich Engel, der Bühnenbildner Caspar Neher und ab und zu Slatan Dudow bei den Gesprächen dabei. Später trafen auch Hanns Eisler und Paul Dessau in Berlin ein. Brecht sah in ihnen ebenfalls künftige künstlerische Mitarbeiter seines Ensembles.

Der Vorschlag, unsere Truppe Berliner Ensemble zu nennen, stammt von mir. Er kam ganz einfach zustande. Weil immer davon gesprochen wurde, daß wir vor allem ein Ensemble haben müssen, wenn wir gutes Theater machen wollen, entstand der Name fast von selbst. Ich habe ihn nur zuerst ausgesprochen: »Dann nennen wir uns doch Berliner Ensemble.« Es stellte sich später heraus, daß der Vorschlag gar nicht so gut war, weil in Deutschland kein Mensch »Ensemble« richtig aussprechen kann.

Kurz vor der »Courage«-Premiere wurde Brecht ins Büro von Oberbürgermeister Ebert gerufen. Er traf dort auch Wolfgang Langhoff und Fritz Wisten, den damaligen Intendanten des Theaters am Schiffbauerdamm, sowie Vertreter des Zentralkomitees und den Leiter des Amtes für Kultur, Kurt Bork. Brecht kam enttäuscht von dieser Sitzung zurück. Man war nicht so begeistert auf sein Theaterprojekt eingegangen, wie er sich das vorgestellt hatte. Immerhin wurden die Weichen für die Gründung des Berliner Ensembles gestellt. Helene Weigel bezog ein Büro im Künstlerclub »Möwe« und begann mit den organisatorischen Vorbereitungen. Wir sollten Gastrecht im Deutschen Theater bekommen, bis man Brecht ein eigenes Haus zur Verfügung stellen kann. Geplant war, ihm das Theater am Schiffbauerdamm zu geben, aber vorher mußte die Volksbühne am Luxemburgplatz wiederaufgebaut werden, die Wisten übernehmen sollte.

Leider gab es bald Schwierigkeiten mit Langhoff. Bei jeder Kleinigkeit kam es zu einem Streit. Brecht war sehr empfindlich. Wenn ihm ein Wunsch nicht erfüllt wurde, glaubte er, man boykottiere ihn, und schlug Krach. Das fand nun wieder Langhoff unerhört. Die beiden Theaterleute gingen sich schließlich aus dem Weg. Dieser Zustand dauerte fünf Jahre, so lange zog sich die Wiederherstellung der Volksbühne hin. Einmal war Wisten schon eingezogen. Aber das Theater mußte wieder umgebaut werden, weil die Akustik miserabel war. Nach meinem Eindruck war sie auch nach dem Umbau nicht viel besser. Man kann auf dieser Bühne nicht sprechen, man muß schreien. Erst 1954 übernahm Brecht sein »Schiff«. Merkwürdigerweise eröffnete er es nicht mit einem eigenen Stück, sondern mit Molières »Don Juan« in der Regie von Benno Besson.

Glücklicherweise bekamen wir bald nach der Gründung des

Brecht bei einer Probe zum Stück »Die Mutter« in Leipzig, 1950,
Regie Ruth Berlau (vorn rechts, in weißer Bluse)

Ensembles ein Probenhaus, in dem Brecht sein eigener Herr war. Das war die ehemalige Turnhalle einer abgerissenen Kaserne in der Reinhardtstraße gegenüber dem Deutschen Theater. Wo früher faschistische Soldaten exerziert hatten, wurden jetzt Antikriegsstücke wie »Mutter Courage« einstudiert. Die Probebühne hatte die Ausmaße der Bühne des Deutschen Theaters, so daß wir Langhoff erst belästigen mußten, wenn die technischen Proben begannen. In dem Komplex des Probenhauses befanden sich auch unsere eigenen Werkstätten, von denen zwei berühmt geworden sind: die des Theaterplastikers Eduard Fischer und die des Modelltischlers Toni Schubert.

Helene Weigel richtete ihr Büro in der »Möwe« und das Wohnhaus in Berlin-Weißensee ein. Brecht und ich fuhren wieder in die Schweiz, um das Modellbuch für »Leben des Galilei« herzustellen. Außerdem plante Brecht ein Stück über die Pariser Commune, mit dem er ursprünglich das Berliner Ensemble eröffnen wollte. Es hatte allerdings erst nach Brechts Tod Premiere.

Die Idee zur »Commune« hatte Brecht schon in Skandinavien, angeregt durch Margarete Steffins Übersetzungen von Nordahl Griegs Stück »Die Niederlage«. Brecht hatte es nie gelesen, aber Grete hat mit ihm darüber diskutiert, und ich habe ihm davon erzählt, weil wir es im Königlichen Theater gespielt hatten. Ich habe Nordahl Grieg und Brecht in Dänemark auch zusammengebracht. Brecht polemisierte damals gegen das Stück. Er schlug eine Seite bei Marx über den »Bürgerkrieg in Frankreich« auf und sagte: »Auf dieser Seite steht mehr über die Kommunarden als in deinem ganzen Stück.« Er schaute Nordahl Grieg an: »*Dein* Stück heißt ›Die Niederlage‹. *Ich* frage: Was haben wir aus der Niederlage *gelernt?*« Die gleiche Frage hatte Brecht nach dem spanischen Bürgerkrieg gestellt. Nordahl Grieg sagte zu mir: »Brecht hat ja recht, aber wenn ich erst anfange, mit ihm zu diskutieren, kann ich keinen Satz mehr schreiben.«

Im Flugzeug nach Zürich las Brecht Griegs Stück endlich mal halbwegs. Danach sagte er: »Das geht überhaupt nicht. Jetzt verstehe ich, daß der dänische König und die Herren im Frack geklatscht haben, als die Kommunarden starben.« Mir war klar, daß Brecht das Stück nicht unbearbeitet spielen würde – dazu hatte ich seinen Einwand gegenüber Nordahl Grieg zu gut in Erinnerung. Die Ratten am Anfang des Stückes fand Brecht gut, und gerade die wollte ich gestrichen haben wegen der Urheberrechte von Nordahl Griegs Erben. Brecht wies mich zurecht: »Das ist Quatsch. In Paris waren wirklich Ratten, und während der Belagerung wurden Ratten gegessen. Das sind keine Urheberrechte.« Ich sagte: »Dann beharre doch wenigstens nicht auf der Lehrerin, mach eine Bibliothekarin aus ihr.« – »Nein, die Lehrerin brauche ich. Die Ratten bleiben, und die Lehrerin bleibt!«

Brecht entschloß sich, einen Gegenentwurf zu Griegs »Niederlage« zu machen. Meine Mitarbeit bestand weniger darin, die Geschichte der Kommunarden zu studieren – die kannte Brecht natürlich –, sondern mit ihm herauszufinden, welche Konsequenzen aus der Niederlage der Kommunarden gezogen werden müssen. Ursprünglich hatten wir den Titel »Die zweiundsiebzig Tage«. Ich fand und finde ihn auch heute noch besser als »Die Tage der Commune«, denn Brecht sagte während der Arbeit mehrmals: »Sehr viel Tage mehr werden wir auch nicht haben, wenn nicht ...« Er meinte, daß man ohne Gewalt nicht auskommt. Es geht nicht nur um die historischen Errungenschaften der Kommunarden – wie besseren Lohn und bessere Arbeitszeit für die Bäckerlehrlinge –, es geht überhaupt darum, daß man die errungene Macht behält, indem man sie mit allen Mitteln verteidigt. Ich glaube, das ist die Aussage von »Tage der Commune«.

Wenn Brecht so lange über einen Stoff nachgedacht hatte wie über die Geschichte der Kommunarden, konnte er ein Stück unter Umständen in drei Wochen schreiben. Das war bei »Tage der Commune« der Fall. Es mußte nur jemand da sein, der ihm das richtige Material zum richtigen Zeitpunkt beschaffte. Diesen Auftrag hatte ich. Ich fuhr mit einem geliehenen Fahrrad zur Bibliothek und holte Bücher über Bücher. Übrigens schrieben wir das Stück in der Schweiz, weil in Berlin die wichtigsten Bibliotheken zerstört oder ihre Bücher ausgelagert waren. In Zürich fanden wir am leichtesten das notwendige Material. Die Bücher mußte ich durchsehen und einstreichen, Brecht las dicke Bücher nicht gern. Außerdem erwartete er Vorschläge für die nächste Szene. Das war meine Nachtarbeit, denn Brecht ging früh zu Bett. Am nächsten Morgen fand er vor seiner Tür die eingestrichenen Bücher und meinen Szenenvorschlag. Ich war stolz, wenn Brecht zwei Sätze benutzen konnte. Brecht mußte irgend etwas haben, was ihn anregte, das konnten auch zwei Sätze sein. Die Ballonszene habe ich entworfen.

Brecht behielt seinen Arbeitsrhythmus bei. Er stand um sieben Uhr auf, machte sich sein Frühstück und arbeitete bis gegen zehn Uhr. Danach kam er zu mir – ich wohnte in derselben Pension –, und wir besprachen seine Arbeit. Er zeigte gern, was er zwischen sieben und zehn Uhr geschafft hatte. Etwas später kam Caspar Neher dazu, mit dem die Szenen durchgesprochen wurden, wobei Neher wie üblich ununterbrochen zeichnete. Seine Skizzen konnten Brecht zu Änderungen veranlassen. Wenn schon Neher nicht richtig verstand, was Brecht gemeint hatte, mußte etwas falsch oder undeutlich formuliert sein. Mittags kam Benno Besson, um mitzudiskutieren. Brecht wollte sich einen Eindruck von ihm verschaffen, weil er vorhatte, Besson und seine Frau Iva ans Berliner Ensemble zu engagieren – so wie er bei seinem ersten Zürich-

Aufenthalt Therese Giehse, Leonard Steckel, Hans Gaugler und Regine Lutz für sein Theater »gefischt« hatte.

Ursprünglich wollte Brecht das Stück unter Pseudonym veröffentlichen. Einmal schrieb er als Untertitel »nach dem Französischen des Jacques Duchesne«, ein andermal nannte er als Autor Jacques Malorne. Im Gegensatz zu mir hatte er kein schlechtes Gewissen gegenüber Nordahl Grieg. Er wählte die Anonymität aus einem anderen Grund: Wie ich schon sagte, dachte Brecht immer daran, was man in fünfzig Jahren über ihn sagen wird. Er schrieb zwar für seine Zeit, aber die Stücke sollten haltbar sein. Mit »Tage der Commune« wollte er direkt in das politische Geschehen eingreifen und aktuelle Fragen zur Diskussion stellen. Wie schaffen wir mehr als zweiundsiebzig Tage? Wieviel Gewalt wird nötig sein? Was müssen wir aus den Fehlern der Kommunarden lernen? Brecht hat die Geschichte der Pariser Commune als Vehikel benutzt, um daraus Lehren für die Gegenwart zu ziehen. Wie »Die Gewehre der Frau Carrar« für den spanischen Bürgerkrieg wurde auch die »Commune« für den Tag geschrieben, und Brecht war sich zunächst nicht sicher, ob das Stück kräftig genug ist und auf die Dauer bestehen kann. Gegen Ende der Arbeit hat er das Pseudonym aufgegeben.

Die »Commune« wurde in Berlin stark kritisiert. Die Handlung sei unübersichtlich und unverständlich. Sogar Herbert Jhering war gegen eine Aufführung. Alle hielten den Text für eine Urfassung und fanden eine Bearbeitung nötig, um das Stück zu inszenieren. Mir dagegen war klar, daß Brecht in dem Augenblick, in dem er sich als Autor zu »Tage der Commune« bekannte, auch zu der vorliegenden Fassung stand. Aber er wollte damals keine großen Diskussionen und entschied sich für eine Inszenierung der Komödie »Herr Puntila und sein Knecht Matti« als Auftakt für das neugegründete Berliner Ensemble. Die Premiere hatte großen Erfolg. Das war für den Start des Ensembles wahrscheinlich wichtiger als die Erörterung prinzipieller Fragen. Im Hinterkopf hatte Brecht schon damals, »Die Tage der Commune« vor der Berliner Aufführung an einem anderen Theater herauszubringen. Kurz vor seinem Tod beauftragte Brecht Peter Palitzsch und Manfred

Wekwerth, das Stück in Karl-Marx-Stadt zu inszenieren, und bereitete mit ihnen noch die Konzeption vor.

Ich glaube, Brecht hätte gern alle Stücke außerhalb Berlins ausprobiert. Es kam ihm nie auf Uraufführungen im eigenen Hause an. Er wollte lieber vorher irgendwo Erfahrungen sammeln, also ein veränderbares Modell schaffen. Aus diesem Grund inszenierte ich lange vor der Berliner Aufführung »Die Mutter« in Leipzig. »Die Gewehre der Frau Carrar« ließ Brecht von Laienbühnen ausprobieren. »Der gute Mensch von Sezuan« wurde von Benno Besson zuerst im Volkstheater Rostock inszeniert. Brecht hat an einigen Proben kurz vor der Premiere Anfang Januar 1956 teilgenommen. In Berlin kam das Stück – wiederum mit Besson als Regisseur und Käthe Reichel als Hauptdarstellerin – im Oktober 1957 heraus. Helene Weigel hielt sich nach Brechts Tod an dieses Verfahren. Zum Beispiel inszenierte Besson auch »Mann ist Mann« und »Die Dreigroschenoper« in Rostock und »Turandot« in Zürich, bevor die Stücke im Berliner Ensemble Premiere hatten.

Daß Brecht nicht darauf drängte, »Die Tage der Commune« sofort aufzuführen, hatte neben den Gründen, die ich nannte, noch eine andere Ursache. Er hatte in der Schweiz mit Leonard Steckel verabredet, in Berlin den »Puntila« mit ihm zu machen. Damals hielt er sich noch an solche Verabredungen, und deshalb fiel es ihm leicht, den »Puntila« vorzuziehen. Bei den Proben kam es zu einem Fiasko, an dem ich nicht unbeteiligt war. Ich hatte Willy A. Kleinau, den damals viele für den größten deutschen Schauspieler hielten, in Hamburg als Puntila gesehen. Seine Frau Ursula Burg spielte die Eva. Beide waren grauenvoll, aber sie hatten enormen Erfolg. Ich glaubte trotz allem zu sehen, daß Kleinau unter guter Regie gut werden könnte. Als ich nach Berlin kam, schlug ich vor, beide nach Berlin zu holen, denn Kleinau wollte nicht ohne die Burg kommen. So geschah es dann auch. Weil Steckel nicht sofort zur Verfügung stand, fing Brecht an, mit Kleinau zu probieren. Nach der Premiere sollten sie den Puntila alternierend spielen. Kleinau war einverstanden.

Während der ersten Proben saßen Brecht, Engel und ich merkwürdigerweise auf Stühlen auf der Bühne, direkt an der

Rampe. Ich habe Brecht nie wieder so nahe am Schauspieler probieren sehen. Gewöhnlich saß er in der zehnten Reihe des Zuschauerraumes, weil er von dort die ganze Szene überschauen konnte. Kleinau benahm sich auf diesen Proben so furchtbar, wie man sich gar nicht ausdenken kann. Immer wieder unterbrach er: »In Hamburg spielte ich das so.« Oder: »In Hamburg lachten die Leute hier.« Oder: »In Hamburg hatte ich Szenenapplaus da.« Etwas Schlimmeres konnte man Brecht gar nicht antun. Er zwang sich zur Höflichkeit, aber er verzweifelte mehr und mehr. Ich brachte Kleinau Zigarren mit, damit er wenigstens den Mund hält, aber ich hatte keinen Erfolg. Eines Tages sagte Kleinau: »Es ist wohl keine Frage, daß ich die Premiere spiele. Steckel ist die zweite Besetzung.« Daraufhin hat Brecht ihn rausgeschmissen. Kleinau ging zum Deutschen Theater, wo er ein großer Star wurde und wahrscheinlich auch besser hinpaßte.

Unsere Proben waren so weit gediehen, daß Steckel nicht mehr viel Arbeit hatte, als er eintraf. Seinen Text hatte er schon bei den »Puntila«-Proben in der Schweiz gelernt. Für die Berliner Aufführung hatte Brecht zwar vieles verändert und das Stück angereichert, aber Steckel fügte sich ein ohne zu murren, weil er die Verbesserungen erkannte. Auch in der neuen Dekoration fand er sich schnell zurecht. Ich erwähne das, weil es für einen Schauspieler nicht leicht ist, eine Rolle, die er gespielt hat, kurz darauf in einer anderen Fasson zu zeigen. Kleinau hat das nicht geschafft. Steckel war herrlich.

Meine Hauptaufgabe nach Gründung des Berliner Ensembles war der Aufbau eines Archivs. Brecht wollte alles aufbewahrt haben, was mit seiner Arbeit zusammenhängt. Leider glaubte ich ihm, als er mir einredete, ich sei die geeignete Leiterin dieses Archivs. Zwar interessierte mich alles, was Brecht dachte und schrieb, und ich sammelte auch alles, was mir in die Hände fiel. Aber ich habe nicht gelernt, dieses Material für eine allgemeine Nutzung zu ordnen. Im Berliner Ensemble wurde meine Arbeit in ihrer Bedeutung weder erkannt noch anerkannt. Es war eine Sisyphusarbeit.

Begründet wurde das Archiv schon in Amerika. Brecht

suchte nach einer Möglichkeit, seine Arbeiten leicht und kompakt transportieren zu können. Wir entschlossen uns, ein Fotoarchiv anzulegen, und begannen Anfang 1945 mit dieser Arbeit. Brecht hat sich sehr engagiert und wie ein Wissenschaftler die Belichtungszeit, den Abstand und die Blendeneinstellung notiert. Ich mußte alles erst lernen, denn ich war kein Fotograf, ich konnte nur knipsen wie jeder Amateur.

Brecht arbeitete zu der Zeit gerade an dem »Glücksgott«-Thema, das damals noch nicht als Oper geplant war. Eines Tages brachte er aus dem chinesischen Viertel von Los Angeles eine kleine Figur mit. Das Foto dieses Glücksgotts ist das erste auf dem ersten Film, den ich machte. Die zweite Aufnahme, von Brecht fotografiert, zeigt mich. Ich sehe furchtbar abgemagert aus. Ich wog nach Michels Tod nicht einmal hundert Pfund. Aufnahme Nummer drei ist Carola Neher, gezeichnet von Caspar Neher. Brecht besorgte ein kleines Kästchen mit fünfundzwanzig Fächern, in denen je ein Film aufbewahrt wurde. Er selbst beschriftete die Filme.

Gleichzeitig arbeitete Brecht an der Versfassung des »Kommunistischen Manifests«. Ich fotografierte das Manuskript jedesmal, wenn Brecht es korrigiert hatte. Dadurch kann man genau verfolgen, wie die Arbeit sich stufenweise entwickelt hat. Die Abzüge von den Fotos schickten wir sofort an Karl Korsch und an Stefan, mit denen Brecht über seine Arbeit korrespondierte.

Die Filme, die ich in Amerika hergestellt habe, übergaben wir einer Bibliothek zur Aufbewahrung. Sie enthalten fast alle Arbeiten Brechts, die damals vorhanden waren, Manuskripte, aber auch Gedrucktes.

In Berlin vergrößerte sich das Archiv rapide. Ich fotografierte jede Inszenierung während der Proben und auch noch in vielen Vorstellungen nach der Premiere. Ich habe die Filme nie gezählt, es sind einige tausend Aufnahmen. Brecht und ich haben mit Hilfe der Fotos den genauen Ablauf einer Aufführung rekonstruiert. Diese Fotos wurden sorgfältig in Alben geklebt und mit dem zugehörigen Text des Stückes beschriftet. Wir entliehen diese Foto-Modellbücher an Theater, die nach uns das Stück inszenieren wollten. So haben sie eine

Der von Brecht beschriftete Kasten für die Archivfilme

doppelte Bedeutung: Einmal dokumentieren sie die Arbeit des Berliner Ensembles, und zum anderen können sie eine Unterstützung und Anregung für Regisseure sein, die sich am gleichen Objekt versuchen. Leider sind diese Modellbücher oft in dem Sinn mißverstanden worden, als habe Brecht gewollt, daß man ihn nachahmt. Er verstand sie aber als ein Angebot, auf seiner Arbeit aufzubauen.

Brecht hatte ein Faible für saubere, unkorrigierte Manuskripte. Um korrigierte Seiten nicht immer wieder vollständig abschreiben zu müssen, schrieb er lediglich den neuen Text auf ein frisches Blatt, schnitt die Zeilen sauber aus und klebte sie in das alte Manuskript ein. In seinen Augen war das nicht eine formalistische Spielerei, sondern rationelle Arbeitsweise. Er hat dafür den Begriff Klebologie erfunden und verwendete ihn gern, weil er damit einen wichtigen, sehr eigenartigen Teil seiner Arbeitstechnik präzise bezeichnen konnte. Ich weiß nicht, ob er Zeit mit dieser Methode gespart hat, denn es war ja mühselige Handarbeit. Brecht tat das gern, weil er dabei gut überlegen und denken konnte. Es gibt Blätter bei Brecht, die aus fünf oder sechs Abschnitten zusammengeklebt sind und dennoch genau die Maße einer genormten Seite haben. In dieser Beziehung war er absolut pingelig. Wenn er auf einer Seite eine Zeile zuviel hatte, schnitt er sie ab und klebte an das Blatt ein Stück leeres Papier an. Den Text der abgeschnittenen Zeile schrieb Brecht nun nicht etwa auf der nächsten Seite ab, sondern er nahm wieder einen unbeschriebenen Streifen als oberen Rand, klebte die eine Zeile an und daran wieder weißes Papier. Unten kürzte er es auf das normale Maß. Es ist schwierig, diesen Vorgang zu beschreiben, man muß sich die Manuskripte anschauen.

So ordentlich Brecht mit seinen Manuskripten umging, als er Grete Steffin nicht mehr hatte, kam es doch vor, daß er ein Manuskript oder eine bestimmte Strophe nicht fand. So ein Text war für ihn verloren, er versuchte nicht, ihn zu rekonstruieren. Nachdem ich selbst wieder angefangen habe, zu schreiben, verstehe ich diese Haltung. Brecht hatte keine Lust, etwas zweimal zu machen. Ich kenne nur eine Ausnahme. Im Berliner Ensemble war plötzlich das eingestrichene Manuskript von Bechers »Winterschlacht« spurlos verschwunden. Diesmal mußte Brecht allerdings seine Fassung rekonstruieren, denn er hatte die Inszenierung beschlossen. Vielleicht ist ihm sogar etwas Besseres eingefallen als vorher, aber er fühlte sich verunsichert. Er fürchtete immer, daß eine Idee verlorengegangen ist. Nach meiner Meinung war das ein Trick. Brecht hatte sowieso immerfort neue Ideen. Er konnte in jedem Stil schreiben und behauptete selbst, daß er jeden beliebigen Schriftsteller kopieren kann. Das war der Grund, weshalb er das Stück »Eduard der Zweite von England« geschrieben hat. Er hatte zusammen mit Caspar Neher und einigen Freunden eine Shakespeare-Aufführung im Deutschen Theater gesehen und danach festgestellt: »Das kann ich auch.«

Der chinesische Glücksgott, das erste Foto Ruth Berlaus für das Brecht-Archiv

Zwischen Brecht und mir bestand eine eigenartige Arbeitsbeziehung. Ich war hundertzwanzigprozentige Parteikommunistin und habe ihm immer wieder abverlangt, daß er etwas für uns schrieb. Ich glaube, ich habe die Ehre, daß er auf mein Verlangen hin mit dem »Manifest« angefangen hat. Von ande-

Einstudierung des »Herrnburger Berichts« von Brecht; im linken Bildviertel stehend
Paul Dessau, rechts davor sitzend Brecht,
fotografiert von Ruth Berlau

ren Arbeiten, die ich ihm abverlangt habe, habe ich schon gesprochen. Sobald der Funke gezündet hatte, arbeitete Brecht
an dem Projekt, als hätte er es selbst erfunden. Es ist falsch,
wenn man meint, daß Brecht kühl gearbeitet hat. Er arbeitete
brennend, wenn er etwas Neues anfing. Er riß die Seiten aus
der Schreibmaschine und zeigte sie mir oder auch anderen,
die gerade da waren: »Das habe ich geschafft!« Als ich ihn ein-

mal fragte: »Wie entstehen Gedichte?«, antwortete er: »Durch Kurzschluß!«

Nicht nur ich habe ihn zu Arbeiten angeregt. Ich weiß, daß er »Die Gewehre der Frau Carrar« geschrieben hat, weil Slatan Dudow ein solches Stück von ihm gefordert hatte. Und »Die Erziehung der Hirse« ist entstanden, nachdem Hermann Duncker das Buch »Die Volksakademie« von Gennadi Fisch an Brecht geschickt hatte.

Hanns und Gerhart Eisler, besonders Gerhart, verlangten von Brecht immerfort Zeitstücke. Es ist ein großer Verlust für uns, daß er diese Forderung nicht mehr erfüllt hat. Es gab ja ein Zeitstück, den »Herrnburger Bericht«. 1950 waren Tausende von westdeutschen Jugendlichen, die am Pfingsttreffen der Freien Deutschen Jugend in der DDR teilgenommen hatten, bei der Rückkehr an der Grenze nach Westdeutschland festgehalten worden. Die Bonner Polizei verhörte sie zwei Tage lang. Damals stand in unserer Zeitung die Schlagzeile »Deutsche wurden von Deutschen gefangen, weil sie von Deutschland nach Deutschland gegangen.« Dessau rief Brecht an: »Dazu müssen wir sofort etwas machen!« Brecht setzte sich hin und schrieb, Dessau komponierte die Musik. Der »Herrnburger Bericht« wurde aber zu den dritten Weltfestspielen der Jugend und Studenten, denen er gewidmet war, nicht aufgeführt. Man wollte Änderungen von Brecht, deren Notwendigkeit er nicht eingesehen hat. Brecht sagte damals zu mir: »So ist es, wenn ich Schuhe nach Maß mache.« Den »Herrnburger Bericht« hatte er als politische Argumentation für die Genossen geschrieben. Aber die Genossen waren an eine andere Form der Auseinandersetzung mit dem Gegner gewöhnt. Erst nachdem Brecht enttäuscht nach Ahrenshoop gefahren war, um dort seinen Urlaub zu verbringen, begann man in Berlin mit der Einstudierung. Wilhelm Pieck hatte sich dafür eingesetzt. Als Brecht zur Aufführung nach Berlin kam, saß Wilhelm Pieck in der ersten Reihe. Der »Herrnburger Bericht« gehört nach meiner Meinung zu den schönsten Sachen, die Brecht geschrieben hat. Für ihn war es die letzte Maßarbeit.

Von den jungen Mitarbeitern, die Brecht im Laufe der Jahre heranzog, erinnere ich mich am besten an Peter Palitzsch. Wir waren aus der Schweiz zurückgekommen, und Brecht hatte in Weißensee das große Haus mit den vierzehn Zimmern bezogen, das er nie gern hatte, während ich weiter im Hotel Adlon wohnte. Eines Tages kam, von Brecht geschickt, ein junger, langer, dünner Knabe zu mir, um sich Fotos anzusehen. Ich saß bis über die Ohren in Bildern, die für das erste »Courage«-Modellbuch bestimmt waren, und ließ Palitzsch hineinschauen. Er verstand ausgezeichnet, Bilder zu begutachten. Stundenlang saß er über drei Fotos und meinte dies und meinte das. Ich berichtete Brecht davon, und Brecht engagierte ihn als Dramaturgen für Programmheftgestaltung, für Drucksachen, Plakate, Farbgebung und so weiter. Palitzsch kam aus Dresden. Ich erinnere mich noch an die ersten Gespräche mit ihm: scheußlich kleinbürgerlich, eben die ganze Dresdner Atmosphäre, obwohl Palitzsch am dortigen Theater eine ziemlich hohe Stellung hatte.

Palitzsch hatte viele Streitigkeiten mit Brecht. Er gehörte nie zu denen, die mit offenem Munde dasaßen und nur gut zuhörten – was Brecht in den späten Jahren leider gern hatte. Palitzsch hatte immer etwas einzuwenden und zu fragen. »Warum gerade das?« Brecht wurde dann sehr schnell diktatorisch zu den Schülern. Er meinte, sie sind keine Kommunisten. Es hat sich gezeigt, daß Brecht in manchen Fällen recht hatte.

Aus der Schweiz hatte Brecht Benno Besson mitgebracht. Besson erhielt schon bald Regieaufgaben, zum Beispiel inszenierte er das Schlittschuhlaufen im »Hofmeister«. Brecht und Besson kamen sehr gut miteinander aus. Nur einmal, nachdem Besson eine Mappe mit Manuskripten und Notaten verloren hatte, wurde Brecht sehr böse und hat wochenlang mit Besson kein Wort gesprochen. Aber das renkte sich wieder ein, weil Besson keine beleidigte Leberwurst spielte – was Brecht auf den Tod haßte – und weiterhin zu jeder Probe kam. Brecht hielt Besson für einen Regisseur, während er Palitzsch diese Fähigkeit absprach. Später teilte Brecht die Arbeiten auf. Er ließ den einen das, den anderen jenes auf der Probebühne

Ruth Berlau mit ihrer Leica, am Finger den eisernen Ring

vorprobieren und schaute sich die Arbeitsergebnisse dann an. Am besten hatte es Egon Monk. Er ist ein echter Berliner und hat diesen himmlischen Berliner Humor. Monk bekam auch als allererster eine selbständige Aufgabe, die Inszenierung des »Urfaust«. Das Unternehmen ging – nicht durch Monks Schuld – leider völlig schief. Brecht wollte etwas ausprobieren, und das mißlang. Nicht nur die Kritiker und das Publikum konnten mit der Aufführung nichts anfangen, sondern auch Brecht war unzufrieden. Ich glaube, es lag daran, daß Brecht sich zu stark auf das Gretchen konzentriert hatte.

Gert Schäfer sollte einen modernen Mephisto spielen. Schäfer kam mit vielen Einfällen zu den Proben, es wurde ihm aber wenig geholfen. Er ist ein ausgezeichneter Schauspieler. Er hatte Ideen, wie man einen jungen Faust spielen muß. Sonst bekommt einer die Rolle doch immer erst, wenn er siebzig ist. Leider hörte man nicht auf Schäfer. Plötzlich meinte Brecht, er könne mit Schäfer nichts mehr anfangen. Den Faust spielte Johannes Schmidt, und mit dem kam nun wieder Monk nicht zurecht. Brecht interessierte sich für ganz bestimmte Schauspieler: für Heinz Schubert, der den Schüler spielte, für Carola Braunbock, die als Marthe besetzt war, und am meisten für Käthe Reichel, das Gretchen. Reichel wurde von Brecht entdeckt und groß gemacht. Vielleicht hatte er den »Urfaust« wegen der Gretchen-Story ausgewählt.

In meiner Wohnung fand die erste Besprechung über den »Urfaust« statt. Es war ein Neujahrstag, und Brecht war gut gelaunt. Hans Tombrock war dabei und holte Wein. Brecht wollte allen endlich einmal erklären, worum es in dem Stück geht. Ich weiß seine Fabelerzählung noch beinahe wörtlich: »Da ist ein Mann, der fühlt sich alt und will gern jung werden. Er ruft den Teufel und wird jung. Dann geht er über die Straße, verliebt sich in ein Mädchen und schwängert es. Sie tötet ihr Kind und kommt ins Gefängnis. Er möchte sie retten, sie will nicht, o Himmel!« Den jungen Leuten sträubten sich die Haare. Aber Monk hat das Stück so inszeniert. Die Premiere war 1952. Wir spielten das Stück nicht in Berlin, sondern im Landestheater Potsdam.

Im gleichen Jahr inszenierte Egon Monk »Die Gewehre der Frau Carrar«. Auch diese Inszenierung wurde kein rechter Erfolg, sonst hätte das Stück länger im Repertoire bleiben können. Der Grund lag wohl darin, daß die Weigel während der Arbeit schlecht gelaunt war. Brecht – das muß man zugeben – war während der Kopenhagener »Carrar«-Proben viel freundlicher zu ihr gewesen als hier in Berlin. Es gab viele Streitigkeiten. Aber Monk brauchte sich trotzdem nicht zu beklagen, er bekam die Regie im »Carrar«-Fernsehfilm, und das wurde dann eine gute Arbeit. Brecht unterstützte ihn dabei. Er hatte Monk einfach gern wegen seines Humors. Da war nie etwas Tragisches oder Kompliziertes wie bei Palitzsch.

Eines Tages erzählte mir Monk, daß er in Stuttgart eine Shakespeare-Inszenierung übernehmen könnte. Wir fanden das phantastisch. Danach hörte ich eine Weile nichts von ihm. Das war aber nicht merkwürdig, denn er hatte eine Wohnung im Potsdamer Schloß, die er trotz der Entfernung behalten wollte. Er mußte nicht jeden Tag nach Berlin kommen. Aber dann erfuhren wir, daß die Wohnung verschlossen und das angefahrene Feuerholz nicht weggeräumt war. Monk war einfach weggegangen, ohne uns das mitzuteilen – nicht einmal Brecht. Es war keine gute Art, so zu verschwinden. Aber Brecht hat den Vertrauensbruch nicht ernst genommen. Er fragte nur, wer rüberfahren würde, um mit ihm zu sprechen, damit er zurückkommt. Damals wurde man, wenn man zurückkam, erst einmal für drei Wochen in ein Durchgangslager eingewiesen. Brecht wollte sich dafür einsetzen, daß Monk nur ein paar Tage dort bleiben muß. Sein Weggang war für Brecht nicht mehr als eine Dummheit gewesen. Brecht hat auch später versucht, Monk zurückzuholen.

1950 habe ich Wolfgang E. Struck ins Berliner Ensemble geholt. Er war Intendant der Maxim-Gorki-Bühne in Schwerin. Brecht hatte mich zu den »Mutter«-Proben hingeschickt, weil in Berlin das Gerücht umging, die Inszenierung sei formalistisch. Das war tatsächlich der Fall. Alle hatten schwarze Anzüge an und spielten hinter Gittern. Wir haben das geändert, und Struck hat mich dabei sehr unterstützt. Er hatte auch den genialen Einfall, den Beamten in der Kupfersammelstelle hinken zu lassen, damit klar wird, warum der Mann nicht im Krieg ist. Solche Einfälle fand Brecht großartig. In Berlin sollte Struck als Dramaturg arbeiten, er wurde aber meistens als Schauspieler eingesetzt. Er trug zu jeder Probe ein neues Kostüm und einen anderen Bart, um mich zu amüsieren. Das hat mich auch sehr amüsiert. Brecht hatte ihn sehr gern. Im »Kaukasischen Kreidekreis« ließ er ihn das kleine Kind beim Kirchgang tragen, und im Azdak-Akt gab er ihm in der Szene mit den Großbauern und Mütterchen Grusinien die Rolle des Räubers Irakli. Struck ging später zum Metropoltheater und übernahm dann den Friedrichstadtpalast.

Ende 1951 fuhr ich nach Greiz, weil dort die »Antigone« nach unserem Modellbuch inszeniert wurde. Zum ersten Mal konnte der Nutzen eines Modellbuchs überprüft werden. Regie führte der Intendant Ernst Otto Tickhardt. Brecht kannte ihn gar nicht persönlich, sondern nur durch Briefe und durch meine Berichte über die Arbeit in Greiz. Später haben sie sich in Berlin getroffen. Brecht hätte ihn gern im Deutschen Theater gehabt, aber das ist ihm nicht gelungen.

In Greiz traf ich den Studenten Hans Bunge aus Greifswald, der sich die »Antigone«-Aufführung ansehen wollte, weil er eine Studie über Brechts Bearbeitung geschrieben hatte. Nach der Premiere nahm ich ihn mit nach Berlin und stellte ihn Brecht vor. Brecht fand es interessant, daß jemand, der in der faschistischen Wehrmacht Offizier und dann über sechs Jahre in sowjetischer Kriegsgefangenschaft gewesen war, jetzt in der DDR studiert und über die »Antigone« gearbeitet hat. Bunge lud mich nach Greifswald ein. Dort leitete er ein Studententheater, das »Die Gewehre der Frau Carrar« herausbringen wollte. Viele Studenten wehrten sich gegen militärische Ausbildung und gegen den Dienst in der Armee. Mit der »Carrar«-Inszenierung konnte man ihnen zeigen, warum man zum Gewehr greifen muß.

Wir probierten nach dem Modell, das ich in Kopenhagen aufgestellt hatte. Ich glaube, daß ich nur drei oder vier Tage in Greifswald geblieben bin, um die Inszenierung anzulegen. Es waren anstrengende Tage für die Studenten, denn wir mußten die Arbeit sehr konzentrieren. Ich sollte schnell zurückkommen, hatte Brecht gesagt. Zu der Zeit wollte Brecht noch, daß ich in Berlin bin.

An meinem letzten Tag in Greifswald hatten wir alle Requisiten beisammen. Das war sehr schwierig gewesen, denn die Gruppe hatte kein Geld und mußte vom Bühnenbild über die Kostüme bis zu den Requisiten alles selbst anfertigen oder besorgen. Bunge – ich nannte ihn immer Blitz – hatte es geschafft, dem Stadttheater Requisiten zu entreißen, vor allem

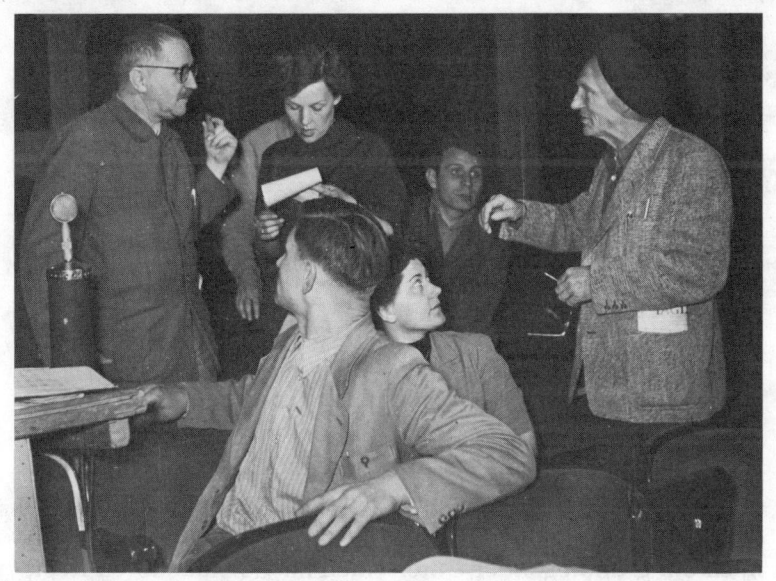

Brecht inszeniert sein Stück »Der kaukasische Kreidekreis«, 1954;
am Regiepult neben ihm Isot Kilian, Hans Bunge,
Käthe Rülicke, Manfred Wekwerth, Ernst Busch

die drei Gewehre, die wir unbedingt brauchten. Nach der letzten Probe gingen wir alle feiern. Es war wohl nach Mitternacht, als wir durch die Straßen gingen – wir, die gefeiert hatten. Da sah ich eine Gestalt, mit drei Gewehren und einem Rucksack beladen, durch die Straßen waten. Es war Mondenschein, ich sah alles ganz deutlich und werde das Bild nie vergessen. Es war Bunge mit all den Requisiten. Und für das Stück brauchte man viele: Gewehre, Fischnetz, Krug, Becher und so weiter. Als ich nach Berlin kam, erzählte ich Brecht davon und sagte: »Den brauchen wir.« Brecht sagte auch sofort: »Gut, nehmen wir ihn.« Nach Brechts Tod hat Bunge das Bertolt-Brecht-Archiv aufgebaut.

Auch Manfred Wekwerth ist über eine »Carrar«-Inszenierung zum Berliner Ensemble gekommen. Er hatte das Stück in Köthen mit Erich Franz in der Rolle des Arbeiters Pedro inszeniert. Die Truppe wurde von Helene Weigel eingeladen und zeigte ihre Aufführung im Probenhaus. Daraufhin engagierte Brecht Wekwerth und Franz. Für mich ist Wekwerth nach Brechts Tod der eigentliche Leiter des Ensembles, natürlich neben Helene Weigel.

Ich wollte immer ein Handbuch für Regieanfänger und junge Schauspieler schreiben, am Beispiel von Brechts Theaterarbeit. Es ist noch nicht geschrieben, aber ich will einmal skizzieren, wie ich mir den Anfang vorstelle.

Frisch – und meist vor seinen Mitarbeitern – erscheint Brecht auf den Proben. Von dem Augenblick an, in dem er das Theater betritt, ist er in seinem Element und fühlt sich wie ein Fisch im Wasser. Brecht beginnt mit einer Leseprobe. Er bittet, die Rollen ohne Ausdruck und Betonung vorzulesen und statt dessen über den Text nachzudenken. Dann kommen die Stellproben. Brecht sitzt mit seiner Zigarre im Mund und mit der Mütze auf dem Kopf da und weiß von nichts. Das ist für mich ein grundlegender Unterschied zu vielen anderen Regisseuren, die alles wissen und immer alles besser wissen. Das macht die Schauspieler faul. Sie warten ab, wo man sie hinstellt, oder sie sind zu ängstlich, um selbst Einfälle zu zeigen. Brecht ist klüger. Mit seiner Methode holt er aus den Schauspielern und auch aus sich selbst mehr heraus. Wenn ein Schauspieler auf der Stellprobe fragt: »Soll ich hier aufstehen?«, staunen immer wieder alle, wenn Brechts typische Antwort kommt: »Das weiß ich nicht.« Er hat sich nicht vorher festgelegt, sondern probiert verschiedene Lösungen aus. Der Schauspieler kann Vorschläge machen. Am liebsten ist es Brecht, wenn über die Vorschläge nicht geredet wird, sondern wenn sie gezeigt werden. Sobald einer anfängt, lange Erklärungen über seine Absichten vorzutragen, unterbricht ihn Brecht: »Machen Sie's vor!« Über das Handwerk des Schauspielers wird bei Brecht nicht diskutiert.

Brecht hat in seinen theoretischen Arbeiten über Verfremdung und Verfremdungseffekte geschrieben. Das halten viele für eine ganz komplizierte Sache, in Wirklichkeit ist sie sehr einfach. Eine Aussage wird verfremdet, indem man sie fremd und damit auffällig macht. Das Allgemeine, Tägliche, Gewohnte, das schon nicht mehr wahrgenommen wird, weil man

»Der kaukasische Kreidekreis«, 1954; Brecht mit den Panzerreitern Bernd Asberg,
Hans Hamacher und Josef Kamper, ganz rechts Manfred Wekwerth

es zu gut kennt, wird als bemerkenswert gezeigt und besonderer Aufmerksamkeit empfohlen. Damit werden Tatbestände, Vorgänge und konventionelle Verhaltensweisen durchschaubarer gemacht. Die Neugier nach den Hintergründen wird geweckt: Wie ist das eigentlich, und warum ist das so? Brecht provoziert die Haltung des Entdeckers, der etwas merkwürdig findet.

Ich könnte sagen, daß Brecht bei den Proben zuerst einmal

»Der zerbrochne Krug« von Heinrich von Kleist, 1952, Regie Therese Giehse; Ruth Berlau, Friedrich Gnaß und Brecht

sein eigenes Stück verfremdet. Er scheint keinen Satz des Textes zu kennen und entdeckt ihn bei jedem Wiederlesen neu. Ich bin überzeugt, daß er wirklich die Fähigkeit besitzt, seine Stücke als etwas Fremdes anzusehen, so daß er sie mit kritischer Neugier hört. Auf jeden Fall will er nicht darauf bestehen, was einmal geschrieben wurde, sondern er will sehen und hören, was die Schauspieler mit dem Text zeigen können. Wenn ein Satz oder auch eine ganze Szene so auf Herz und Nieren geprüft werden, braucht man sich nicht darüber zu wundern, daß Brecht seine Stücke bis zur letzten Probe immer wieder verändert. Brecht geht beim Probieren abschnittweise vor. Er behandelt eine Sache nach der anderen und zunächst jede Sache für sich selbst. Wenn man ihm in Kenntnis des ganzen Stückes sagt: »In der dritten Szene wird doch aufgeklärt, was in der ersten Szene angedeutet wird. Wie kann der Schauspieler dann die Replik in der ersten Szene so leicht hinwerfen?« – da hört Brecht zu, lacht und antwortet: »Ist das so? Das ist gut. Nun, wir werden schon sehen.« Die erste Szene muß vielleicht wirklich verändert werden, wenn wir in der dritten Szene sind, aber jetzt wissen wir den Grund. Auf diese Weise bleiben die Proben ständig produktiv. Es wird nie etwas abgehaspelt, sondern alles wird immer wieder von neuem kontrolliert.

Ich will ein Beispiel geben und wähle Brechts Stück »Mutter Courage und ihre Kinder«, das im Dreißigjährigen Krieg spielt. In einer Szene wollen ein junger Mann und seine Mutter ihr Bettzeug verkaufen, um leben zu können. Wie nimmt der junge Mann den Sack mit den kostbaren Decken von der Schulter? Und wie schaut die Mutter zu? Jetzt, im Sommer, kann man auf die Decken notfalls verzichten. Doch denkt sie nicht auch daran, wie sie im Winter wieder zu Decken kommt? Es ist eine ganz kleine Szene in dem großen Stück, aber sie muß viel zeigen.

Der junge Schauspieler und die ältere Schauspielerin haben nur wenige Sätze zu sagen. Sie waren sehr enttäuscht, als sie die Rollen bekamen. Aber während der Proben gewannen die Schauspieler und auch wir im Zuschauerraum den Eindruck, daß die Rollen wichtig sind. Wenn Brecht probiert, gibt es keine kleinen Rollen. Man könnte die Szene für sich selbst spielen und damit zeigen: Im Krieg kommt es so weit, daß Leute ihr Bettzeug verkaufen müssen. Als die Mutter und der Junge sich gerade dazu entschlossen haben, läuten die Friedensglocken. Sie können ihre Decken wieder mit nach Hause nehmen. Dieser Vorgang kann überschrieben werden: Im Frieden ist der Schlaf der kleinen Familie gesichert.

Wenn die Glocken läuten, hat der Junge ein einziges Wort zu sagen: »Frieden ...« Der Schauspieler zog das Wort auseinander und sagte sehr ausdrucksvoll: »Friiideen!« Brecht bat ihn: »Horchen Sie, wenn die Glocken läuten. Nachdem Sie sich vergewissert haben, daß es tatsächlich Friedensglocken sind, stellen Sie fest: Jetzt ist Frieden. Eigentlich wollten Sie zu Ihrer Mutter sagen: ›Hast du gehört, es ist Frieden.‹ Aber Sie bringen von dem Satz nur das letzte Wort heraus, und auch davon hört man nur die erste Silbe deutlich. Die zweite Silbe bleibt Ihnen vor Verwunderung sozusagen im Halse stecken. Wenn Ihrer Mutter vor Aufregung schlecht wird, dürfen Sie kein Mitleid spielen, sondern Sie fragen freundlich, doch sachlich: ›Kannst du laufen?‹ Der Satz muß schnell gesprochen werden, weil jetzt viel zu tun ist. Und immer noch darf etwas vom Glanz der Friedensnachricht in Ihrem Ton sein.«

Während der Proben bat Brecht den Schauspieler mehrere Male, nicht älter zu spielen, als er ist. Mir scheint das ein wichtiger Punkt. Junge Schauspieler neigen dazu, ihre Sätze schwer und langsam zu sprechen. Sie sollen bedeutungsvoll sein, bewirken aber nur, daß die Schauspieler alt erscheinen. Natürlich hängt das damit zusammen, daß sie die wenigen Minuten, die sie endlich einmal auf der Bühne sein dürfen, ausdehnen wollen. Diesen Wunsch bekämpft Brecht beharrlich. Er gibt den Schauspielern ihre Zeit auf andere Weise. Er schenkt ihnen seine so berühmten Pausen. Allerdings handelt es sich nicht um Pausen, in denen etwas gefühlt, sondern in denen etwas gezeigt wird, wo Ruhe herrscht, damit das Publikum Gelegenheit zum Nachdenken und Begreifen hat.

Wie kommt es, daß junge Schauspieler bei Brecht über Nacht berühmt werden? Wieso werden Schauspieler, die nie einen Namen gehabt haben und kaum auf der Bühne standen, plötzlich entdeckt? Weil Brecht nie nachläßt, sie zu fordern und ihnen zu helfen. Er macht ihnen zum Beispiel einen Gang auf der Bühne vor – den Gang der Müdigkeit oder den Gang der Sinnlichkeit, den Gang der Eitelkeit oder den Gang der Beleidigten. Damit verschafft er dem Schauspieler eine Grundlage, denn der Gang ist die Haltung. Wie hält eine abgearbeitete Frau die Schultern, wenn sie schon zuviel in ihrem Leben getragen hat? Die Arme werden bei Brecht länger vom vielen Schleppen, die Schultern hängen, der Bauch steht vor. Oder Brecht läßt eine armselige Stahlbrille bringen, so daß der Blick müde wird. Auch der Mund kann ein wenig offen gehalten werden, um schweres Atmen anzudeuten.

Wenn der Schauspieler Talent hat, ahmt er nicht nach, sondern benutzt die Vorschläge auf seine Weise. Mitunter kann man Brecht plötzlich laut lachen hören – auch schon bei der ersten Probe einer Szene –, weil er beobachtet, daß der Schauspieler etwas Neues, Interessantes anbietet, und sei es nur ein schweigender Gang über die Bühne. Dieses Lachen bedeutet

»Katzgraben« von Erwin Strittmatter, 1953, fotografiert von Ruth Berlau;
Erwin Geschonneck, Friedrich Gnaß, Bella Waldritter, Brecht und Gerhard Bienert

für den Schauspieler viel. Von da ab sagen die Kollegen: Nun kommt der Gang oder die Geste oder der Blick.

Oft ist in so einem Fall der Hauptdarsteller irritiert. Was passiert hinter seinem Rücken? Es bleibt ihm nichts anderes übrig, als diesen Gang in sein Spiel einzukalkulieren. Er muß die Nebenrolle wichtig nehmen. Der Mitspieler ist nicht da, dem Hauptdarsteller einen Übergang zu bauen oder ihm ein Stichwort zu geben. Er zeigt seine eigene Sache. So wächst

Helene Weigel, 1942

die Qualität der Aufführung und wirkt sich zum Vorteil für alle aus.

Findet nun dieser oder jener junge Schauspieler die Rolle immer noch zu klein für sein Talent, so beweist Brecht ihm schnell, daß sein Talent nicht einmal für diese kleine Rolle ausreicht. Brecht ist unbarmherzig und grob gegenüber jungen Leuten, die kein Talent für die Bühne haben. Er findet es asozial, wenn man ihnen nicht sofort rät, einen anderen Beruf zu ergreifen.

Talent ist Voraussetzung für Schauspielkunst, aber das Wichtigste ist die Arbeit. Man muß beobachten lernen, man muß lesen lernen und lernen sich vorzubereiten, man muß denken lernen, man muß lernen, sich in alles hineinzumischen. Unpolitische Schauspieler kann Brecht nicht aushalten.

Brecht hatte einmal junge Leute, die Schauspieler werden wollten, ins Theater geschickt, damit sie sich eine Vorstellung von »Mutter Courage und ihre Kinder« anschauen. Danach setzte er sich mit ihnen zusammen, um über Stück und Inszenierung zu diskutieren. Da benahmen sich diese jungen Leute wie senile Professoren, die alles besser wissen und gegen alles sind, nur nicht gegen ihren eigenen Bart. Ihre Urteile waren fertig, und sie saßen gelangweilt herum. Sie hatten das Stück nicht studiert, nichts beobachtet, nichts verstanden, nichts gelernt und besaßen nicht für fünf Pfennige Bescheidenheit. Das alles bemerkten sie nicht einmal. Die jungen Leute wollten nichts wissen, sie plapperten nur nach, was sie irgendwo gehört oder gelesen hatten.

Ein Schauspieler muß wissen, warum er Schauspieler werden will. Brecht stellte den jungen Leuten diese Frage. Nun muß ich sagen, daß Brecht im Gespräch mit jungen Leuten immer besonders höflich ist, geradezu respektvoll. Selten habe ich – wie bei dieser Diskussion – miterlebt, daß Brecht alle Geduld und auch seine Höflichkeit total verliert. Er bekam keine Antwort. Endlich fingen einige an zu stottern, daß sie zeigen wollten, was sie selbst fühlen. Sie wollten sich selbst darstellen. Da griff Brecht nach seiner Mütze, und im Fortgehen sagte er: »Dann überlegen Sie mal weiter!«

Hinterher fragte ich Brecht, was so junge Leute denn antworten könnten. »Wenigstens, daß sie auf der Bühne richtige und falsche Haltungen von Menschen zeigen wollen. Theater machen wir, damit sich was ändert.« Wenn man das nicht begriffen hat, hilft kein Auswendiglernen von Rollen und kein Vorsprechen.

Die größte lebende Schauspielerin ist für mich Helene Weigel, jedenfalls die größte, die ich auf der Bühne gesehen habe. Sie ist auch die härteste Arbeiterin, die ich kenne. Und sie hat starke Gefühle. Nur gibt sie sich ihnen nicht einfach hin, sondern bringt sie gereinigt, frisch und sauber über die Rampe direkt in unser Herz und in unseren Kopf hinein, so daß sie uns zum Lachen und zum Weinen bringt. Fünfzehn Jahre lang mußte diese große Schauspielerin stumm bleiben. Aber was in ihr war, behielt sie. Und als sie zum ersten Mal wieder auf der Bühne stand, in der Schweiz als Antigone, sah man, daß ihre Kunst noch reifer und reicher geworden war. Ich habe sie mir von Anfang an als Vorbild genommen, und nicht nur als Schauspielerin im Königlichen Theater, wo sie mir bei Kostüm und Maske half und mich lehrte, eine Rolle aufzubauen. Leider kann sie keine Schüler annehmen, weil sie als Intendantin und Schauspielerin und Akademiemitglied und Mutter des Ensembles keine Zeit dafür hat. Man muß zu ihr in die Vorstellung gehen.

Ich hatte meinen größten Erfolg nicht auf der Bühne, sondern in einer Zirkusmanege. Es ist schon eine Weile her, daß ich einen Clown traf und mit ihm in der Straßenbahn fuhr. Wir standen auf dem hinteren Perron. Um uns die Zeit zu vertreiben, aber auch um auszuprobieren, ob dänischer Humor auf Deutsche wirkt, habe ich ihm ein paar dänische Witze erzählt. Und der dänische Humor hat gewirkt! Die ganze Straßenbahn hat mitgelacht – so ansteckend war das Lachen dieses genialen Clowns. Denn meine Witze hat man am anderen Ende des Wagens gar nicht hören können, nur sein Lachen. Da war ich neidisch.

Leider hat der Clown dann in der Manege seine professionellen, uralten, aber himmlischen Witze als Dummer August ausgewechselt gegen meine Witze, die ich frisch aus dem Leben genommen hatte. Dabei ist ihm alles durcheinandergeraten, und er kam nicht so gut an wie sonst. Er besuchte mich und erzählte mir von seinem Mißgeschick. Natürlich ist er längst wieder der alte Dumme August und hat auch seinen alten Erfolg. Wir blieben in Verbindung.

Eines Tages traf ich ihn ganz verstört an. Er zeigte mir

Programm des Berliner Ensembles zum 35. Jahrestag der Oktoberrevolution, 1954;
Ernst Busch, Stephan Hermlin, Brecht, Isot Kilian, Helene Weigel

seine in einem Schrank eingeschlossenen Clownskostüme und weinte. Er weinte darüber, daß man den Dummen August für »unerwünscht« erklärt hatte, weil das Volk doch gar nicht dumm sei. Wir gingen in die Manege. Ein paar Leute kamen hinzu, und wir diskutierten, während ein Dompteur mit seinen Bären eine neue Nummer einübte.

Ich verteidigte den Dummen August mit der Begründung, daß er doch der Klügste von allen ist und daß er außerdem zu unserem nationalen Kulturerbe gehört. Wahrscheinlich war ich etwas aufgeregt und heftig. Plötzlich rief der Dompteur: »Bitte Ruhe! Sonst hören die Bären dahin« – und er zeigte mit seiner Peitsche direkt zu mir – »und nicht auf mich!«

Vielleicht können junge Schauspieler auch aus dieser Geschichte etwas lernen. Man muß laut sprechen können, daß selbst die Bären hinhören. Man muß aber auch leise sprechen können, so daß man noch einen Floh in der Kulisse husten hört. In diesem Sinne muß man die ganze Skala menschlicher Stimmungen beherrschen, sich auf das ganze Spektrum menschlicher Temperamente einstellen können und bereit sein, alle menschlichen Charaktereigenschaften zu verstehen,

Brecht bei einer Versammlung, etwa 1953; neben ihm Helene Weigel und Käthe Rülicke

ohne die eigene Persönlichkeit aufzugeben. Und dann natürlich: Man muß üben, üben, üben! Ich habe von Brecht gelernt: Es ist wichtig, daß jeder sein Wissen weitergibt wie einen Stafettenstab.

Immer wenn ich zu Hanns Eisler kam, sprang er mir mit seiner einmaligen, großzügigen Freundlichkeit entgegen. Seine Stimme war frisch, sprudelnd wie Champagner, und hatte auch diese Wirkung. Mit einem Schlag war ich in einer anderen Welt. Kleine und große Sorgen waren vergessen. Ich hatte stets etwas zu fragen. Eisler nahm Fragen von Laien ernst, man brauchte sich nicht zu schämen, wenn die Frage naiv war. »Warum ist eine spezielle Art des amerikanischen Jazz schädlich?« Eisler tanzte ihn mir einfach vor. Unvergeßlich. Wenn ich in meine Heimat Dänemark komme und Jazzlokale sehe, denke ich stets an Hanns Eislers kleinen Tanz – wie sein Gesicht sich veränderte und einen verblödeten Ausdruck annahm, als wäre sein Gehirn plötzlich blutleer. Danach sagte er: »Ich bin nicht gegen Sinnlichkeit, was du hoffentlich in meiner Musik spürst. Aber Sinnlichkeit ohne Gehirn hat keinen Sinn.«

Erstaunlich war, wie schnell sich Eisler auf das Niveau seiner Gesprächspartner einstellen konnte. Er blieb aus Wiener Höflichkeit auch so lange bei einem Thema und erläuterte es

»Revolutionsfeier« im Berliner Ensemble, 1954: Ernst Busch, Brecht, Helene Weigel, Stephan Hermlin, Hanns Eisler

Die Brüder Gerhart und Hanns Eisler, 1958

durch Beispiele und Erklärungen, bis er merkte, daß der andere ihn verstanden hatte. Ich sah, wie genau er seinen Partner beobachtete. Obwohl er meistens hin und her ging, mit kleinen raschen Schritten, kontrollierte er doch ständig mit scharfem Blick die Haltung des anderen. Eisler zuzuhören, war wie eine Lektion. Er hat den Regen auf vierzehn Arten beschrieben, und er konnte in mindestens vierzehn Arten die Scheußlichkeiten eines Kleinbürgers zeigen.

Ich sah, wie er komponierte. Er saß hinter dem Schreibtisch. In der Hand hatte er einen gewöhnlichen Bleistift. Das Papier war nicht einmal Notenpapier. Eisler zog selbst die Linien. Er schrieb ziemlich schnell zwei oder drei Blatt voll. Dann legte er den Bleistift weg, drückte auf den Knopf einer Stoppuhr, las seine Noten, hörte der Musik zu, die nicht zu hören war, und drückte wieder auf die Stoppuhr. Er verglich die Zeit mit den Notizen auf einem kleinen Zettel – nein, auf der Rückseite eines alten Briefkuverts. Offenbar war alles in Ordnung. Er war ganz frisch, als er sich erhob. Wir gingen auf die Terrasse, wo er gern saß, und unser Gespräch begann.

Nach Brechts Tod, als ich Hanns Eisler zum erstenmal wiedertraf, erzählte er: »Es war Sonntag. Als ich zu ihm kam, ist er aufgestanden. Ich sah, es machte ihm Mühe, zu sprechen. Doch auch dieser Nachmittag verging heiter. Mir aber ging immer durch den Kopf: Es war ein großer Fehler von mir, daß ich die oft wiederholten Angebote, in seine Nähe zu ziehen, nicht befolgt habe. Ich habe nicht überschaut, wie es um seine Gesundheit stand. Denn wenn er sich aufraffte, mich zu besuchen, und ich ihm eine Musik vorgespielt habe, ließ ich mich durch seine Freude und seine Heiterkeit täuschen. Erst als er mir zum letztenmal begegnete, habe ich begriffen, daß schon die fünfzehn Minuten Fahrt zu mir nach Niederschönhausen ihm wie ein Berg erschienen sind, den zu besteigen er kaum noch fähig war. Wer hat den Gedanken zu Ende gedacht, daß Brecht sterben könnte? Er war müde, jawohl, aber sterben!« Wir schwiegen beide lange. Dann fuhr Hanns Eisler fort: »Brecht begleitete mich zur Tür, und als er mich verabschiedete, sagte er: ›Entschuldige, ich habe nicht genug getan für deine große Musik.‹ Es waren seine letzten Worte zu mir, ich sah den Freund nie wieder. Ob er wußte, wie krank er schon an diesem Sonntag war? Warum sonst hat er mir das gesagt?«

Ich stand Hanns Eisler sehr nahe, wie auch anderen Freunden von Brecht, zum Beispiel Walter Benjamin oder Karl

Bei Hanns Eisler zu Besuch, etwa 1953; Lou Eisler,
Ruth Berlau, Hanns Eisler und Brecht

Ruth Berlau fotografiert im Theater, im Hintergrund Brecht, 1954

Korsch, Caspar Neher, Gerhart Eisler, Jakob Walcher oder Hans Tombrock. Sie alle wußten, daß ich nicht aus Leichtsinn Brecht in die Emigration gefolgt bin. Ich war damals sehr schön, aber das war kein Vorteil für mich. Es gab Leute, die mir vorgeworfen haben, ich hätte Brecht mit meiner Schönheit beeindruckt. Doch die alten Freunde wußten, daß Brecht mich nicht aus diesem Grunde in seiner Nähe haben wollte.

Einmal, in Dänemark, haben Brecht und ich zusammen in den Sternenhimmel geschaut. Brecht zeigte mit einem Finger nach oben und fragte: »Siehst du das ›W‹ da? Fünf Sterne bilden die Kassiopeia. Das ist von jetzt ab unser Sternenbild, Lai-tu. Dort werden unsere Augen sich treffen, wo immer wir sind.«

So brachte er den Himmel auf die Erde. Wir küßten uns unter der Kassiopeia, ein vorsichtiger, ein himmlisch leichter Kuß, ein Sternenkuß, ein ewiger Kuß. O ich weiß, was Liebe ist. Brecht schrieb mir irgendwann: »Deine Liebe könnte fünf Erdteile glücklich machen.«

Ich habe eine Liebesgeschichte erzählt. Und Liebe ist rar in dieser Zeit nach dem zweiten Weltkrieg. Heute schreiben wir den 12. Oktober 1959. Ich sagte: Liebe ist rar. Damit meine ich: So eine altmodische, leidenschaftliche, kräftige und zarte Liebe, wie die unsere es war, ist rar. Vielleicht sollte ich sagen: Gott sei Dank ist sie rar.

Ich sehe Brecht vor mir sitzen. Um die für einen Mann auffällig schmalen und kleinen Füße schmiegen sich Schuhe aus weichem Leder. Er hat ein Bein über das andere geschlagen. Die schlanken Fesseln sind sichtbar. Ich habe zwei, mindestens zwei Lieblingsstellen bei ihm: die Schultern, die gerade in meine Hand passen, und diese Fesseln, wo der Knöchel deutlich zu sehen ist. Da er Elastik nicht leiden kann, trägt er graue Wollsocken. Sie sitzen nie straff, sondern rutschen und bilden kleine Wülste. Seine Hosen haben ausgebeulte Knie. Sie sind einen Ton dunkler als die Socken, aber natürlich auch grau. Das Material ist gute, teure Wolle. Selbst wenn sie gerade gebügelt sind, halten sie ihre Form nicht einen Tag, sondern hängen an ihm. Doch das steht ihm wunderbar, er sieht nie schäbig aus.

Ich sehe eine dunkelblaue Jacke aus Popeline, genäht nach seinen Angaben, mit Knöpfen bis zum Kragen und mit vielen Taschen. Die Jacke macht einen bequemen Eindruck, weil sie ebenfalls keine Façon hat. Brecht ist dicker geworden um die Hüften und hat einen Bauch bekommen vom vielen Sitzen und zuwenig Bewegung. Er ist, bei aller Liebe, nicht mehr die

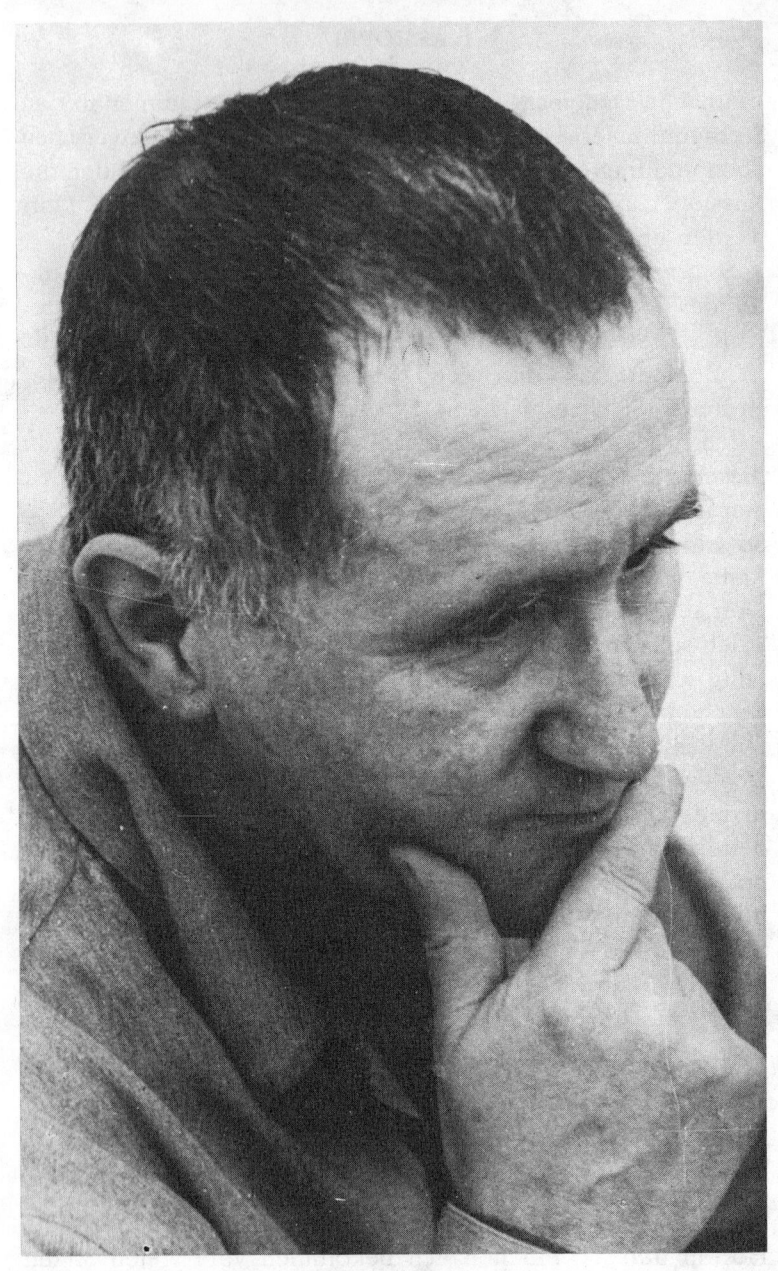

Brecht, 1954

schlanke Gestalt wie in Dänemark, als ich ihn kennenlernte. Nur seine Augen sind dieselben, und auch das nur ab und zu. Manchmal liegt ein Schleier darüber, der mir Angst macht.

Die blaue Jacke steht offen, und ein noch dunkelblaueres Hemd ist sichtbar. Es ist nicht von Seide wie in Dänemark, sondern von grobem Leinen. Brecht trägt eine Brille mit braunem Rand.

Die Hände sind sehr weiß. Aber auch sie sind fleischiger geworden. Es sind nicht mehr die schlanken Hände, die schon morgens um sieben eifrig gegen die Unterdrücker schrieben. Doch im Gespräch haben sie von ihrer Ausdruckskraft nichts verloren. Die rechte Hand hält die Zigarre sorgfältig, damit die Asche nicht abfällt. Die linke Hand ist beim Argumentieren immer in Bewegung. Wenn Brecht spricht, spricht die Hand. Aber auch wenn er nicht spricht, ist der kleine Finger der linken Hand ununterbrochen in Aktion. Dann wandert die kostbare Zigarre über in die linke Hand, und die rechte fängt an zu argumentieren. Brecht greift sich an die Stirn, streicht über die schwarzen, kurzgeschnittenen Haare. Im Winter sind sie etwas länger als im Sommer. Im Nacken wachsen sie wild in kleinen, schon weißen Löckchen, die ich immer abschneiden mußte.

Am besten sind mir die gestikulierenden Hände und seine Augen im Gedächtnis.

Ich sehe Brecht von dreizehn Leuten umringt, dem ganzen Stab seiner Regieassistenten und Dramaturgen. Ihm am nächsten aber sitzt sein Hund Rolf, ein Schäferhund, der ihm vor Jahren zugelaufen ist. Rolf klemmt seinen schönen Kopf mit den klug blitzenden Augen zwischen Brechts Knie. Es besteht ein Einverständnis zwischen den beiden wie zwischen zwei Freunden. Wenn ein anderer Rolf streichelt und Rolf dann zu ihm aufschaut, zieht Brecht ein bißchen eifersüchtig die Schultern hoch. Ich glaube wirklich, daß er kein Wesen so liebt wie Rolf, der immer gut gelaunt ist und ihm nie Vorwürfe macht.

Ruth Berlau, etwa 1972

NOTATE

In meinem Paß steht »Schriftstellerin«.
Das wollte ich gern ändern in »Aufschreiberin«.
Aber alle haben mir gesagt, daß es diese Berufsbezeichnung
in der deutschen Sprache nicht gibt.
Nur Brecht gefiel das Wort, und er sagte:
»Es ist richtig, das Wort gab es bisher nicht, aber
man sollte es in die Sprache aufnehmen.«

EIN GESCHENK

Er hatte einen besonders schönen Stein am Svendborg-Sund gefunden. Mit einem Messer hatte er eingeritzt: e p e p. Er erklärte mir, es heißt et prope et procul und bedeutet: in der Nähe in der Ferne.

Der größte Diamant, alle strahlenden Rubine sind nichts gegen dieses Geschenk. Der kleine kühle Stein half mir durch die Zeiten, in denen ich fern von ihm war. Meinem vor Sehnsucht brennenden Schoß half dieses Geschenk.

Und wie es überreicht wurde! Mit großer Freundlichkeit, so ansteckend, daß ich hätte in den Himmel springen können.

(ohne Datum)

»KREIDEKREIS«-NOTATE

Der Richter. Rede über das Chaos.
I (Das hohe Kind)

Es kommen schlechte Zeiten. Nur wer in Lumpen geht, wird sicher sein. Das arme Kind muß den Hunger fürchten – das reiche Kind die Hungrigen.

Man fürchtet den ständigen Wechsel bei den Oberen.

II, 2 (In der Karawanserei)

Das erste Gespräch, wo der Wirt herauskommt, ist schön. Aber daß da steiniger Boden ist und daß die Bauern ihre Schafe dahin treiben, würde ich streichen. Es stört, weil man unwillkürlich an das Vorspiel denkt und sich fragt, ob da ein Zusammenhang besteht. Und das ist schade, weil der Alte so gut erzählt.

Ich finde es auch schade, daß die ältere Dame in höflicher Weise auf das Gespräch eingeht. Sie sollte den Wirt unterbrechen und fortfahren mit ihrer Replik.

Dann denke ich, daß Katja dadurch entdeckt wird, daß sie etwas schleppt. Kann da nicht ein Heusack in der Ecke liegen, den sie in die Mitte des Zimmers trägt und über dem sie dann die Decken ausbreitet? Es wäre zuwenig, wenn man sie schon

»Der kaukasische Kreidekreis«, 1954; Helene Weigel, Brecht und Manfred Wekwerth, verdeckt Wolfgang E. Struck.

dabei ertappt, daß sie die Decken ausbreitet. Dagegen fände ich es schön, wenn sie den Sack leicht über die Schulter wirft und aus der Ecke trägt.

Ich bin überzeugt, es geht nicht, daß sie auch da noch die Dame weiterspielt. Wir amüsieren uns darüber und dabei geht kaputt, daß Katja sich durch die Arbeit verrät. Ich glaube, man denkt, daß auch die feinen Damen sich darüber wundern, daß Katja eine Dame spielt. Natürlich ist die Szene wunderbar, in der sie die feine Dame spielt und über Migräne spricht. Aber kann das nicht zuerst sein, und plötzlich fängt sie an zu arbeiten und singt vielleicht sogar etwas dabei, weil sie das beim Arbeiten gewöhnt ist? Dann, Bertolt, ist bestimmt besser zu verstehen, warum die Damen sich wundern. Wenn Du es aber behalten willst, wie es jetzt ist, könntest Du dann Katja nicht härter arbeiten lassen? Zum Beispiel könnte sie erst den Boden auf den Knien wischen und dann die Säcke schleppen.

Zum Kreidekreis-Akt

Da Katja das Kind schon einmal weggeben wollte, muß, glaube ich, sehr deutlich gezeigt werden, daß sich ihre Einstellung zu dem Kind geändert hat. Es ist nicht genug, daß das in dem Lied steht. Wir müssen unbedingt wissen, warum sie jetzt das Kind um alles in der Welt nicht mehr hergeben will.

III, 2 (In der Geschirrkammer)

Ich finde die Szene in der Kammer des Bruders ein bißchen langweilig. Natürlich sind wunderschöne Sachen darin, zum Beispiel das Lied über ihren Soldaten, und es ist auch lustig, wenn der Bruder sagt, daß seine Frau »so feinfühlig« ist. Aber könnte nicht in dieser Szene gezeigt werden, daß Katja inzwischen ganz an das Kind gebunden ist? Könnte ihr nicht der Bruder, wenn er hört, daß das Kind gar nicht von ihrem Soldaten ist, den Vorschlag machen, das Kind zu den Nonnen ins Kloster wegzugeben? Oder wenn Katja ablehnt, den sterbenden Bauern zu heiraten, könnte ihr der Bruder nicht sagen, daß sie dann mit dem Kind weg muß, um in der Stadt Arbeit zu suchen? Wenn sie daraufhin sagt, daß sie mit dem Kind keine Arbeit findet, könnte der Bruder ihr empfehlen, das Kind irgendwo unterzubringen, bis sie Arbeit hat und ein wenig für das Kind zahlen kann. Es muß etwas sein, aus dem hervorgeht, daß sie das Kind unbedingt bei sich behalten will. Wenn sie später einverstanden ist, ob sie dann das Kind behalten kann, ja sogar, ob sie das Kind mitnehmen kann, wenn sie zur Hochzeit fahren. Sie traut sich nicht, das Kind bei Fremden zu lassen. Es ist jetzt ein armes Kind.

III, 5 (In der Bettkammer)

Ich finde die Szene, in der der Bauer sich beklagt, daß Katja nicht mit ihm schlafen will, sehr schön und sehr stark. Ich verstehe, wie schwierig es gewesen sein muß, sie zu schreiben, aber es ist Dir gelungen. Es ist auch gut, daß der Bauer so menschlich ist, dadurch verstehen wir ihn *und* Katja. Der Satz »Es ist nicht in Freude empfangen« ist sehr gut.

Ich finde nur, daß die scheußliche Schwiegermutter das Kind nicht in der Nacht bei sich haben darf. Das geht nicht. Das würde Katja nicht wollen, und das würden wir nicht wollen. Ich meine: Ich will das nicht! Ich begreife, in der Kammer der Schwiegermutter hat das Kind eine Matte. Aber könnte nicht auch Katja irgend etwas zusammengeflickt haben für das Kind?

Die geänderte Vortragsart finde ich sehr gut. Alles ist schön und leicht.

Ich traue mich, noch etwas zu sagen. Ich finde es nicht schön, daß Katja anwesend ist, wenn der Bauer von seinem Totenlager aufsteht. Ich weiß schon, wir haben das diskutiert, und Du wolltest nicht, daß sie in das Haus des Bruders zurückgeht. Aber warum fährt sie nicht doch mit dem Bruder, und die Schwiegermutter verspricht Nachricht zu geben, so-

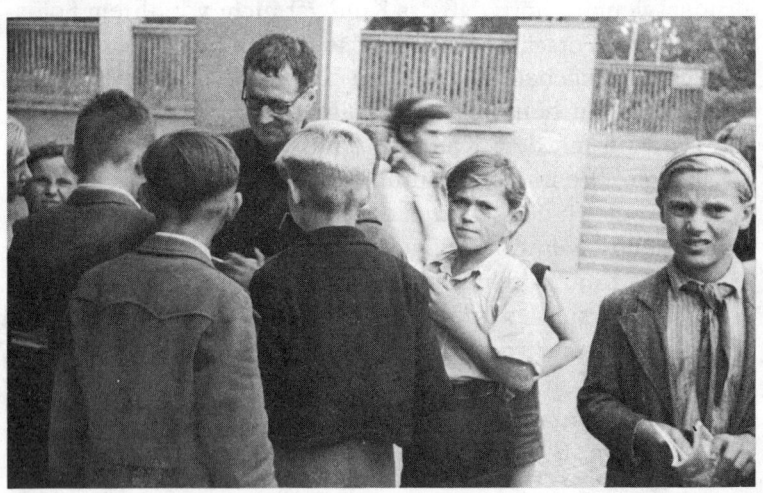

Brecht mit Jungen Pionieren, etwa 1950, fotografiert von Ruth Berlau

bald der Bauer tot ist? Nach der herrlichen Szene mit den Trauergästen, wo Katja gar nicht hinpaßt, macht sich der Bauer auf den Weg, um seine Frau zu holen. Statt einer Nachricht kommt er selber an. Wenn Du nicht willst, daß sie in das Haus des Bruders zurückgeht, könntest Du den Sänger das singen lassen. So wie es jetzt ist, fehlt mir Katjas Liebe zu dem Kind. Du wirst sehen, daß Du das später brauchst.

Dagegen finde ich das Gespräch zwischen den beiden Menschen in der Nacht sehr schön. Ich habe noch nicht den Schluß der Szene und wünsche mir natürlich, daß Katja sich ungeheuer freut, wenn es hell wird. Sie nimmt das Kind und zeigt ihm, in der Tür stehend, den neuen Tag.

II (Flucht in die nördlichen Gebirge)

Bertolt, ich finde alles ganz herrlich und schön. Ich habe keinen einzigen Einwand. Das ist nun tatsächlich komplett, und alles ist leicht. Das ist Dir wirklich gelungen.

Es ist gut, daß wir die beiden Panzerreiter schon kennen, bevor sie mit Katja zusammentreffen. Und es ist sehr wichtig, daß wir die Theorie des Gefreiten gehört haben, wenn Katja später sagt: »Aber diese Menschen sind schlimmer.« Ich finde auch Deine Vergleiche immer so lustig, zum Beispiel wenn der Gefreite den anderen als »Leeres Stroh« bezeichnet.

Dann liebe ich das Gedicht, nachdem Katja das Kind auf die Schwelle gelegt hat und die Bauersfrau es aufgenommen hat. Auch was vorher der Sänger singt, ist sehr, sehr schön: Die kleine Bürde, in der ein Herz schlägt.

Und ungeheuer gut ist jetzt, daß sie dem Gefreiten auf den Kopf schlägt. Je mehr sie riskiert, um so besser. Dann versteht man auch den Gang über den Gletschersteg richtig. O Bertolt, das Gedicht, das sie zuvor singt, ist so freundlich. Ich meine das, wo sie das Kind in Lumpen wickelt.

II, 8 (Gletschersteg)

Einen kleinen, aber sehr bestimmten Einwand habe ich aber doch. Wenn Grusche über den Steg gegangen ist und am anderen Ufer die Panzerreiter kommen sieht, kann sie nicht lachen und unter keinen Umständen eine Nase drehen. Ich

*Ruth Berlau mit Studenten der Schauspielschule Stockholm
im Berliner Künstlerclub »Die Möwe«, 1971*

glaube jedenfalls, daß sie Angst gehabt hat, über den Steg zu
gehen, und daß sie jetzt, wo alles überstanden ist, böse auf die
Panzerreiter ist. Ich könnte mir gut vorstellen, daß sie mit
einem Satz auf den Monolog von dem Gefreiten eingeht. Natürlich weiß ich, daß sie ihn nicht gehört haben kann, aber
trotzdem. Jedenfalls müßte sie ernst und böse sein, und nach
ihrem Satz geht sie erleichtert und singend weiter, ja?

III, 6 (An einem kleinen Bach)
Die Bachszene ist herrlich.

Ich traue mich kaum, einen Vorschlag zu machen. Aber wie
wäre folgendes: Wolodja geht weg und Katja ruft ihm nach:
»Es ist nicht meins.« Dann kommen die Panzerreiter. Während sie mit den Panzerreitern spricht, kommt Wolodja zurück, um nach dem Kreuz zu fragen, das er ihr früher geschenkt hat. Er sieht die Panzerreiter mit dem Kind
weggehen. Katja ruft in Gegenwart Wolodjas den Panzerreitern hinterher: »Laßt es da, bitte, es ist meins!« Und sie weiß,
daß Wolodja es hört. Daraufhin sagt Wolodja: »Wirf das Kreuz
in den Bach!«

Glaubst Du übrigens, daß Katja »es« sagt, wenn das Kind so groß ist? »Es ist meins. Laßt es da«? Entschuldige, aber so heißt es wohl im Deutschen?

Ich finde »Kreidekreis« wunderschön. Es ist wirklich eine sehr gute Geschichte. Schicke bald mehr. Ich freue mich jetzt auf den Richter.

III, 5 (Badezuber)
Doch, ich finde die Szene mit dem Bauern im Badezuber besser als die frühere Fassung. Natürlich war das eine gute Szene, nur meinte ich eben, daß es besser wäre, wenn der Bauer sympathisch ist, vielleicht sogar für Katja. Wenn wir hören, daß er Katja geschlagen hat, ist das auch gut, weil wir dadurch wissen, was sie alles mitgemacht hat. Doch wenn Du die Freundlichkeit wiederherstellen würdest, wäre das meiner Meinung nach noch besser.

II (Flucht in die nördlichen Gebirge)
Ich finde die Flucht jetzt sehr gelungen, die Reihenfolge der einzelnen Stationen und die Steigerung bis zum Gletschersteg.

Katja ist eine sehr schöne Person.

Aber wäre nicht vielleicht zu überlegen, ob es nicht der Bauer ist, der das Kind verrät – und nicht seine Frau? Und wenn es doch die Bauersfrau bleibt, die das Kind verrät, wäre es dann nicht möglich, daß sie in ihrem Gespräch mit Katja sagt, sie würde das Kind ja gern beschützen, wenn ihr die Soldaten nur nicht das Haus und das Silber wegnehmen. Dann ist es die Angst um das Besitztum, die sie zusammenbrechen läßt. Entschuldige.

IV (Azdak-Akt)
Ich weiß nicht, ob Azdaks Enttäuschung darüber, daß keine neue Zeit kommt, klar genug ist, und das wäre doch wichtig. Ich fürchte, in der Szene mit den Panzerreitern passiert ein bißchen zu viel, und es wird nicht klar, was eigentlich los ist. Aber ich werde die Szene noch einmal genauer studieren und Dir dann darüber schreiben.

Azdak ist so lustig, und seine schlampige Art, das Richtige zu tun, ist sehr amüsant.

Die Inspektionsreise ist herrlich. Besonders gefällt mir sein Zusammentreffen mit dem Großfürsten.

(1944)

Im Kreis gehen

Durch all die Jahre
hab ich viel von dir
gelernt
und viel verlernt.

Ich liebe dich
ich liebe dich
ich liebe dich.

Geschrieben hast du mir
daß du mich brauchst.
Da warst du fremd
in fremden Ländern.
Jetzt bist du hier
in deinem Berlin.
Gedruckt wird
was ich fotografierte.
Meine Arbeit ist
beendet.

Ich danke dir.
Ich liebe dich.
Jeg elsker dig.

(Februar 1950)

Brecht, 1954

EINE KLASSENKAMPFHETÄRE KOMMT IN SCHWIERIGKEITEN,
WEIL SIE NICHT ERKENNEN KANN,
WER AM BESTEN DER DRITTEN SACHE NÜTZT

Ist es nun der Fahnenträger
oder ist es der Fahnenweber?

Ist es der, der die Fahne trug
vor Madrid und jetzt noch dafür
verfolgt wird?

Oder sollte es derjenige sein
der weit vom Schlachtfeld
unter einem Strohdach die Fahne
webte?

WARTEN

Der Kupferkessel hängt zwar noch,
und die kleine eiserne Fessel
ist immer noch an der Hand.

Das lederne Buch der Notizen
liegt stets bereit.
Ich werde vor ihm sitzen
im schwarzen Witwenkleid.

Die Pfeife und das Schachspiel
und ich, wie du verstehst,
wir warten, wenn du, ach,
für dein und meine Sach
aus dem Hause gehst.

In meinem besten Stuhl saß einer.
Er sprach:
Ich bin groß und mächtig,
ich bin ein Meister.

Jetzt sitze ich auf meinem Hocker,
mein Hintern ist für diesen Stuhl zu gut!

(Februar 1950)

Aus einem Brief an Professor Th.

Charité, Berlin, Sonntagabend, 5. März 1950
[...] Heute waren nur Ihre Assistenten bei mir. Die sind ja
nett und gut, aber wir wissen doch, daß jüngere Ärzte nicht
die wissenschaftliche Basis und die große Erfahrung haben
können wie Sie. Nun schreibe ich dieses, weil ich nicht weiß,
ob Sie morgen für mich Zeit haben.

Ich danke Ihnen, daß Sie hier alles nur Menschenmögliche
für mich gemacht haben. Ich hoffe, daß Sie und Brecht morgen mit mir sprechen werden. Doch möchte ich gern dieses
vorausschicken, nicht weil ich »unbedingt Briefe schreiben
muß«, sondern weil es schwierig für mich wird, denn:

Wenn ich weinen werde vor Freude, B. zu sehen, werdet
Ihr sagen: ich bin depressiv – wenn ich froh bin, werdet Ihr
sagen: ich bin manisch. Wenn ich ruhig bin, werdet Ihr sagen:
sie ist ja zufrieden – hier kann sie bleiben. Ich bin ja vollkom-
men hilflos. Mit einem Vogel, der in Euer Zimmer hereinge-
flogen ist und versucht herauszufinden, habt Ihr mehr Mitleid.

Und ich kann mich auch nicht mit einem Vogel vergleichen,
weil ich selber schuld bin, und ich schäme mich so sehr. Aber
mein Leben wollte ich mir nicht nehmen, und ich werde es
mir auch nie nehmen. Ich hatte einen furchtbar starken, 45pro-
zentigen Wodka getrunken und spielte mal Ophelia, damit B.

Ruth Berlau, 1973

endlich eine Nacht bei mir blieb, was er mir so lange versprochen hatte. B. und Dr. M.-H. wußten, daß ich Schlafpillen hatte und daß ich sie schon lange hatte und mir nicht insgeheim verschafft habe. Sondern das eine Glas habe ich vor einem halben Jahr von Dr. M. bekommen, und das andere hatte Brecht in meinem Bett verloren. Ich habe es den beiden Herren lachend erzählt – das ist wenigstens zehn oder zwölf Tage her. Sie hätten sie mir ja nur wegzunehmen brauchen. Auch an dem Abend waren ja drei Männer da. Es war doch leicht, die Pillen wegzunehmen. Da besteht doch ein großer Unterschied zwischen einem Selbstmörder, der schon einmal Pillen genommen hat, und jemand, der es nur sagt (und sogar besoffen). Ich würde es doch nicht gesagt haben, wenn ich sie wirklich nehmen wollte. Da hätte ich doch gewußt, daß sie mich finden würden und auspumpen. Dann hätte ich die Pillen doch ganz still genommen und sonst nichts. ICH WOLLTE NICHT STERBEN, und ich will nicht sterben. Ich bitte Sie, Professor Th., einen Unterschied zu machen zwischen einem Selbstmörder und einem, der nur sagt, daß er Pillen nehmen will. Ich weiß, daß ich alles verdient habe, daß ich schuld bin, daß es scheußlich war und daß man halt Ophelia auf einer Bühne spielen soll und nicht auf einer Terrasse. Ich bin jetzt aber genug bestraft und habe genug gelernt. Hier will ich jetzt weg. Ich überblicke genau, wie unangenehm es für mich wird, aber lieber beziehe ich das dänische Konsulat in die Sache ein, als daß ich hierbleibe ins Ungewisse hinein. Brecht kennt ja die ganze Geschichte mit meiner Schwester, und ich hoffe, daß er Ihnen, Professor Th., erzählt hat, warum ich nicht hier sein will. Das richtet sich nicht gegen das Hospital oder die Schwestern. Im Gegenteil, ich weiß doch, daß Sie der beste deutsche Arzt auf dem Gebiet der Nervenheilkunde sind. Ich weiß es und kenne Ihre Verantwortung, aber Sie können mir helfen, in eine Klinik überführt zu werden, wo ich mit meinen dänischen Leuten alles besprechen kann. Von hier kann ich auch Professor Robert Lund nicht anrufen. Jetzt bitte ich Sie, Professor Th., und Brecht, dieses zu besprechen. Und bitte helfen Sie mir. Danke.

R. B.

Der hat eine scheußliche Stimme –
eines Übermenschen Stimme –
der alles weiß.
Eine Stunde sprach er.
Unter dem Himmel saßen wir.
Er sprach.
Wir fuhren.
Er sprach und sprach.
Und ich wollte so gern was fragen.

Aus einem Brief an den Verleger Dr. Peter Suhrkamp

Dienstag, 16. Januar 51
[...] Ich nahm ein Exemplar von Maria Sten »Jedes Tier kann
es« mit nach Hause. Ich blätterte bißchen rum, las hier und da
etwas: Wissen Sie, es ist ein gutes Buch! Wirklich. Ich schrieb
es ja auch mit Brecht zusammen. [...]

Wenn Sie es einem Übersetzer oder Lektor – oder wie die
nun heißen, die ein Buch in fremder Sprache für einen Verlag
empfehlen oder abschlagen – geben, müssen Sie es einem ge-
scheiten Mann geben: Das Buch ist modern und neuartig und
brechtisch. Es ist auch so, daß Männer das Buch nicht gern lesen, es ist eine Kritik an Männern. Und vor allem müßte ich
Ihnen sagen, da fehlt ein wichtiges Kapitel, ein Schlußkapitel,
das ich mit Brecht schon geschrieben habe (nicht ganz fertig).
Es ist eine Kritik an Frauen. Und, glauben Sie mir, da ist
Brecht groß. Eigentlich verachtet er ja uns Frauen tief, nur
über Rosa Luxemburg und über Krupskaja, Lenins Frau, kann
man ihm Gutsagen abpressen. Ja, und natürlich über Weigel!!!
Mich hat er immer behandelt wie den letzten Dreck – leider
liebe ich ihn. [...]

Erst nach zwei Jahren Zusammenarbeit entdeckte ich, daß
ich nicht nur unseren Dichter Brecht liebe, sondern auch Bertolt. Ich zog weg von Robert Lund, aber er sagte und glaubte,
es sei nur für ein halbes Jahr oder so. Er wollte sich nicht

scheiden lassen. Er sagte: »Zweite Violine kannst du nicht spielen.« Ach, Peter Suhrkamp, ich habe gelernt, die fünfte Violine bei Brecht zu spielen. Ich liebe.

Na, ich wollte ja über Maria Stens Buch sprechen, aber ich habe halt keine Freunde hier – die sind alle in Dänemark, gute, große, herrliche Leute, Menschen so wie Sie. Und ich wollte so gern einen Menschen haben, der weiß, wer ich bin und was ich kann. Hier bin ich halt für die Leute Brechts Freundin, die einmal sehr schön war. Jetzt aber sucht Brecht junges Fleisch. So reden die Leute. Und meine Arbeit ist mir schließlich – jetzt, da ich vierundvierzig Jahre alt bin – das Wichtigste. Ich will aber nicht mehr fotografieren. Ich wollte es ja nur, um Brecht zu helfen, um seine Stücke festzuhalten. In Berlin gibts nun wirklich gute Fotografen genug, und jetzt kann er sie bezahlen. In Amerika war ich eine billige Arbeitskraft, und ich habe mich abgerackert.

Ich will schreiben und Regie führen. Das ist mein Fach, mein Beruf. Das kann ich!

Aber das letzte Kapitel meines Buches »Jedes Tier kann es« ist wichtig, sonst glaubt man, es ist von einer homosexuellen Frau geschrieben, und dann ist es wertlos. Ich liebe Männer. Aber Brecht hat mir fünfzehn Jahre lang verboten zu lächeln. »Dein Hurenlächeln!« nannte er mein Lächeln. Ich wurde grau.

Ich fuhr ja auch mal weg. Ein Jahr habe ich ausgehalten in Hollywood, von 1941 bis 1942. Ich hatte keine Freunde und wohnte in einem kleinen gemieteten Zimmer. Eines Tages sagte Weigel: »Warum gehst du nicht zu deinen dänischen Freunden?« In Kalifornien war ein dänisches Konsulat. Der Konsul hat mich immer eingeladen, er war aber Nazi! Dort wohnten auch zwei dänische Krankenschwestern. Dorthin, meinte Weigel, sollte ich gehen, und wenn Charles Laughton oder Feuchtwanger oder Brechts Freunde zu Brecht kamen, sollte ich nicht da sein. Brecht sagte zu mir: »Komm lieber nicht, das stört Helli.« Eines Tages fuhr ich nach New York ab. [...] Den Rest von der Geschichte bekommen Sie ein anderes Mal – oder nie. Denn Sie haben keine Zeit, so lange Briefe zu lesen.

Ruth Berlau, etwa 1945

Aber das Schlußkapitel für mein Buch ist wichtig. Das ist ein kräftiges Kapitel, denn natürlich haben die Frauen ebensoviel »Schuld« (wenn man überhaupt von Schuld sprechen kann) wie die lieben Männer.

Ich hatte das Buch vergessen, weil die Weltsituation sozusagen stärker und ernster wurde und Sexualität oder Lebensglück in den Hintergrund trat. Aber es wäre schade, wenn das Buch nur in dänischer Sprache existiert. Vielleicht kann man es doch rausbringen, gerade noch vor der Atombombe.

Es war so gut, mit Ihnen zu reden. Danke.

Immer Ihre R. B.

DAS BLUTROTE TUCH

Dann kniete sie
und trocknete die
roten Tropfen auf:
Sie hatte ihn geschlagen.

MIR DIE HÄLFTE

Nachts nahm sie eine Schere
und schnitt das Tuch entzwei:
Alleine aber trug sie
die Schande.

SCHWÄCHEN

Du hattest keine.
Ich hatte eine:
Ich liebte.

(28. Januar 1951)

MEIN HEIZER

Siebzig Jahre alt ist mein Heizer.
Doch er muß knorke sein, er hat
einen siebenjährigen Sohn.
»Er hat keine Hosen«, sagt mir,
mein siebzigjähriger Heizer.

Morgen wird der große deutsche Dichter
dreiundfünfzig – ich
werde ihn nicht sehen. Aber Hosen
schenk ich meines Heizers Sohn
im Namen Bertolt Brechts.
Damit feiere ich
des großen deutschen Dichters
Geburtstag.

So viele Leute wird er um sich haben,
doch keinen einzigen wie meinen Heizer.
Seine Leute haben Hosen.

Mit ihm ging ich, weil er schrieb:
»Sehen wir uns wieder, will
ich gern wieder in die Lehre gehn.«
Er hat es nötig.

(9. Februar 1951)

Februar 1951

Ob ich nun für krank erklärt werde oder für gesund: Seit ich Dänemark verlassen habe, bin ich meistens allein, alle langen Abende, alle Sonntage, zu Weihnachten, am Neujahrstag, an meinem und an seinem Geburtstag. Während der drei Jahre in Berlin wurde ich nicht einmal eingeladen. Ja, ich durfte manchmal mitkommen, wenn es gerade paßte und wenn man annahm, daß ich nicht störe und wenn vielleicht gerade ein Platz in einem Wagen frei war. Behandelt man einen Gast wie Dreck?

·Es ist ein ruiniertes Land mit ruinierten Menschen. Ich höre, der Regisseur Jürgen Fehling hat sich einfach hingesetzt und geschissen, wo es ihm paßte. Ein genialer Kopf, aber zerstört wie die Stadt Berlin.

Und doch liebe ich Berlin. Solche klassenbewußten Arbeiter wie hier findet man in der ganzen Welt nicht. Ich liebe sie alle sehr. Gestern sagte mir einer: »Wir müssen doch noch mal auf die Barrikaden.« Dann sangen wir das »Einheitsfrontlied«. Sie erzählen von ihren Familien, und wir lachen viel. Dabei haben sie eigentlich nichts zu lachen. Sie verdienen eine Mark und neunundfünfzig Pfennig in der Stunde – gelernte Arbeiter. Ich könnte auch sagen: Sie haben wenig zu essen.

Meine Tür ist immer offen. Alle wissen es, aber mir ist niemals auch nur eine Haarnadel gestohlen worden. Und niemals hat einer von diesen Arbeitern mich angefaßt. Dies sage ich als alleinstehende Frau. Wir sprechen unter Freunden. Sie erzählen mir von ihren Sorgen. Oft denke ich: Wenn Brecht doch einmal dabei wäre. Wenn er sich doch nur einmal diese Arbeiterhände im Gespräch ansehen würde. Ich glaube, ich muß für Brecht Fotos machen von diesen Händen und von diesen Augen.

Auf der Straße sehe ich alte Männer Handwagen ziehen. Ich verehre alte Leute, und ich werde krank, wenn ich so etwas sehe. Ich helfe ihnen ziehen. Ich bin eine Irre.

Ihr, die ihr einst verfolgt wurdet und jetzt groß und mächtig seid: Fühlt ihr euch wohl, wenn ihr im Auto fahrt und hupen

könnt, weil ein alter Mann euch den Weg versperrt mit seinen
paar Kartoffeln und einigen Kohlen? Er will sich doch nur die
alten Knochen wärmen. Steigt mal aus euren Autos aus und
fragt den Alten, wo er hin will und ob ihr ihm helfen dürft.
Dann werdet ihr von seinem Elend erfahren. Er wohnt
irgendwo in einem Keller. Seine Kinder sind im Krieg umge-
kommen, seine Frau ist ihm gestorben, seine Schwester ist
krank ...

Aber es ist möglich, daß er gar nicht mit euch Großen reden
will. Berliner Arbeiter erklärten mir: »Wir sind immer die
Krippen, durch uns werden sie reich und fett, von uns haben
sie ihre Autos.« Ich habe mir eine eigene Version zurechtge-
legt: Die Krippen sind dieselben, aber die Ochsen haben gewechselt.

Natürlich sollen unsere Genossen im Wagen fahren. Sie
haben viel Arbeit, und sie machen eine gute Arbeit. Aber sie
sollen nicht soviel hupen. Alle, die laufen oder auf dem Fahrrad fahren oder etwas hinter sich herziehen, sind doch diejenigen, die Häuser bauen, Essen kochen, Autos montieren und
Kohle fördern. Ohne sie würde jeder so schlecht leben wie
sie.

In Dänemark habe ich mir einmal verbieten lassen, einen
Menschen, der im Regen stand, in meinem Auto mitzunehmen. Bertolt Brecht sagte: »Nein, wir können niemanden mitnehmen.« Aber er schickte mir folgendes Gedicht:

FAHREND IN EINEM BEQUEMEN WAGEN

Auf einer regnerischen Landstraße
Sahen wir einen zerlumpten Menschen bei Nachtanbruch
Der uns winkte, ihn mitzunehmen, sich tief verbeugend.
Wir hatten ein Dach und wir hatten Platz und wir fuhren
    vorüber
Und wir hörten mich sagen, mit einer grämlichen
    Stimme: Nein
Wir können niemand mitnehmen.
Wir waren schon weit voraus, einen Tagesmarsch vielleicht

Ruth Berlau, 1973

Als ich plötzlich erschrak über diese meine Stimme
Dies mein Verhalten und diese
Ganze Welt.

Brecht hat vergessen, in dem Gedicht zu erwähnen, daß ich,
nachdem ich meinem großen Gast gehorcht hatte und zum er-

stenmal in meinem Leben einen Menschen auf der Landstraße im Stich ließ, scharf und deutlich sagte: »Scheußlich!« Danach hat Brecht mir das Gedicht geschickt. Ich nehme es jetzt in mein Tagebuch auf, denn er hupt mir zuviel. Er sieht niemanden mehr und hilft keinem. Ich aber lasse mir von ihm nichts mehr verbieten. Ich helfe, wo ich kann.

»Wohltätigkeit?« fragen die Großen, »nein, da machen wir nicht mit.« Lenin fragte jeden: »Hast du Tee? Muß dein Bruder nicht ins Sanatorium?«

17. Januar 1952

Brecht sagte mir gestern ruhig und mit großem Ernst: »Ich werde jetzt etwas Schlimmes sagen, Ruth, aber du mußt es wissen: Wenn ich morgen auf der Straße tot umfalle, bist du schuld. Du hast mich fünf Jahre meines Lebens gekostet. Ich bin jetzt dreiundfünfzig Jahre alt und sehe fünf Jahre älter aus.«

Brecht ist davon überzeugt, und es war eine große Freundlichkeit, mir zu sagen, was er denkt. Ich spreche nicht davon, daß er mir damit sagte, ich sei ihm nicht gleichgültig. Ich spreche davon, daß er einen Denkfehler macht. Die fünf Jahre wurden ihm durch die Arbeit und durch die Kämpfe gestohlen. Ich glaube, wenn er mich an seiner Arbeit und an seinen Kämpfen hätte als Mitarbeiterin teilnehmen lassen, hätte ich ihm sogar helfen können.

26. März 1952

Bertolt Brecht teilte mir heute mit, daß ich ihm nicht die innere Ruhe geben kann, die er braucht.

Es ist für mich neu, daß Brecht über etwas Inneres spricht. »Ruhe bekommt man im Grab«, sagte mein Lehrer mir einst.

I

Ich bin im Turm, den Brecht mir in Buckow zur Verfügung gestellt hat. Er selbst wohnt in seinem Gartenhaus. Wir haben keine Telefonverbindung. Aber mein Nachbar hat Telefon, so daß ich Brecht erreichen kann.

Den ganzen Tag über habe ich auf ihn gewartet, seine Gewohnheiten wohl überdenkend. Er hätte morgens um neun kommen können, wenn er sich langweilt – da kam er nicht. Er hätte dann, wenn er gearbeitet hat, um elf kommen können – da kam er nicht. Dann hätte er um vier Uhr nachmittags da sein können, nachdem er seine Siesta gehalten hat – da kam er nicht. Nun kommt er vielleicht gerade vor dem Abendessen schnell mal vorbei? Nein. Nun rufe ich ihn an.

Er: Bist du hier? Ich wußte nicht, ob du gefahren bist …

Ich: Doch … Was machst du?

Er: Ich krame in alten Manuskripten … Muß mal gemacht werden …

Ich: Ja … Wann fährst du nach Berlin?

Er: Morgen … Morgen früh … Wie ist der Ofen?

Ich: Wunderbar. Ein herrlicher Ofen. Brennt sofort und dauert …

Er: Geht das Bad?

Ich: Doch. Alles klappt.

Er: Ich habe versucht anzurufen, aber niemand ist da.

Ich: Meine Nachbarn waren Sonnabend und Sonntag verreist, die sind gerade erst zurückgekommen.

Er: Ich dachte, du wärest spazierengegangen, aber … Ich könnte dich morgen nach Strausberg fahren lassen. Würde es dir helfen?

Ich: Sehr. Die Fahrt hierher war grauenvoll.

Er: Ja, ich weiß …, ich weiß …

Ich: Hinten in deinem Wagen ist wohl kein Platz?

Er: Ich? Ha! Meiner ist gar nicht mit, und der andere ist voller Leute.

Ich: Na gut, wann könnte der Chauffeur mich abholen?

Er: Acht Uhr.

Ich: Da bin ich sehr froh. Dann sehe ich dich morgen im Büro.

Er: Ja, ich fahre direkt ins Büro und bin den ganzen Vormittag da.

Ich: Ich hätte dir was zu zeigen. Gute Nacht ...

Er: Gute Nacht, Ruth.

Zu Fuß zehn Minuten, mit dem Auto zwei – das ist die Entfernung zwischen unseren Häusern. Und dabei trennen uns Ozeane. Als ich nach diesem Gespräch in meinen Turm zurückging, beleuchtete der Mond zwei ranke Pappeln, und die Strophe fiel mir ein: »Unser unaufhörliches Gespräch, gleichend dem Gespräch zweier Pappeln, unser vieljähriges Gespräch ist verstummt ...«

»Du solltest froh sein, wenn ich Spaß habe«, hat er mir gesagt. Bin ich frigide? Nur eine frigide Frau kann diesem Verlangen nachkommen – jubelnd sich freuen, wenn er andere küßt. Auch schrieb er mir: »Liebende sind große Leute ...« Warum tritt er dann auf eine große Sache wegen drei, vier Ziegen?

(29. Oktober 1954)

2

Mein Telefon klingelt. Ein Blick auf die Uhr. Es stimmt, neunzehn Uhr, Telefonzeit.

Er: Ich habe den Vertrag für das »Antigonemodell«. Wie heißen die nun, die Leute da?

Ich: Henschelverlag.

Er: Ich habe es so gemacht: Fünf Prozent kriege ich, da ist ja das Stück dabei, fünf bekommst du, und fünf decken dann die fotografischen Arbeiten und die Honorare.

Ich: Das finde ich falsch. Die Fotoarbeiten sollten vom Verlag bezahlt werden. Immer kriegst du zuwenig raus.

Er: Ich bekomme ja sowieso für die Stücke vom Aufbau-Verlag.

Ich: Wo warst du den ganzen Tag? Was machst du?

Er: So allgemeine Theatersachen. Proben ...

Ich: Du bist gar nicht in den »Winterschlacht«-Proben?

Er: Nein. »Don Juan« und »Carrar«, das ist so viel. Ich bin müde. Ich rufe später an.

Ich: Danke. Ich schlafe so viel besser, wenn du Gute Nacht sagst, Bertolt.

Brecht, 1956

Mit »Telefonzeit« meine ich die Zeit, zu der er alle anruft, alle der Reihe nach. Das ist neunzehn Uhr. Und dann ein kurzes »Gute Nacht« um dreiundzwanzig Uhr. Wenn man etwas zu sagen vergessen hat und zurückrufen will, ist sein Telefon schon besetzt.

(3. November 1954)

Ich hatte ihm die ersten dreißig Seiten meiner Aufzeichnungen über uns zu lesen gegeben. Hinter seinem Rücken wollte ich nicht weiterschreiben. Ich wollte wissen, was er meint und ob es Wert hat, die Geschichte fortzusetzen. Vor allem aber hatte ich allmählich bemerkt, daß ich mich nicht beschwindeln kann: Was ich schreibe, schreibe ich für ihn, an ihn, zu ihm. Mein Telefon weckte mich. Ich griff zum Hörer ohne Hoffnung, daß er es ist, denn es war außerhalb jeder Telefonzeit.

Er: Ich habe es gelesen ... die dreißig Seiten.

Ich: Na, hat es einen Wert weiterzumachen?

Er: Absolut ... Nur wollte ich das Tragische vermeiden.

Ich: Das kann ich ja rausstreichen.

Er: Solange du beschreibst, ist es sehr schön. Aber das Tragische wird dann romanhaft-konventionell.

Ich: Schon gestrichen.

Er: Und das mit dem seidenen Hemd in Dänemark, das du beinahe gestohlen hast ... da mußt du beschreiben, wie ich sonst angekleidet bin. Sonst klingt es so elegant ... mit seidenem Hemd ...

Ich: Ja, aber da stehle ich das doch nur. Das ist doch nicht tragisch, das meine ich lustig.

Er: Ja, aber warum liegt da ein seidenes Hemd ...

Ich: Nun sag mal, warum trägst du seidene Hemden? Sind die bequem auf deiner Haut?

Er: (Gemurmel.)

Ich: Jetzt hast du wieder seidene Hemden anfertigen lassen.

Er: Ich weiß nicht, aber es scheint mir zu elegant. Schreib doch eine Seite, wie ich angezogen bin. Und dann ist es auch schade, daß du nicht mein Arbeitszimmer in Skovsbostrand beschreibst.

Ich: Da, wo ich mit meinem Manuskript jetzt bin, bin ich doch noch gar nicht in deinem Arbeitszimmer gewesen.

Er: Da, wo Helli den Architekten mitnimmt ...

Ich: Da bin ich aber nicht mit drin. Kannst du mir nicht auf einer halben Seite dein Arbeitszimmer beschreiben?

Er: Ich werde es versuchen ... Du mußt auch schreiben, warum ich groß bin ...

Ich: Warum du groß bist? Ich könnte beschreiben, warum du für mich groß warst ... wie du für mich groß wurdest unter meiner Arbeit an der »Mutter« und »Carrar« und an »Furcht und Elend« und bei den Übersetzungen.

Er: Jaja, das mußt du, sonst kennt man sich nicht aus.

Ich: Ich werde es machen.

Er: Und das Tragische ist nicht gut. Sofort, wenn du Vorgänge beschreibst, ist es interessant ...

Ich: Da werde ich mich mehr auf das Beschreiben konzentrieren. Aber ich bin halt nicht mehr so heiter und lustig. Du hast jetzt ein neues Leben angefangen. Genauso wie du mir bei meinem Auszug von Robert Lund geholfen hast, hast du jetzt ihr geholfen, von ihrem Mann wegzuziehen. Alles nach Modell ...

Er: Ich helfe vielen Leuten, immerfort. Es bedeutet gar nichts.

Ich: Nein?

Er: Gar nichts.

Ich: Na gut, dann nimm mich mit in deine Arbeit. Da ist viel zu tun. Ich freue mich auf die Modellbücher.

Er: Warum gehst du nicht heute abend die Vorstellung fotografieren, wenn es auch nur für eine halbe Stunde ist?

Ich: Ich habe Angst zu fotografieren. Ich kann es gar nicht mehr. Ich bin bange, du könntest enttäuscht sein, was ich von der »Mutter« herausbekommen habe.

Das Gespräch endete wie gewöhnlich: »Ich rufe später an ...«, »Vielen Dank ...« und so weiter.

Ich setzte mich zurück. Was durch meinen armen Kopf ging, ging nicht durch den Telefondraht. Ich soll beschreiben, warum er groß ist. Aber wenn man das lesen wird, wird man doch schon wissen, warum Bertolt Brecht groß war. Mein Gott, hat er immer noch Angst, daß er vergessen werden könnte, wie er es in seinem Gedicht »Besuch bei den verbannten Dichtern« beschrieben hat? Einmal bat er mich in Dänemark, seine Gedichte auswendig zu lernen. Dachte er schon damals an die Atombombe? Soll ich als Wrack herumgehen und seine Gedichte für die Übriggebliebenen murmeln?

(7. November 1954)

Bei Durchsicht meines alten Notats über Möglichkeiten, Aufführungen fotografisch festzuhalten, sehe ich vor mir das Lächeln meiner Kollegen Fotografen. Nun bin ich leider kein Fotograf geworden, kein Berufsfotograf. Ich sage leider, weil für mich, die ich den Lehrsatz DIE WAHRHEIT IST KONKRET vom Balken in Bertolt Brechts dänischem Arbeitszimmer heruntergeholt habe, das Fotografieren ein wichtiger und ungeheuer ernster Beruf ist. Auch für meinen Beruf als Schriftsteller und Regisseur ist das nützlich und kann sogar nötig werden, weil ich mehr »Aufschreiber« als Schriftsteller geworden bin. Ich schreibe halt auf, was ich sehe und höre, geglaubt wird mir aber oft erst, wenn ich das, was ich aufgeschrieben habe, konkret beweisen kann: mit Bildern.

Ich griff zur Leica und sogar zur Kleinbildkamera in den USA, weil in Ländern, wo die Kunst von Seife-, Käse- oder Zahnpasta-Fabrikanten bestimmt wird, also in kapitalistischen Ländern, kein Berufsfotograf circa fünftausend Aufnahmen machen würde – und sei es noch so große Kunst –, wenn höchstens fünf davon verkaufbar sind.

Damals handelte es sich um Brechts Inszenierung seines Stückes »Leben des Galilei« mit Charles Laughton, also um eine einmalige Gelegenheit, drei Kunstarten fotografisch festzuhalten: Regie, Drama und Schauspielkunst. Kann man nun überhaupt ein Drama, ein Stück fotografisch festhalten? Regie, Schauspielkunst, Dekoration, Kostüme – jawohl, aber ein Drama? Doch, man kann es. Wenn man in die Bewegung hineinfotografiert, behaupte ich, ist es möglich, insbesondere, wenn es sich um epische Stücke, epische Regie und epische Darstellungskunst handelt. Wenn die Aufnahmen gestellt sind, entsteht ein zwar haarscharfes, aber verfälschtes, unrealistisches Foto.

Liebe Kollegen und Leser, schimpft nicht zu sehr auf meine Bilder. Ich schuf, was ich konnte unter den Bedingungen, die sich mir für meine Arbeit in kapitalistischen Ländern boten: hinter Glas, in einem kleinen Projektionsraum in Kalifornien, oder wie im Züricher Schauspielhaus, wo Brechts »Antigone«

nur an einem einzigen Vormittag aufgeführt wurde und das Fotografieren verboten war. Ich fotografierte aus dem Souffleurkasten heraus, und es entstand eines meiner gelungensten Bilder, die Weigel als Berliner Frau.

In Greiz benutzte Intendant Tickardt als erster unser »Antigonemodell 1948«. Das ganze Ensemble übernahm mit Freude, was ihm nachahmenswert erschien. Dort sah ich die ersten Früchte meiner unzulänglichen und schäbigen fotografischen Tätigkeit und erweiterte meine Sammlung – für das Archiv vorläufig – mit tausend Aufnahmen von der ersten sogenannten Modellaufführung.

Die Aufnahmen, die ich euch hier überliefere von einer Brecht-Neher-Weigel-Zusammenarbeit, sind nur eine kleine Auswahl aus zweitausend Fotos. Im Archiv haben wir gelungene farbige Aufnahmen, die die Schönheit der Dekoration und der Kostüme zeigen. Wir haben auch kleine Filmstreifen mit Gängen der Weigel. Aber das wenige, was ich als Fotograf gelernt hatte, wurde beschädigt, nicht nur durch Geldmangel, sondern auch, weil ich leider kein kaltblütiger Berufsfotograf bin. Wenn ich meine Linse auf die Weigel als Antigone scharf einstellte, mußte ich zu oft das kleine Glasfenster meines Suchers an der Leica abtrocknen. Wie durch einen Schleier sah ich zum erstenmal die jetzt so berühmten, kleinen, allessagenden Hände der Schauspielerin Helene Weigel. Diese Künstlerin kannte ich bisher nur als Kommunistin, Mutter, Köchin und Buchbinderin. Jetzt sah ich sie zum erstenmal die Fackel ihres schönen Berufes hochhalten. Sie hatte sie nie ausgehen lassen, aber als sie durch viele Länder flüchten mußte, waren die Nachfrage und das Bedürfnis nach ihrer Kunst gering. Hier ein Satz, den ich in Hollywood in einem Studio aufschnappte: »Nein, nein und wieder nein, nicht die Weigel. Nicht für eine Replik, nicht einmal stumm kann ich sie besetzen. Die da – und dabei studierte der Produzent Weigels Probeaufnahmen – färbt doch alles rot, schon mit ihren Augen. Sie ist eine Kommunistin!«

Die Stimme der Weigel kannte ich ja, aber nicht verfremdet von der Bühne. So gingen mir zwei Vorstellungen verloren, bis ich mich an diese mahnende Stimme gewöhnt hatte, wenigstens so sehr, daß meine Hände nicht mehr zitterten beim Filmeinlegen in unsere armselige alte und damals einzige Leica. Ich weiß noch genau und werde es immer wissen, wie mir ein wichtiger Film kaputtging bei dem Vers: »Welcher nämlich die Macht sucht, trinkt vom salzigen Wasser, nicht einhalten kann er …« Da, liebe Kollegen, ließ sich der Film nicht weitertransportieren, und bei »Weh' mir!« zerriß mir der Film. Im Dunkeln fühlte ich den Schaden. Ich habe später viele Aufnahmen mit Watte in den Ohren gemacht, aber zu spät, meine Hörnerven waren schon angegriffen von diesem unfachgemäßen Fotografieren. Ich bewundere darum die kaltblütigen, ruhigen Berufsfotografen. Jetzt, notiere ich als Warnung, fotografiere ich mit einem Hörapparat, den ich abschalten kann, wenn Logos (das Wort, die Lehre) Psyche (die Seele) angreift. Nur ein Schalter, um unsere Tränen abzustellen, ist noch nicht erfunden.

Wenn die Weigel noch einmal die Antigone spielt – und ich höre, daß dafür eine Hoffnung in der Akademie der Künste besteht –, dann versucht mal, sie so zu fotografieren, daß man auch ihre vollendete Beherrschung der Mimik sieht. Denn von Weigels Gesicht kann man in den von mir überlieferten Bildern wenig erkennen.

Macht es besser! Wir haben in der DDR bessere Voraussetzungen. Max Reinhardts Deutsches Theater hat zum Beispiel eine neue Beleuchtungsapparatur. Ob man dort eine helle Fotografiervorstellung für euch machen wird?

Wir brauchen hier auch nicht jeden Pfennig umzudrehen, wie ich die Rappen in der Schweiz zählen mußte.

Und vor allem: Macht es! Legt dem größten Stückeschreiber Fotos vor und verlockt ihn zu Strophen, wie er sie uns in seiner »Kriegsfibel« schenkte – oder verlangt sie ihm ab. Das ist doch der größte Erfolg für einen Fotografen, wenn seine Arbeiten unsere Dichter kitzeln, so daß sie eure konkreten Momentaufnahmen mit Versen, Strophen, Balladen besingen.

Die Wirklichkeit auf der Bühne kann nur fotografisch kontrolliert werden. Ein Bild kann man lange am stillen Morgen, fern vom Regietisch studieren. Geht erst der Vorhang hoch, ist's schon zu spät. Und nicht ohne Grund hat das Berliner Ensemble das größte fotografische Laboratorium und Archiv aller Theater der Welt. In allen Ländern, in denen wir waren, gab es kein Fotolabor, das nur für die Regie und die Dramaturgie gearbeitet hat. Dies alles – um nicht wieder mißverstanden zu werden – hat nichts mit Naturalismus oder Formalismus zu tun, sondern wir benutzen von fotografierten Haltungen, Gesten, Gängen und Gruppierungen, was wir brauchen können, um die Wahrheit auf die Bühne zu bringen: schlechte Haltungen ebenso wie gute Haltungen, die schlechten, um sie zu verändern, die guten, um sie nachahmenswert zu machen. Wir müssen unserem neuen, strengen, lebensklugen Publikum, das aus den volkseigenen Betrieben und von den Feldern direkt in unser Theater kommt, wenigstens zeigen, daß wir uns Mühe geben, die Wahrheit zu zeigen. Der Beruf des Fotografen ist im Jahre 1955, in dem ich das schreibe, ein wichtiger Beruf. Er muß nur richtig wahrgenommen, angesehen, geehrt und vor allem unterstützt werden.

Für mich hat sich diese Arbeit mehr als gelohnt, und einmal wird man sie mir vielleicht danken. Die »Brückenverse« zum »Antigonemodell 1948« hat der Dichter zu den kümmerlichen Fotos geschrieben. Ich habe sie ihm abverlangt.

(Entwurf für einen Aufsatz zum »Antigonemodell 1948«
von Bertolt Brecht und Caspar Neher, 1955)

Du

Du bist mir so lieb.
So einen Freund zu haben in dieser Zeit.
Was ich mit immer frischem Erstaunen anschaue:
Die Sterne, das Meer und dein Gesicht.
Dein Gesicht, deine Augen – kräftiger als Meer und Sterne.
Du kennst mein Elend, diese tödliche Sehnsucht.
Deine Schultern habe ich in meinen Händen gehabt.
Ute weint, zu erschrocken um zu verstehen, daß du da
    warst
Du, du Bertolt.

(Ende Juli 1957)

WIE WAR BERTOLT BRECHT?

Wie war er als Mensch?
Fragt mich lieber, wie er gearbeitet hat.
Schrieb er nicht kalt, völlig ohne Gefühl?
Nein.
Was fühlte er, wenn er schrieb?

Er sagte: Ich fühle nur, wenn ich Kopfschmerzen habe, nicht wenn ich schreibe, dann denke ich nämlich.

War er ein Genie?

Ja, ein fleißiges, marxistisches, normales Genie.

Was war seine Triebkraft?

Um es mit einem Wort zu sagen: Klassenkampf.

Wofür arbeitete er?

Für die Unterdrückten, gegen die Ausbeuter.

Und wie schrieb er?

Freundlich und humorvoll für die einen, offen, hart und unduldsam gegen die anderen.

Hatte er private Probleme?

Er sagte, er habe keine, außerdem ginge das niemand etwas an.

War er nicht merkwürdig?

Mir ist nur aufgefallen, daß er selbst im härtesten finnischen Winter ohne Handschuhe herumgelaufen ist. Er hatte immer warme Hände und liebte die Luft auf Händen und Stirn. Und dann natürlich, daß er gearbeitet hat wie kein anderer Mensch, den ich gekannt habe. Er kannte keinen Sonntag, keine Ferien, keine Feiertage. Aber einen Weihnachtsbaum wollte er haben.

Brecht und die Höflichkeit

Eines Morgens, als Brecht in seinem Wagen vorgefahren kam, sprang unser Theaterinspizient hinzu und öffnete die Wagentür. Brecht nickte freundlich »Guten Morgen« – und stieg zur anderen Tür hinaus.

Was er haßte

Wenn jemand ihm seinen Mantel hielt. Wenn ihm jemand Feuer für die Zigarre anbot. Kämpfe, wer zuerst durch eine Tür gehen soll.

Streitigkeiten

Brecht stürzte von einer Probe in eine andere.

B.: Warum wird nicht die Szene probiert, die ich angesetzt habe?

R.: Die haben wir schon probiert.

B.: Ich habe ausdrücklich angeordnet, daß die neue Szene erst probiert wird, wenn ich da bin.

R.: Ja, aber ...

B.: Ich hatte verboten, die Szene ohne mich zu probieren.

R.: Die Schauspielerin wollte nach Hause, und ...

B.: Hier gibt's keine Primadonna – außer mir!

Sein eigener Sohn

Als Brecht aus der langen Emigration nach Deutschland zurückkam, kannte die junge Generation oft nicht einmal seinen Namen. Seine Bücher waren verbrannt, er selber war von Hitler ausgebürgert worden.

Eines Tages mußten wir irgendwelche Papiere auf irgendeinem Amt abholen und – wie üblich – uns erst beim Pförtner anmelden, um einen Passierschein zu bekommen. Der Pförtner genoß seine Machtstellung ungemein. Er buchstabierte sich langsam durch den Namen B-e-r-t-o-l-t B-r-e-c-h-t, sah Brecht streng an und fragte: »Sind Sie mit dem Bert Brecht verwandt?« – »Ja. Ich bin mein eigener Sohn«, antwortete Brecht, ergriff seinen Passierschein und murmelte im Hineingehen: »In jedem Loch sitzt immer noch ein Kaiser Wilhelm.«

Über das Lachen

Bei den Proben und Dramaturgiesitzungen wurde viel gelacht. Einmal sollte ein Schüler beschreiben, welche Schwierigkeiten wir in unserer »Mutter«-Inszenierung mit der Dekoration hatten. Es war seine erste Aufgabe bei uns, und die in der Brecht-Schule schon gestählten Mitarbeiter lachten sich halbtot über die hilflose Ausdrucksweise dieses Unglücklichen. Ein Satz wurde hervorgehoben, und auch Brecht lachte Tränen: »Der Ofen in der kleinen Stube der Mutter weitete sich zu einem Problem aus.«

Der ungeschickte Schüler versuchte mitzulachen, aber die Tränen saßen ihm wohl näher. Da rettete Brecht ihn mit seiner sprichwörtlichen Freundlichkeit. Er zeigte auf ihn, und, noch Lachtränen im Auge, rief er: »Der, der über sich selber lachen kann, ist schon ein halber Gott. Gott lacht über sich selbst den ganzen Tag.«

Ein kleines Wörterbuch

a) Lobwörter
   normal
   freundlich
   nützlich
   hilfsbereit
   begabt
   lustig
   echt

b) Schimpfwörter
   korrupt
   verkauft
   Ausbeuter
   undialektisch
   unmarxistisch

c) Im Theater
   zeigen
   ausprobieren
   Widerspruch
   trocken sprechen
   Fabel
   warum?
   warum?
   und immer wieder: warum?

Lieblingstier
Sein Hund Rolf

Lieblingsfarbe
Grau

Lieblingsmaterial
Leder
Holz

Genüsse

a) Essen
   Im Frühjahr die jungen Kartoffeln
   Spargel mit Essig und Öl
   Karpfen
   Rindfleischsuppe
   Spätzle, Klöße
   Meerrettich
   Käse jeder Sorte und jeder Menge
   Himbeeren, Himbeeren, o Himbeeren

b) Trinken
   Zitronensaft morgens, mittags und nachts
   Bier in der abendlichen Stille, endlich ganz allein
   Whisky, aber nur im Londoner Nebel
   Tee für die Gäste
   Nie und nimmer Wasser
   Schnaps notgedrungen, mit verzogenem Gesicht,
   gegen beginnende Erkältungen
   Bei Champagner schlief der Meister ein

Was er gern hatte
Alte Kupfersachen
Alte Uhren
Schöne Pfeifen
Bauernbestecke
Alte Messer
Alte chinesische Teppiche

Was er brauchte
Viele Tische
Schreibmaschine
Leselampe
Licht
Schönes Schreibmaschinenpapier
Scheren zum Bilderausschneiden
Klebstoff zum Montieren

Was er noch brauchte
Schüler
Begabte Schauspieler
Komponisten
Gespräche
Wissenschaftler
Kriminalromane
Seine Ruhe

Was nicht zu vergessen war
Daß ein junger Baum Wasser haben muß
Daß die Vögel im Winter schwer Nahrung finden
Daß ein Kranker Hilfe braucht
ein Hungriger Essen
ein Frierender Wärme

(1958)

Brief ohne Adresse

Kopenhagen, 6. August 1962

Heute bekam ich einen Brief vom Suhrkamp Verlag, Sekretariat Dr. Unseld. Er wird abgedruckt in meinem Kapitel über
Brecht und Peter Suhrkamp. Und er wird gedruckt mit oder
ohne Genehmigung. Ich habe jetzt genug mit »Genehmigun-
gen«.

So? Es war ein »Versehen«? Man wußte nicht, daß ich keine
Valuta habe? Wenn ich dänischen Boden betrete, habe ich
keine Öre. Meine »Beteiligung an den ›Simone‹-Tantiemen
wird von den Brecht-Erben nicht anerkannt«. So? »Die Tantiemen werden lediglich zwischen Feuchtwanger und den
Brecht-Erben aufgeteilt.« So? »Der Vertrag wurde in den USA
nur gemacht, um Steuern zu sparen.« So? »Daran kann ich
nichts ändern«, läßt mir Dr. Unseld schreiben. Aber könnte er
nicht wenigstens einmal den Vertrag lesen, von dem mir
Marta Feuchtwanger eine Kopie geschickt hat?

Für die Aufführung in den Städtischen Bühnen Frankfurt
am Main habe ich eine Simone gesucht und gefunden, weil
Brecht immer ein Kind für diese Rolle haben wollte. Ich habe

mit dieser Simone gearbeitet und unsere Arbeit auf Band aufgenommen, damit sie keiner leugnen kann. In der Presse stand davon merkwürdigerweise nichts, im Gegenteil, es wurde geschrieben, daß Generalintendant Buckwitz diese wirklich große Entdeckung gemacht hat. Buckwitz hat mir geschrieben, daß das nicht stimmt, aber daß er an diesem Fehler schuldlos sei. Komisch. Brecht hat mich immer gelobt wegen meines dänischen Humors. Aber jetzt vergeht er mir. Weil meine achtzigjährige Mutter krank ist, muß ich in Dänemark bleiben. Aber ich weiß nicht, wovon ich sie unterstützen und wovon ich selber leben soll. Brecht hatte meine Mutter gern, und jetzt verkaufe ich einige handgeschriebene Briefe und ein Manuskript von ihm. Der Meister würde mir da zustimmen, er wollte immer gern nützlich sein. Jetzt benütze ich ihn für meine Mutter.

Und gleichzeitig freue ich mich darauf, bald wieder in der Berliner Charitéstraße zu sein, zwischen Brechts Sachen. Dort will ich in aller Ruhe sterben, und zwar in seinem Bett.

BERTOLT BRECHT UND DIE TUGENDEN

Er war immer heiter und lustig. Heiterkeit war für ihn eine Tugend, die über die schwierigsten Aufgaben hinweghilft. »Ein Mensch, der heiter ist, findet immer einen Ausweg.« Wenn ich sagte, daß nicht alle Leute diese Gabe besitzen, antwortete er: »Man muß Heiterkeit produzieren.«

Er verabscheute Leute, die morgens sauer aus dem Bett krabbeln. »Man muß sich schon abends den Spaß für den nächsten Tag zurechtlegen, und sei es nur, daß man den Pflanzen Wasser gibt oder die Vögel vor dem Fenster füttert.«

Das Wichtigste für Brecht war der regelmäßige Fleiß. Er schimpfte über Leute, die spontan fleißig waren und dann für Tage alles liegenließen, nur weil sie nicht gelobt oder kritisiert worden waren. Nun konnte man ein paar Tage lang nicht mit ihnen rechnen. Fleißigsein ohne Spaß war für Brecht unerträglich. Natürlich hatte Brecht auch Aufgaben zu erfüllen, die er mit einem Seufzer Pflichtarbeiten nannte.

Ruth Berlaus Mutter, etwa 1960

Zu Brecht gehörte auch die Tugend der Pünktlichkeit. Wenn einer nicht pünktlich war, sagte Brecht: »Es ist eine Schweinerei, die Zeit anderer Leute durch Wartenlassen zu vergeuden.«

Die Tugend Bescheidenheit war für Brecht eine widersprüchliche Tugend. Er sagte: »Es ist eine falsche Bescheidenheit, seine Fähigkeiten unter Wert einzuschätzen. Ein Tischler liebt sein Holz und muß stolz darauf sein, daß er es so gut bearbeiten kann. Ein Mechaniker muß sich seiner Fingerfertigkeit bewußt sein. In dieser Beziehung darf man nicht bescheiden sein. Aber ein noch so großer Schauspieler muß doch, bitte sehr, wenigstens für fünf Pfennige Bescheidenheit in seiner Tasche aufbewahren.« Man fragt mich, ob Brecht selbst bescheiden war. Er wollte gern benutzt werden – und nicht nur auf der Bühne, wenn der Vorhang hochgeht, sondern auch im Leben. Bitte, gehört das nicht zur Bescheidenheit – der Drang, nützlich sein zu wollen?

Einmal saßen wir mit Bauarbeitern zusammen. Neben Brecht saß ein alter, grauhaariger Arbeiter. Brecht fragte ihn: »Was machen Sie auf dem Bau?« – »Ich trage Mörtel und Steine nach oben.« – »Ist das nicht zu schwer für Sie?« Lachend antwortete der alte Arbeiter: »Ich könnte Sie zehnmal von unten nach oben tragen.« Es entstand eine kleine Pause. Brecht sah schüchtern und verschämt zur Seite. Dann sagte der Arbeiter: »Aber nicht Ihren Geist.« Brecht lachte zufrieden.

Hilfsbereitschaft. Brecht sagte: »Bereitschaft zum Helfen ist mit Erfindungsgabe verbunden und vor allem mit Freundlichkeit.« Er hatte es nicht gern, wenn eine Aufgabe erfüllt wird, als sei es eine Sklavenarbeit. »Da fühle ich mich wie ein Ausbeuter.« Er verlangte nichts, gab immer Ratschläge, aber auch den engsten Mitarbeitern immer nur einmal. Wurde sein Ratschlag nicht befolgt, wiederholte er ihn nicht.

Vielleicht möchte jemand gern wissen, wie Brecht zu der Liebe stand. Da finde ich in meinen Notizen einen Satz: »Liebende sind große Leute.« Wenn jemand damit etwas anfangen kann, hätte Brecht sich gefreut.

(1966)

Ruth Berlau, 1973

Das Dach stürzt ein, und ich fühle, daß ich brenne. Merkwürdig, daß die Haare um meinen Schoß vom Feuer zuerst ergriffen werden. Das kann ich löschen. Ich greife mit beiden Händen hin und versuche, die Flammen mit der Nässe meines Schoßes zu löschen. Ich hebe meine rechte Hand hoch, sie brennt wie eine Fackel. Ich zeige auf ihn, denn er ist jetzt dazugekommen. Er steht ein paar Meter entfernt und spricht mit vielen Leuten. Er schaut schräg herüber. Ich schnappe Sätze auf. Es geht für ihn um Leben und Tod seiner Werke. Da hebe ich noch einmal die Fackel hoch, meine brennende rechte Hand, und rufe leise durch die Nacht: »Bertolt.« Er schaut sich noch einmal um und zitiert dann aus seinem Gedicht »Ardens sed virens«: »Herrlich, was im schönen Feuer nicht zu kalter Asche kehrt! Schwester sieh, du bist mir teuer, brennend, aber nicht verzehrt.« Dann sagt er drohend zu mir: »Von kalter Asche habe ich nichts!« Ich versuche, ihm ein Zeichen zu geben: In der Kassiopeia fehlt ein Stern. Dieser fehlende Stern hat mich getroffen und das Feuer angezündet. Er schüttelt den Kopf und schaut nicht einmal hinauf zum Himmel. Er glaubt, daß ich wieder einmal irre bin. Da greift W. ihm in den Arm und sagt: »Hol' die Feuerwehr! Nur die Feuerwehr kann hier etwas tun. Wenn es brennt, muß man die Feuerwehr holen! Du kannst nicht helfen!«

Ich sehe, wie er die Anweisung gibt, daß man die Feuerwehr anruft. Da fällt der zweite Stern aus der Kassiopeia. Aber schon ist die Feuerwehr da und holt mich weg und deckt mich zu.

(ohne Datum)

NACHWORT

Ruth Berlau war eine außergewöhnliche Frau. Ich habe sie zuzeiten bewundert und zuzeiten gehaßt. Denn sie existierte nur in Extremen. Ihr Anspruch an ihre Umgebung war ebenso mörderisch wie selbstmörderisch. Mit ihren Freunden befand sie sich stets auf einer Gratwanderung. Sie wagte großen Einsatz, aber sie war keine Spielerin, sondern sie kämpfte für das, was sie für vernünftig hielt. Auch wenn sie verlor, blieb sie am Ende die Stärkere, weil sie ohne Rückhalt gestritten hatte. Ihr Durchhaltevermögen war erstaunlich. Nach anstrengenden nächtlichen Diskussionen triumphierte sie am Morgen als letzte. In ihren guten Zeiten trank sie die härtesten Männer unter den Tisch. Ärzte, mit denen sie oft zu tun hatte, waren nach der Behandlung selbst für das Krankenhaus reif. Ruth Berlau half ihnen wieder auf die Beine. Sie schurigelte Bürokraten, arbeitsscheue Leute, gleichgültige Verkäufer und unwirsches Personal in Gaststätten. Niemand getraute sich, ihr Widerpart zu geben, weil ihre Vorwürfe konkret waren. Was man auch immer gegen sie vorbringen mag, in der Erinnerung bleibt sie eine große Persönlichkeit, einschließlich ihrer Widersprüche, ihrer Stärken und Schwächen.

Es war schwer, Ruth Berlaus Verhalten vorauszusagen. Der Umschlag von einer Haltung in ihr Gegenteil kam immer überraschend. Und alles war total: Liebe und Hingabe, Verachtung und Tyrannei, Umsicht und Behutsamkeit einerseits, wütende Beschimpfung und Verurteilung andererseits. Man mußte Jahre mit ihr zusammensein und mit ihr arbeiten, um sie zu begreifen. Brecht praktizierte diese wechselvolle Gemeinsamkeit mit ihr zweiundzwanzig Jahre lang.

Wer Ruth Berlau nur gebend erlebt hat und nicht, wenn sie forderte, mit der gleichen Ausschließlichkeit, hat sie nicht kennengelernt. Umgekehrt bekam einer, der hilflos das Weite suchte, weil sie zornig und ungerecht mit ihm umgegangen war, keine Vorstellung davon, wie hilfsbereit bis zur Selbstaufgabe und wie zart sie sein konnte.

Es ist wahr, daß Ruth Berlau, wenn es ihr ins Konzept

paßte, eine Auseinandersetzung aus ihrem Gedächtnis verdrängte und zur Tagesordnung überging, als sei nichts geschehen. Sie rechnete mit stillschweigendem Einverständnis. Das war nur dem gutmütigen und mit ihr vertrauten Freund möglich. Uneingeweihte konnten ihre Verwirrung selten verbergen. Dann ernteten sie Spott und Hohn wegen Sturheit und Rechthaberei. Es konnte ihnen sogar passieren, daß Ruth Berlau sie aus ihrer Wohnung hinauswarf. Wahr ist auch, daß wegen dieser Unberechenbarkeit Ruth Berlaus manche Leute, darunter bedeutende Zeitgenossen, lieber einen Umweg wählten, als die Gefahr einer Begegnung mit diesem menschlichen Vulkan auf sich zu nehmen. Ein berühmter dänischer Rechtsanwalt flüchtete für Stunden in die Toilette, als er Ruth Berlau im Foyer des Hotels entdeckte. Einmal hat sie eine Geburtstagsgesellschaft gesprengt, indem sie sich hitzig mit anderen Gästen überwarf, weil ihnen Brecht nicht ebensoviel bedeutete wie ihr. Vor dem Gastgeber pochte sie auf ihr Recht, Brecht bis aufs Messer zu verteidigen, und forderte Verständnis für ihr rabiates Benehmen. Ein andermal aber, als sie meinte, daß Brecht eine Mitarbeiterin durch Nichtachtung ihrer Leistung verletzt hatte, ging sie spontan und so, wie sie gerade angezogen war, im Nachthemd, zu ihr und brachte ihr den Blumenstock, den sie kurz zuvor von Brecht geschenkt bekommen hatte. Wie eine Rachegöttin ist sie durch die belebten Straßen geeilt.

Ruth Berlau hatte, besonders in Berlin, viele Querelen mit Helene Weigel, wobei sie sich eigensinnig von jeder Schuld frei sprach. Aber als ein Liedermacher ihr ein Juxlied gegen die Weigel vorsang und Beifall erwartete, weil er sich in Übereinstimmung mit Ruth Berlau wähnte, trat sie ihm gegen das Schienbein und brach jeden Kontakt mit ihm ab. In ihren Augen war das Liebedienerei, derer sie nicht bedurfte. Was oder wen sie selbst mit Kritik bedachte, war nicht jedem x-beliebigen in gleicher Weise erlaubt. Dazu gehörte Lebenserfahrung, die sie an ihrer eigenen maß.

Das ganze Haus erzitterte, wenn Ruth Berlau die Wohnungstür hinter einem Besucher zuschlug, mit dem sie sich gestritten hatte. Ich kann ein Lied davon singen. Sie hat mich fünfmal als ihren Erben eingesetzt und fünfmal ebenso impulsiv wieder enterbt. Sie hat anrührende Geschichten über meine Fürsorge für sie aufgeschrieben und mir viele Briefe voller Dankbarkeit geschickt, aber sie hat mich auch als eingefleischten Nazi beschimpft. Dennoch blieben wir mehr als zwanzig Jahre eng befreundet. Oft war ich ihr einziger Vertrauter, und nicht selten war ich allein übriggeblieben, wenn es galt, für sie einzutreten. Nur eines habe ich lange nicht verwinden können. Als sie sich einmal einbildete, auch ich könnte sie im Stich lassen, denunzierte sie mich bei den Behörden. Sie behauptete, ich wolle von einer Theatertagung in Jugoslawien nicht zurückkommen. Das war ein gefährlicher Vorwurf, den ich nicht mit Ruth Berlau allein zu klären hatte. Heute denke ich mit Rührung daran, was sie angestellt hat, nur um mich nicht zu verlieren.

In den fünfziger Jahren machten sich viele Leute ein negatives Bild von Ruth Berlau zurecht. Sie sahen nur noch ihre Bitterkeit, ihre Selbstgerechtigkeit, die Streitsüchtigkeit und das verzweifelte Umsichschlagen. Sie übersahen, daß diese Verhaltensweisen eine Art Notwehr waren, weil Brecht sie nicht mehr in seine Arbeit einbezog. Das war das Schlimmste, was ihr passieren konnte. Sie hatte vor langer Zeit ihre Existenz an Brecht gebunden und wollte ihre Identität nicht verlieren. Es war anstrengend, böse zu sein, aber Ruth Berlau hielt diese Maske vor ihr wirkliches Gesicht, als sie die Tragik ihrer Beziehung zu dem Idol Brecht zu ahnen begann. Sie fühlte sich durch die Umstände gerechtfertigt, wenn sie die Aufmerksamkeit nur noch durch Skandale auf sich ziehen konnte. Einige Zeit hatte sie damit sogar Erfolg bei Brecht, er kümmerte sich wieder mehr um sie. Aber allmählich fühlte er sich durch ihr Verhalten erpreßt und in seiner Produktivität beschädigt. Er wurde müde und wollte nicht länger um sie kämpfen. Brecht hatte nicht verstanden, daß sie nach jedem Strohhalm griff, um den Sinn ihres Lebens zu bewahren. Und Ruth Berlau verstand nicht, daß ihre Hoffnung, Brechts Einstellung durch massiven Druck ändern zu können, einem Selbstbetrug gleichkam.

Ruth Berlau hat ihr ganzes Leben lang aus einem phänomenalen Instinkt gehandelt und nie spekuliert, wodurch sie zu Erfolg kommen könnte – in ihrer politischen Überzeugung, im Bekenntnis zu einer Freundschaft, in der Zielrichtung ihrer Arbeit, im Abwehren einer Gefahr. Sie konnte maßlos glücklich und maßlos traurig sein, maßlos stolz und maßlos niedergeschlagen. Aber sie gab niemals auf. Ob im Hoch oder Tief, sie besaß einen unbändigen Überlebenswillen, und auch am Boden liegend, vergaß sie nicht ihren Humor. Wenn sie auf den Haken im Querbalken über der Tür wies und das Seil im Schubfach ihrer Kommode vorzeigte, tat sie das mit Gelächter. Niemand faßte diese makabre Demonstration als Drohung auf, denn Selbstmord war die einzige Aktivität, die man sich bei Ruth Berlau nicht vorstellen konnte.

2

Ruth Berlaus Leben ist überschaubar geworden. Wenn man über sie berichtet, braucht man nichts auszulassen, und man muß auch nichts beschönigen. Eine Weile werden noch Klatschgeschichten über sie kolportiert werden, wofür es eine Menge Stoff gibt. Das kann ihr kaum schaden. Sie wird trotzdem in der Literatur- und Theatergeschichte überleben. Solange man von Brecht spricht, solange wird auch der Name Ruth Berlau genannt werden. Sie gehört zu den großen Anregerinnen, deren Leistung in Einfühlungsvermögen, Verständnis und Treue besteht. Von den Frauen um Brecht war sie nach Helene Weigel am längsten mit ihm zusammen. Und sie muß neben Elisabeth Hauptmann und Margarete Steffin als eine seiner wichtigsten Mitarbeiterinnen genannt werden. Ruth Berlau hat die ihr zugefallene Funktion nie überschätzt, aber sie hat sie mit ihren Kräften ausgefüllt und damit einen Anteil am Werk Brechts. Brecht hat das immer so eingeschätzt, auch nachdem er sie fallengelassen hat.

Ruth Berlau hat erzählt, wie wichtig für Brecht Diskussionspartner und Mitarbeiter waren. Er brauchte ein Publikum schon im Arbeitsprozeß, er suchte das Echo. Was Mitarbeit für ihn konkret bedeutete, ist schwer zu beschreiben. Sie konnte im Sinne des Wortes gewertet werden, aber sie konnte auch darin bestehen, daß ihm die Arbeit erleichtert wurde, weil jemand da war, der alle organisatorischen Aufgaben selbständig löste. Brecht war ein Manuskript-Fetischist. Er ging frischer an die Arbeit und schrieb mit mehr Spaß, wenn die am Vortag korrigierten Seiten am nächsten Morgen sauber abgeschrieben auf seinem Tisch lagen. Eine einfache Schreibkraft hätte das nicht leisten können, dazu gehörte die kritische Haltung zum Beispiel einer Margarete Steffin, die ihrerseits Korrekturvorschläge einbrachte. Als Ruth Berlau das aus vielen Abschnitten zusammengeklebte und immer wieder korrigierte Manuskript vom versifizierten »Kommunistischen Manifest« an jedem Abend aufs neue fotografierte und über Nacht Abzüge anfertigte, bewertete Brecht auch diese Arbeit nicht als bloße manuelle Hilfe. Er konnte die Arbeit im Status nascendi an seine Diskussionspartner Karl Korsch und Stefan Brecht schicken. Mitarbeit war auch, wenn jemand selbständig geeignete Literatur besorgte, Dokumente, Bilder und Fotos oder wenn er Wissenschaftler, Schriftsteller oder Künstler für Gespräche vermittelte.

Eine Zusammenarbeit hatte vielerlei Imponderabilien. Wer hatte den Einfall. Wurde er wahrgenommen, wurde er benutzt, und wie wurde er benutzt. Vielleicht war eine beiläufige Bemerkung wichtig, womöglich erst im nachhinein, wenn der Anreger sie schon vergessen hatte. Ursache und Wirkung sind fast nie auseinanderzuhalten. Es konnten ganz konkrete, aber auch sehr diffuse Anregungen sein, die von Brecht angenommen oder verworfen wurden, meist ohne Begründung oder auch unbewußt von ihm okkupiert. Niemand vermochte die Gunst oder die Ungunst der Stunde für Vorschläge vorauszuahnen. Entscheidend konnte sein, von wem sie kamen und für wessen Rat Brecht gerade offen war. Denn das Gesamtkonzept lag stets in seiner Hand.

Im finnischen Exil entstand das Stück »Herr Puntila und sein Knecht Matti«. Es wurde im September 1940 abgeschlossen. Ruth Berlau war in dieser Zeit täglich mit Brecht zusammen, aber sie hatte keinen nennenswerten Anteil an dieser Arbeit. Sie hat stets auf Hella Wuolijoki als Anregerin und auf Margarete Steffin als Mitarbeiterin Brechts verwiesen. Brecht aber schrieb 1943 an Ruth Berlau: »Das Stück hätte ich ohne unsere Spaziergänge im Laubwald« (von Marlebäck) »nie schreiben können.« Man kann rätseln, welche Beweggründe er dafür hatte, doch man muß davon ausgehen, daß er diesen Satz, als er ihn aufschrieb, ernst gemeint hat.

In Brechts Geschichte »Eine Produktion Lai-tus« findet man eine Erklärung. »Der Dichter Kin-jeh sagte: Es ist schwer zu sagen, was Lai-tu produzierte. Vielleicht sind es die zweiundzwanzig Zeilen, die ich in mein Stück über die Landschaft einfügte, die ohne sie nie geschrieben worden wären. Natürlich haben wir nie über Landschaft gesprochen. Was sie lustig nennt, hat mich auch beeinflußt. Es ist nicht das, was andere lustig nennen. [...] Selbst wenn sie nur produziert hätte, was mich produzieren machte und produzieren ließ, würde sie sich doch gut gelohnt haben. (Kin-jeh litt nicht an Bescheidenheit.)«

Es ist unwahrscheinlich, daß Brecht mit dieser Geschichte seine Eitelkeit ausstellen wollte. Er war sich ihrer nicht bewußt, sonst hätte er zumindest den letzten Satz wieder ausgestrichen. Seine Absicht war vielmehr, Ruth Berlau bei der Überwindung existentieller Unsicherheiten zu helfen. So hat Ruth Berlau den Sinn dieser Beschreibung auch aufgefaßt. Denn sie hatte von Brecht gelernt, daß Liebe eine Produktion ist und daß eine Produktion der Liebe bedarf. Sie glaubte daran, daß Brecht alles aus Liebe tat, und darum tat auch sie alles, um diese Liebe zu beschützen.

Später war sie eher der Meinung, daß Brecht vor allem sich selber nützen wollte, wenn er ihr eine Produktivität zusprach, die *seine* Produktion anregen sollte und förderte. Damit entschlüsselte sie Brechts Mystifikation als Kin-jeh: Er liebte in erster Linie sich. Brecht wollte immer etwas erreichen und beweisen, und dann war seine Wahrheit die ganze Wahrheit. Selbst wenn er sich für etwas entschuldigte, was selten vorkam, behielt er am Ende recht.

3

Mit Beginn der Emigration mußte Brecht seine bevorzugte Arbeitsweise – das Schreiben im Kollektiv – aufgeben und sich radikal umstellen. Mitarbeiter in beinahe beliebiger Anzahl, wie vorher, standen ihm nicht mehr zur Verfügung. Auch Elisabeth Hauptmann, die einzige Frau in den jeweiligen Arbeitsgruppen, fiel aus, weil sie einen anderen Weg in die Emigration wählte als Brecht. Dieser Verlust muß für ihn besonders schmerzlich gewesen sein, denn niemand hatte so kontinuierlich mit Brecht zusammen gearbeitet wie Elisabeth Hauptmann. In der Periode zwischen 1923 und 1933 wurde sie an beinahe allen Produktionen beteiligt. Brecht nennt sie bei neun von elf Stücken als Mitarbeiterin. Sie hatte offenbar am besten verstanden – oder auch die wenigsten Schwierigkeiten gehabt –, sich auf Brechts Arbeitsweise einzustellen. Probleme wie bei den männlichen Mitarbeitern, mit dem stets dominierenden Brecht auszukommen, gab es bei ihr nicht. Weder Caspar Neher noch Kurt Weill und auch nicht Hanns Eisler haben auf die Dauer durchgehalten, und das lag nicht nur daran, daß jeder von ihnen sein eigenes Arbeitsgebiet hatte oder inzwischen in einem anderen Land lebte. Bei weiblichen Mitarbeitern war das grundsätzlich anders, solange Brecht zu ihnen hielt. Sie gingen stets eine Symbiose mit ihm ein. Das war, was Brecht brauchte, und da die Frauen es freiwillig taten, fühlten sie sich vielleicht manchmal überfordert, aber nicht auf ihre Kosten ausgebeutet.

Es fällt zwar auf, aber es ist unter diesem Gesichtspunkt nicht seltsam, daß Brecht während der gesamten Emigration als ständige Mitarbeiter nur Frauen hatte, die ihn zugleich liebten, zunächst Margarete Steffin und danach Ruth Berlau.

Margarete Steffin löste Elisabeth Hauptmann während der Arbeit am Stück »Die Rundköpfe und die Spitzköpfe« nahtlos ab. In den folgenden acht Jahren – bis zu ihrem Tod in Moskau, 1941 – ist sie an fast allen Stücken beteiligt gewesen, die Brecht geschrieben hat. Er nennt sie siebenmal als Mitarbeiterin. Dazu kommen mehrere Fragmente, ihr Einsatz für den Druck von »Lieder Gedichte Chöre« und – neben allem anderen, was sie für Brecht geleistet und ihm bedeutet hat – ihre Hilfe beim »Dreigroschenroman«, den Brecht ihr zu wesentlichen Teilen vom Krankenbett aus diktierte.

Ruth Berlaus Name als Mitarbeiterin Brechts steht zum erstenmal – neben dem von Margarete Steffin – vor dem Stück »Der gute Mensch von Sezuan«. Dann folgen »Der kaukasische Kreidekreis«, »Tage der Commune« und schließlich die Bearbeitung von Lenz' »Der Hofmeister«. Aber selbst wenn man als bekannt voraussetzt, daß sie die vier Modellbücher des Berliner Ensembles, die »Svendborger Gedichte« und die »Kriegsfibel« herausgegeben hat, wenn man weiterhin ihre Mitarbeit am Sammelband »Theaterarbeit« hinzurechnet und die ungezählten Fotos berücksichtigt, die Brechts Inszenierungen dokumentieren, selbst dann bleibt der Nachweis ihrer Teilnahme an den Arbeiten Brechts unvollständig. Denn Brecht hat seine jeweiligen Mitarbeiter nur bei Theaterstücken genannt, und zwar erst dann, wenn sie zum Druck vorbereitet wurden. So kann man Ruth Berlaus Namen bei den »Flüchtlingsgesprächen« nicht erwarten, und so fehlt er auch bei den Einaktern »Dansen« und »Was kostet das Eisen?« sowie bei den großen Stücken »Die Gesichte der Simone Machard«, »Schweyk im zweiten Weltkrieg« und »The Duchess of Malfi«. Ihren bedeutsamen Anteil an Fragmenten und Filmgeschichten kann man aus den Manuskripten erschließen, die in Archiven liegen. Zählt man zusammen, was alles aufgeführt wurde und inzwischen auch gedruckt vorliegt, sind es neun Stücke, an denen sie mitgearbeitet hat. Als Herausgeberin wird sie nur von Elisabeth Hauptmann übertroffen, die die Gesamtausgabe betreut hat. Als Begründerin des Brecht-Archivs und als Dokumentaristin seiner Theaterarbeit nimmt sie eine singuläre Stellung unter Brechts Mitarbeiterinnen ein. Das ist kein absolutes Werturteil, denn viele Möglichkeiten einer Zusammenarbeit ergaben sich aus den Zeitumständen. Deshalb ist keine dieser drei Frauen in ihrer Leistung für Brecht zu bevorzugen, jede hatte in ihrer Zeit die gleiche Bedeutung. Aber jede hatte auch ihre Besonderheiten.

Um einen Eindruck von Ruth Berlaus Mitarbeit zu vermitteln, soll ein Beispiel ausführlich dargestellt werden, ihre Teilnahme an der Entstehung des Stückes »Schweyk im zweiten Weltkrieg«. Sie hat darüber in ihren Erinnerungen nicht gesprochen, und Brecht hat ihren Namen im »Arbeitsjournal« –

bei ohnehin kargen Notizen über das Stück – nicht erwähnt. Wie eng die Zusammenarbeit aber war, geht aus Briefen hervor, die Brecht an Ruth Berlau geschrieben hat. Es sind – zwischen Mitte Juni und Mitte November 1943 – rund vierzig Briefe, von denen allerdings bisher nur die Hälfte veröffentlicht wurde (was übrigens generell für die Korrespondenz zwischen Brecht und Ruth Berlau in der Ausgabe der »Briefe« gilt).

Von März bis Mai 1943 hält sich Brecht in New York auf. Ruth Berlau lebt seit einem Jahr dort, und Brecht wohnt bei ihr. Er trifft Kurt Weill und plant mit dem Komponisten – und inzwischen auch Produzenten – unter anderem einen »Schweyk«. Unmittelbar nachdem Brecht wieder in Santa Monica eingetroffen ist, schreibt er an Ruth Berlau, er habe sich schon an den »Schweyk« gesetzt. »Das erste, was ich habe, bekommst Du.« Er kündigt auch an, daß er alle Vertragsangelegenheiten über sie leiten wird. Brecht kommt zwar mit der Arbeit gut voran, bis Mitte Juni hat er »schon etwa zwei Akte von dreien«, aber wegen Mangels an Papier kann er nur einen Durchschlag machen, den er für Korrekturen zurückhalten muß. Ruth Berlau schickt sofort Schreibmaschinenpapier, und bald darauf hat sie die Rohfassung in der Hand. Brecht schreibt dazu: »Ich bin so gespannt, ob Du lachst über das Stück, auch ob es gelungen ist, den Hintergrund ernsthaft genug zu halten.« Er beauftragt sie, mit Kurt Weill zu verhandeln, dessen Vertragsentwurf Brechts Rechte zu sehr beschneidet. »Ich denke nicht daran, Weill in das Geschäftliche viel dreinzureden, aber ich muß eine halbwegs ›einflußreiche‹ Stellung haben, nicht zum Bierholen.« Der Brief endet: »Ich brauche Dich ebenso wie Du mich.« Wenn es zu keiner vernünftigen Regelung kommt – »Ich bin ja kein Librettist« –, soll Ruth Berlau vorsorglich und vorsichtig eruieren, ob eventuell auch Josef Aufricht an einer Produktion interessiert ist. Sie soll auch mit Erwin Piscator wegen der Regie sprechen und sich um Alfred Kreymborg als Übersetzer bemühen. Aber Brecht will »bei der Regie das letzte Wort behalten«, und die Übersetzung müßte in sechs bis höchstens acht Wochen vorliegen. »Wenn nicht Kreymborg, dann Reyher, nur nicht ein

Jahr warten.« Und – es ist schon Mitte Juli, Brecht plant die Aufführung noch immer im Herbst – wenn Peter Lorre als Hauptdarsteller nicht disponibel ist, soll Ruth Berlau herausfinden, ob der Komiker Zero Mostel einspringen kann, »da ich eben gegen Zeitverlust bin«. Dann wieder wird Ruth Berlau aufgefordert, bei der tschechischen Mission – Brecht weiß gar nicht, in welcher Stadt sie residiert, aber »es ist dringend« – die Genehmigung zur Dramatisierung von Hašeks Roman einzuholen und bei dieser Gelegenheit auch gleich nachzufragen, ob es tschechische Volkslieder in englischer Übersetzung gibt, die Brecht in das Stück einbauen möchte. Zwischendurch erhält Ruth Berlau immer wieder eine Fortsetzung des Manuskripts. Brecht bittet: »Schreib alles darüber, was Du findest (ohne Zurückhaltung, Umschreibung usw.), es ist von Nutzen. Auch über Details, Ruth. Ich kann alles noch verwerten.« Zugleich ist er sehr zufrieden mit ihrer Erledigung der »Schweyk«-Angelegenheit. Ohne sie, sagt er, wäre das Projekt bereits gescheitert. Wenige Tage später heißt es dann sogar: »Das ist richtig, daß Du so klug bist in meinen Sachen. Es wäre am besten, wenn Du einfach alle meine Sachen betriebest. Wenn Du so über die Dinge schreibst wie den ›Schweyk‹, bist Du so freundlich und weise und mir so nah, als hättest Du das lange weiße an.« (Er meint das lange weiße Nachthemd, das Ruth Berlau in New York während Brechts Besuch getragen hat.)

Mitte September, später als Brecht gehofft hat, liegt Kreymborgs Übersetzung vor. Ruth Berlau ist unzufrieden mit dem Ergebnis, doch Brecht tröstet: »Natürlich sind so viele Fehler vorhanden wie bei einem Hund Flöhe, aber das ist natürlich, es ist Dialekt, nicht einfaches Deutsch.« Immerhin »hat Kreymborg einen guten Ton getroffen und bewiesen, daß es geht. Die Fehler sind einfach zu berichtigen, der Ton wäre nicht leicht zu korrigieren. Danke, daß Du das wieder durchgesetzt hast«. Aber sein Optimismus hält nicht an. Als er den Text ernsthaft prüft, ist er »verzweifelt über die Übersetzung« und bezeichnet sie als »ungeheuer gewissenlos«. Ruth Berlau gibt er keine Schuld an dem Fiasko, sondern einen neuen Auftrag: »Ich weiß, daß Du alles getan hast, was Du tun konntest, und ich bin Dir außerordentlich dankbar, Ruth. Aber Du mußt mir jetzt unbedingt noch helfen, daß wir eine repräsentable Fassung zustande bringen.« Sorgen macht sich Brecht nur wegen der zunehmenden Unkosten, die er hat und denen vorläufig kein Äquivalent an Tantiemen durch eine Produktion gegenübersteht. Er grübelt, wie er sie »in Freiheit« halten kann, daß sie keine Brotarbeit annehmen muß, sondern ausschließlich seine Sachen betreibt. Brecht bewundert ihre »riesige Leistung«, die unter so schwierigen Umständen zustande gekommen ist. Andere hätten längst kapituliert und sich einen einträglichen Job gesucht, schreibt er; mit ihr glaubt er, sich durchkämpfen zu können.

Die Hoffnung, mit einer »Schweyk«-Inszenierung schnell etwas verdienen zu können, stellt sich als Illusion heraus. Zwar verspricht Hanns Eisler dem Freund sofort, für Kurt Weill einzuspringen und eine Musik zu dem Stück zu schreiben, doch das ist nur ein Trostpflaster. Die Leute, die imstande wären, durch eigenes Geld oder durch Einfluß eine Produktion zustande zu bringen, sind abgesprungen. Brecht wäre bereit, das Projekt aufzugeben, wenn nicht Ruth Berlau so unbeirrbar daran festhielte. Sie drängt Alfred Kreymborg, seine Übersetzung noch einmal gründlich zu überarbeiten, und beteiligt sich an diesem mühevollen Prozeß. Aber es besteht für Brecht nicht mehr solche Eile wie früher. Als er zwischen Mitte November 1943 und Mitte März 1944 wiederum New York besucht und mit Ruth Berlau zusammen lebt, beschäftigt er sich mit allem anderen mehr als mit dem »Schweyk«.

Plötzlich gibt es wieder Hoffnungen. Brecht lernt im Frühjahr 1944 Charles Laughton kennen und zeigt ihm das Stück. Anfang April schreibt er an Ruth Berlau: »Nur damit Du siehst, wie gut es war, daß Du noch eine zweite Übersetzung des ›Schweyk‹ hast machen lassen: ich habe sie gestern dem Laughton gegeben, er hat sie nachts gleich ganz gelesen und ist, jedenfalls fürs erste, anscheinend wirklich begeistert. Vielleicht wird was draus.« Zwei Wochen später berichtet Brecht: Laughton »las gestern Eisler und mir und Winge 2 Akte Deiner Übersetzung vor und sagt, 98 % des Stücks kämen heraus, die Übersetzung sei viel besser, als wir dächten. Tatsächlich lachten wir schrecklich, er hatte *sämtliche* Jokes verstanden! Da siehst Du!« Brecht schätzt Ruth Berlaus Einsatz so hoch ein, daß er den Namen Kreymborgs gar nicht mehr erwähnt, sondern alle Verdienste um die neue Übersetzung ihr zuspricht. Er schreibt: *Deine* Übersetzung.

Doch abermals haben die Mühen keine Folgen. Im Juli 1943 nennt Brecht in seinem »Arbeitsjournal« noch die zehn Stücke, die er in zehnjähriger Emigrationszeit geschrieben hat, als letztes den »Schweyk«, und schreibt dazu: »kein schlechtes repertoire einer völlig besiegten klasse.« Zehn Monate später stellt er am gleichen Ort eine »prozession der figuren« zusammen, insgesamt dreißig Hauptpersonen seiner Stücke von Baal bis zum Azdak – der Schweyk ist nicht darunter. Brecht hat anscheinend aufgegeben. Nun will er sich wenigstens die Rechte an der Dramatisierung sichern, und dazu braucht er wieder Ruth Berlau. Er bittet sie, ihm die Verlängerung des Schweyk-Vertrags zu verschaffen, daß er für Europa unbegrenzt und für Amerika zumindest noch zwei Jahre gültig ist. Besonders soll sie darauf achten, daß er die Rechte nun mit niemand teilen muß. Darüber hinaus stellt er weitere Aufgaben in Aussicht. Er wünscht sich Ruth Berlau als »Liaison-Offizier« zu Elisabeth Bergner wegen der Produktion von »The Duchess of Malfi« und zu dem Verlag, der eine Gesamtausgabe Brechts in Englisch plant. Weit vorausblickend, setzt er sie sogar als verantwortlich für seine Arbeiten und Beziehungen in Deutschland ein. Für all das und vieles andere habe er niemand als sie. »Also mußt Du frisch, freundlich, heiter und liebend sein.«

Ruth Berlau arbeitete gern für Brecht und war glücklich, wenn sie ihm helfen konnte, weil ihre Vorschläge nützlich waren. Dennoch litt sie gelegentlich unter der Abhängigkeit von ihm und befürchtete, immer unselbständiger zu werden. Sie machte auch vor Brecht kein Hehl daraus. Doch das waren Komplexe, mit denen sich Brecht ungern auseinandersetzte. Er versuchte, wie häufig, sie literarisch aus der Welt zu schaffen, und schrieb in der Geschichte »Lai-tus Wert«: »Lait-tu

dachte gering von sich, weil sie kein großes Werk hervorge-
bracht hatte. [...] Daß im Hinblick auf sie Dichtungen hervor-
gebracht wurden und gute Leute sich besser verhielten als
sonst, achtete sie für nichts. Me-ti sagte ihr: Es ist richtig, du
hast noch keine Ware geliefert. Aber das bedeutet nicht, daß
du keine Leistung geliefert hast. Deine Güte wird festgestellt
und gewürdigt, indem sie in Anspruch genommen wird. So er-
wirbt der Apfel seinen Ruhm, indem er gegessen wird.«

Das war das A und O ihres Lebens mit Brecht: benutzt, verbraucht, aufgefressen zu werden. Sie hatte keine Zeit, darüber
nachzudenken. Ihre Unkosten hat sie nie kalkuliert.

Im Frühjahr 1950, in einer Zeit voller Konflikte zwischen
beiden, wollte Brecht ihre Beziehung versachlichen. Statt des
Persönlichen und Privaten sollte »die dritte Sache«, der Sozialismus, in den Vordergrund treten. In einem Brief ohne An-
rede und Unterschrift entwickelte Brecht in vier Thesen seine
Vorstellungen, »was wir für den Sozialismus auf dieser Stufe
und in diesen Jahren tun können«. Am Schluß faßte er zusammen: »Keiner schuldet keinem etwas, jeder schuldet alles *der
dritten Sache*. So, als träfen wir einander neu, wollen wir versuchen, uns einander angenehm zu machen.« Nur vier Tage später hat Brecht die nicht ohne Bitterkeit aufgestellten Grund-
sätze anscheinend vergessen. In einem seiner persönlichsten
Briefe bescheinigte er der unersetzlichen Mitarbeiterin und
Freundin eine Großzügigkeit, wie er sie sonst nie erlebt hat,
allergrößte Bescheidenheit, die immer ihm zugute kam, chinesischen Fleiß bei allen Arbeiten für ihn, Furchtlosigkeit vor
Intrigen, wenn sie ihn bedingungslos unterstützte, »Unabhängigkeit des Geistes, die man kaum sonst findet«, und einen
»Sinn für das Wichtige, der auch selten ist«.

In die Ausgabe der Gedichte Brechts wurde ein vierzeiliges
Gedicht aufgenommen: »Schwächen / Du hattest keine / Ich
hatte eine: / Ich liebte.« Aufgefunden wurden diese Verse an
zwei Stellen: in einem Brief Ruth Berlaus an Brecht und in
ihren Manuskripten, auf einem Blatt zusammen mit anderen
Gedichten von ihr. Auch Ruth Berlau könnte die Urheberin
dieser Zeilen sein. Ihre Aussage trifft für beide zu.

4

Ruth Berlau hat viele ihrer Briefe an Brecht mit »Deine Kreatur« unterschrieben. Sie sah in Brecht ihren Lehrer und bekannte sich zu ihm als seine Schülerin. Sie wollte gern sein Geschöpf sein. Daß sie von ihm abhängig wurde, ist ein Prozeß, der nicht vorgegeben war und gegen den sie sich lange gesträubt hat.

Als sie 1933 Brecht begegnete, war sie Schauspielerin am Königlichen Theater in Kopenhagen, ausgewiesene Journalistin, in der bürgerlichen Gesellschaft angesehen als Gattin des tüchtigen und wohlhabenden Arztes Dr. Robert Lund und gleichzeitig beliebt bei den fortschrittlichen Arbeitern sowohl wegen ihrer Unabhängigkeit von Privilegien als auch wegen ihrer Initiativen als Gründerin und Leiterin eines Arbeitertheaters. Sie war so schön, daß sie überall auffiel, und sie war so einsatzbereit, daß sie überall gebraucht wurde. Als »rote Ruth« genoß sie sogar eine gewisse Berühmtheit im ganzen Land.

Brecht befand sich zu dieser Zeit in einer ganz anderen Lage. Seine Berühmtheit lag hinter ihm, er war ein unbekannter Exilant. Er lebte außerhalb des Sprachraums, in dem er sich artikulieren konnte, er hatte kein Theater, in dem er seine Stücke auf seine Weise hätte ausprobieren können, und es gab keinen Verlag, der gierig auf Manuskripte wartete. Die Freunde, mit denen er sich beraten wollte, lebten über die ganze Welt verstreut und waren entweder gar nicht erreichbar oder nur für kurze Zeit, wenn sie sich zu einem Besuch in Dänemark überreden ließen. Eine Verständigung durch Briefe blieb immer ein untauglicher Ersatz. Damals schrieb Brecht: »Lehren ohne Schüler / Schreiben ohne Ruhm / Ist schwer.« Und: »Dort spricht der, dem niemand zuhört: / Er spricht zu laut / Er wiederholt sich / Er sagt Falsches: / Er wird nicht verbessert.«

Als Brecht in dieser Situation Ruth Berlau traf, muß er sie als ein Geschenk des Himmels empfunden haben. Er verstand schnell, sie als Dolmetscherin und Helferin in dem fremden Land zu gewinnen. Ruth Berlau regelte und ordnete und vermittelte, wann immer sie darum gebeten wurde oder selbst die

Notwendigkeit sah. Sie nahm Brechts Gäste auf und betreute sie, besorgte ihm das alte Ford-Auto, organisierte Reisen, brachte ihn mit Leuten zusammen, half bei der Beschaffung von Visa. Das mußte sie alles erst lernen, denn sie war nicht von Natur aus praktisch und bisher immer selbst umsorgt worden. Um Brecht nicht den Mut zu einer Bitte zu nehmen, verbarg sie ihre Unsicherheiten. Sie begriff rasch, worauf es ankam.

Ruth Berlau faszinierte aber Brecht noch auf eine andere Weise. Er genoß die unvoreingenommene Frische, mit der sie sich auf seine Manuskripte stürzte und weitere forderte. Sie konnte auch stundenlang zuhören. Anteilnahme an seiner Arbeit und Zustimmung waren immer ein Elixier für Brecht, so wie das Ausbleiben eines Echos Langeweile und Lähmung herbeiführen konnten. Ruth Berlaus Übersetzungen und Inszenierungen seiner Stücke hatten eine kaum zu überschätzende Bedeutung für Brecht. Er hatte in der Emigration nicht viele Gelegenheiten, seine Arbeiten zu prüfen. Er sah, daß er gebraucht wurde und daß er helfen konnte. Jede Produktion war ein Impuls für die weitere Zusammenarbeit.

1939 fühlte sich Brecht in Dänemark nicht mehr sicher und ging nach Schweden. Als er sich entschloß, auch dieses Land zu verlassen, um weiter nach Finnland zu fliehen, wo er ebenfalls nicht zu bleiben gedachte, fürchtete er, daß die Verbindung zu Ruth Berlau abreißen könnte, und forderte sie auf, ihm in die Emigration zu folgen. Ruth Berlau hat in ihren Erinnerungen aus einem Brief zitiert, den Brecht ihr damals geschickt hat. Darin steht: »Ich rechne nicht wegen Dir auf Dein Kommen, sondern wegen mir, Ruth.« Da war keine Wahl mehr. Sie trennte sich von Mann und Familie, ließ Land und heimatliche Sprache im Stich, verzichtete auf ökonomische Unabhängigkeit und war von nun an ganz und gar, auf Gedeih und Verderb, an Brecht gekettet. Seitdem trug sie einen eisernen Ring am Finger. Den Vertrag, den sie damit abschloß, hat sie gehalten, ihr ganzes Leben lang, »et prope et procul« – in der Nähe, in der Ferne.

Die unabsehbaren Folgen ihres Entschlusses mußte Ruth Berlau auf sich nehmen. Sie hat sich in späteren Jahren oft ge-

fragt, ob er richtig gewesen ist und wie ihr Leben verlaufen
wäre, wenn sie Brechts Bitte abgeschlagen hätte. Eine verbind-
liche Antwort darauf fand sie natürlich nicht. Sie hat diese
Frage auch Brecht gestellt. Er war nicht verlegen und ohne
Skrupel. Die Entscheidung, ihm zu folgen, hatte Ruth Berlau
nach seiner Meinung bereits getroffen, als sie sich von Robert
Lund abwandte und ihn zu lieben begann. Vergessen war, daß
er ihr diesen »Befreiungsakt« abgerungen hatte. 1938 aber hatte
er selbst den Vorgang in einem Gedicht beschrieben, das Ruth
Berlau gewidmet ist.

DIE KRÜCKEN

Sieben Jahre wollt kein Schritt mir glücken.
Als ich zu dem großen Arzte kam
Fragte er: Wozu die Krücken?
Und ich sagte: Ich bin lahm.

Sagte er: Das ist kein Wunder,
Sei so freundlich, zu probieren!
Was dich lähmt, ist dieser Plunder.
Geh, fall, kriech auf allen vieren!

Lachend wie ein Ungeheuer
Nahm er mir die schönen Krücken
Brach sie durch auf meinem Rücken
Warf sie lachend in das Feuer.

Nun, ich bin kuriert: ich gehe.
Mich kurierte ein Gelächter.
Nur zuweilen, wenn ich Hölzer sehe
Gehe ich für Stunden etwas schlechter.

Bisher war Ruth Berlau immer wieder nach Kopenhagen zu-
rückgefahren, wenn sie sich mit Brecht getroffen hatte. Jetzt
gab es keine Rückkehr mehr. Die Konsequenzen gingen nicht
nur sie und Brecht etwas an. Großzügigkeit und Geduld He-

lene Weigels wurden auf eine neuerliche harte Probe gestellt. Sie hatte sich schon damit abfinden müssen, daß Margarete Steffin die Familie ständig begleitete. Nun versuchte sie, wenigstens Ruth Berlau fernzuhalten. Sie baute darauf, daß Brecht radikale Entscheidungen scheute. Und sie besaß die Sympathie Hella Wuolijokis, auf deren Sommersitz in Marlebäck Brecht und Margarete Steffin untergekommen waren. Als eine dritte Frau anreiste, sah sich Brecht zu einer Erklärung genötigt. Er schrieb an Hella Wuolijoki: »Nur damit Du verstehst, daß ich eine ziemliche Verantwortung für Ruth fühle: Es kann, wenn sich der Naziapparat in Kopenhagen erst einmal einspielt, unmöglich verborgen bleiben, was sie in Zusammenarbeit mit mir alles gemacht hat. Nicht nur, daß Helli und ich bei ihr in Kopenhagen wohnten und sie bei uns in Svendborg – sie hat die ›Frau Carrar‹ inszeniert, zwei Stücke (›Die heilige Johanna der Schlachthöfe‹ und ein Ballett) am Königlichen Theater angebracht, und sie hat vor allem die ›Svendborger Gedichte‹ als Subskriptionsdruck herausgebracht. Und darin stehen böse Sachen über die Nazis. Und dazu trat sie in unzähligen Antinaziveranstaltungen auf und rezitierte Gedichte von mir! Sie kann meiner Meinung nach nicht zurück, bevor der Krieg aus ist.«

Die Liebesbeziehung ließ Brecht aus. Merkwürdigerweise war er bei all seinen Verhältnissen immer überzeugt, sie so getarnt zu haben, daß die Umwelt ahnungslos blieb. In Wirklichkeit waren sie durchschaubar wie klares Wasser. Dafür sorgten schon die Frauen. Auch Ruth Berlau sah keinen Grund, sich zu verstecken und auf Brechts Spielregeln einzugehen. So mußte sie Kränkungen in Kauf nehmen, die sie nicht verdient hatte. In Amerika, als das Leben der Emigranten sich zu normalisieren begann, wollte sie die Unsicherheit Brechts in seiner Beziehung zu ihr nicht länger ertragen. Nach einem Jahr Aufenthalt in Santa Monica, manchmal gebraucht und manchmal nur geduldet, immer aber abhängig von Brechts Entscheidungen, fuhr sie zu einem Frauenkongreß in Washington. Es war ein Vorwand, um ohne Streit Abstand von Brecht zu gewinnen. Sie hatte nicht die Absicht, nach Kalifornien zurückzukommen, verschwieg das aber. Eine Anstellung im Office of

War Information in New York gab ihr die Möglichkeit, selbständig zu leben. Nach Santa Monica kam sie nur noch zu zeitlich begrenzten Besuchen. Aber sie erreichte, daß Brecht in der Regel zweimal im Jahr für mehrere Monate zu ihr nach New York kam. Dann hatte sie ihn ganz.

Brecht besaß eine Vorliebe für verschlüsselte Formulierungen in Briefen. Der Hinweis auf das Sternbild Kassiopeia gehörte dazu – wo ihre Augen sich trafen, wenn sie weit von einander entfernt lebten; e. p. e. p. (in der Nähe, in der Ferne) und j. e. d. (ich liebe dich), wobei Brecht den Buchstaben »d« je nach seiner Zuneigung bis zu siebenmal unterstrich; die Forderung »und die Stirn muß glatt sein« – Brechts Bild für ausgeglichene Liebe zu ihm; und schließlich die immer wiederkehrende Frage: »Ist alles in Ordnung?« – auf die er ein Bekenntnis zur sexuellen Treue erwartete. Ruth Berlau antwortete stets freimütig und mit gutem Gewissen darauf. Sie brachte es auch nicht übers Herz, die einzige »Verfehlung« zu vertuschen, die ihr unterlaufen war. Brecht würdigte nicht die Ehrlichkeit, sondern maßregelte die Untreue. Dabei war ihr stets klar, daß Brecht sie schamlos belügen würde, wenn er etwas zuzugeben hätte. Er wich einer Antwort ohnehin meist aus, und Ruth Berlau deutete das auf ihre Weise. Eifersucht entstand auf beiden Seiten. Zuzeiten erschöpfte sich der Briefwechsel in gegenseitigen Vorwürfen über bloße Verdächtigungen, und zuzeiten lag er deshalb völlig brach. Es kam zu Spannungen und sogar ernsten Zerwürfnissen über eine Sache, die Brecht als »das ewige Kleinbürgerthema« zu ignorieren versuchte und die ihn selbst doch so sehr beschäftigte.

Brechts ständige Bemühungen, seine Spuren zu verwischen und jedwedem Klatsch den Wind aus den Segeln zu nehmen, konnten groteske Züge annehmen. In New York hatte Ruth Berlau eine gemeinsame Wohnung mit ihrer Freundin Ida Bachmann. Als Brecht zu Besuch kam, bezog Ida Bachmann vorübergehend woanders Quartier. Einen Tag nach seiner Abfahrt schrieb Brecht per Eilboten an Ruth Berlau: »Plötzlich, im Zug, sonntags, fiel es mir noch ein, daß ich vergessen hatte, Dich daran zu erinnern, daß Du die Nachthemden, die weißen, großmütterlichen, wegstecken mußt, der Bachmann wegen. Hoffentlich hast Du's gemacht. Aber es war gut von Dir, sie immer zu tragen. Ich sehe Dich immerfort darin. Und es hat etwas von einer alten Zeit an sich und etwas von einer neuen. J. e. d.« Diese Ängstlichkeit konnte Ruth Berlau noch als komische Marotte abtun. Nicht komisch fand sie dagegen Brechts Rat im Sommer 1944, New York vorübergehend zu verlassen, weil zwei Frauen aus dem gemeinsamen kalifornischen Freundeskreis ihren Besuch bei Ruth Berlau angesagt hatten. Brecht wollte nicht, daß ihre Schwangerschaft entdeckt wird, »da meine Bekannten hier nur darauf warten, mich als Don Juan zu entlarven«. Und nie verziehen hat sie Brecht, wie er die Geburt des gemeinsamen Kindes in seinem »Journal« registriert hat: »ruth wird operiert.« Daß er dann auch noch die Summe angab, die er für Michels Einäscherung und für die Urne bezahlt hatte – vierzig Dollar –, hat sie ebenfalls nie verwunden.

Und dennoch gab Ruth Berlau nicht auf. Sie blieb in New York zurück, als Brecht nach dem Washingtoner Verhör das Flugzeug in Richtung Europa bestieg, um für ihn die zweite Inszenierung des »Galilei« zu dokumentieren. Sie hoffte auf eine gemeinsame Wohnung in der Schweiz. Aber Brecht hatte das avisierte Atelier bereits aufgegeben und war mit Helene Weigel zusammengezogen. Ruth Berlau fuhr in die für Brecht gesperrte amerikanische Besatzungszone Deutschlands und kümmerte sich um Verlagsverträge und Aufführungen, scheiterte jedoch an dem damals geradezu wahnwitzigen Auftrag, ein Auto für Brecht zu besorgen und in die Schweiz zu bringen. Sie hoffte nun auf Berlin. Eine Zeitlang schien sie ihrem Ziel nahe zu sein. Brecht kam nach den Proben regelmäßig zu ihr in die Charitéstraße, aß bei ihr Mittag, ruhte sich aus und empfing auch oft Freunde und Mitarbeiter in ihrer Wohnung. 1953 wollte Helene Weigel sich von Brecht scheiden lassen. Sie stand nun fest auf eigenen Füßen, die Kinder waren längst selbständig, und sie war es leid, die amourösen Beziehungen Brechts weiterhin stillschweigend zu dulden. Das Haus in Weißensee wurde aufgegeben, Helene Weigel und Brecht bezogen eigene Wohnungen in der Nähe des Theaters. Aber dieser Zustand hielt nur kurze Zeit an. Brecht brauchte die

Weigel. Und er brauchte sie für seine Arbeit im Theater, nicht etwa, um nach außen eine funktionierende Familienidylle vorzuspielen. Daß er Ruth Berlau einmal versprochen hatte, »wenn es soweit ist« ein gemeinsames Leben mit ihr zu führen, »und sei es zunächst in einer Dachkammer«, war – wenn es überhaupt je ernst gemeint war – längst vergessen. So oft hat er Frauen versichert, daß die anderen »Geschichten« völlig ohne Bedeutung seien. Am Ende stimmte diese Versicherung nur für Helene Weigel. Sie hat, bestimmt häufig unter Schmerzen, eine bewundernswerte Geduld aufgebracht und immer wieder auf Brecht gewartet. Sie war auch klug. Das Hinterhaus in der Chausseestraße 125 richtete sie als gemeinsame Wohnung ein. In der zweiten Etage wohnte die Weigel, in der ersten hatte Brecht sein Domizil, und das Erdgeschoß wurde zum gemeinsamen Eßraum bestimmt. Damit war geregelt, daß Brecht nicht weiterhin seine Mittagsmahlzeit in der Charitéstraße 3 bei Ruth Berlau einnehmen mußte.

Das war ein Schlag für Ruth Berlau. In ihrer Verzweiflung hat sie die falschen Mittel eingesetzt, um die Entwicklung aufzuhalten, die ihr doch so deutlich vor Augen stand. Sie hat Brecht mit unmäßiger Eifersucht gequält. Sie hat ihn am Arbeiten gehindert – bei ihm zu Hause, indem sie ihn ununterbrochen mit Telefongesprächen belagerte, wobei sie abwechselnd ihre Liebe zu ihm beschwor und ihn beschimpfte, und bei Gesprächen in der Dramaturgie des Theaters, indem sie sich zu den verrücktesten Aktionen hinreißen ließ. Sie hat es fertiggebracht, eine Probe so zu stören, daß Brecht sie entnervt abbrechen mußte. Sie hat Brecht sogar geschlagen. Sie betrank sich immer häufiger in ihrer Ausweglosigkeit und gab die Schuld daran Brecht. Mehrmals mußte sie psychiatrisch behandelt werden, was ihre Erregungszustände nur steigerte. Sie fühlte sich verraten.

Aber auch Brecht war hilflos. Seine Versuche, die Liebesbeziehung in eine Arbeitsbeziehung umzuwandeln, fielen nicht auf fruchtbaren Boden. Ruth Berlau hatte vor Zeiten von ihm gelernt, daß Liebe und gemeinsame Arbeit zusammengehören, daß nicht eines vom anderen isoliert werden kann. Nur scheinbar fand sie in diesem Stadium ihre frühere Sicherheit wieder, wenn Brecht ihr eine Verantwortung übertrug. Er beauftragte sie, »Mutter Courage und ihre Kinder« in Holland zu inszenieren, und er schickte sie in die skandinavischen Länder, um für Aufführungen seiner Stücke zu werben oder Gastspiele des Berliner Ensembles vorzubereiten. Ruth Berlau war dankbar für dieses Vertrauen und bereitete sich intensiv auf die Arbeit vor. Aber kaum hatte sie Berlin verlassen, entstand bei ihr der Verdacht, daß Brecht sie nur los sein wollte und deshalb weit wegschickte – und diese Vermutung war nicht unberechtigt. Sie verbiß sich in solche Vorstellungen, und die Schauspieler hatten eine Regisseurin oder die Theaterintendanten eine Gesprächspartnerin zu ertragen, mit der nicht auszukommen war.

Solange Brecht lebte, stand sie immerhin unter seinem Schutz. Er verteidigte sie, wo es nur möglich war, auch wider bessere Einsicht. Wer etwas mit Ruth Berlau auszufechten hatte, nahm Rücksicht auf Brecht. Mit Brechts Tod hatte sie jeden Rückhalt verloren. Die Leitung des Berliner Ensembles kündigte ihren Arbeitsvertrag. Nach Begründungen dafür mußte man nicht lange suchen. Sie erhielt Hausverbot im Theater. Auch hierfür gab es Gründe. Moralische Fragen wurden beiseite geschoben. Aber wovon sollte sie leben? Hanns Eisler hat geholfen, der Schriftstellerverband hat sie unterstützt, und die Akademie der Künste hat Brecht-Manuskripte von ihr abgekauft. Es dauerte einige Zeit, bis sie die ihr zustehende Rente als Verfolgte des Naziregimes bekam. Damit war wenigstens der Lebensunterhalt gesichert.*

* Hierzu übermittelte Frau Barbara Brecht-Schall nachfolgende Ausführungen, die auf ihren Wunsch veröffentlicht werden: »Auf Veranlassung von Bertolt Brecht wurden im Juli 1956 durch den Verlag Lars Schmidt, Stockholm, 10.000,- Dänenkronen für Frau Ruth Berlau an einen dänischen Anwalt geschickt, die als Anzahlung für einen Hauskauf verwendet werden sollten. Brechts Forderung entsprechend sollte Ruth Berlau testamentarisch hinterlassen, daß das Haus nach ihrem Ableben an Helene Weigel gehen soll.
Helene Brecht-Weigel ließ Ruth Berlau nach Brechts Tod weitere 40.000,- Dänenkronen überweisen, und zwar an den Rechtsanwalt Hagens in Dänemark, der den Hauskauf und die Formulierung eines Testaments für Ruth Berlau übernommen hatte. In diesem Testament wurde Bertolt Brecht als Erbe des Hauses eingesetzt – Ruth Berlau war der Meinung, daß das genü-

Das Schlimmste war, daß sich auch die jüngeren Freunde, Schriftsteller und Theaterleute, von ihr abwandten, Leute, für die Ruth Berlau eine wunderbare Ratgeberin gewesen war, eine Vertraute auch in privaten Belangen und eine Helferin, die sich jederzeit bereitwillig ausbeuten ließ. Ruth Berlau hat die letzte Zeit ihres Lebens einsam verbracht, verlassen, ja gemieden von denen, die ihr hätten dankbar sein müssen. Auch ich gehörte am Ende dazu. Sie hatte immer allen geholfen, und niemand half ihr, als sie in einer langen, schwierigen Phase Zuneigung dringend benötigte. Gewiß war es unbequem, ihrer Impulsivität standzuhalten. Aber welches Maß von Geduld auch immer notwendig gewesen wäre, man kann

gen würde, um auch Brechts Wunsch gerecht zu werden: Helene Weigel würde ja nach seinem Tod alles erben, also bekäme sie dann nach dem Tod von Berlau und Brecht dieses Haus. Frau Berlau hat dieses Haus dann 1964 wieder verkauft und das Geld für sich verbraucht.

Als 1958 das BERLINER ENSEMBLE den Vertrag mit Ruth Berlau nicht mehr verlängern konnte, übernahm Helene Weigel die Gagenzahlungen an Ruth Berlau und zahlte die ab 1. Januar 1958 noch durch das BE geleisteten an das BE zurück. Es wurden monatlich M 1.065,40 für die Zeit vom 1. 1. bis 31. 8. 1958 an das BE zurückerstattet.

Ab 1. 9. 1958 ließ Helene Weigel über ihre Rechtsanwältin, Frau Ingeburg Gentz, Ruth Berlau anbieten, ihr monatlich M 500,- zu zahlen, bis sie eine neue Position bzw. eine sie befriedigende Arbeit gefunden hat (Ruth Berlau war zu dieser Zeit 52 Jahre). Frau Berlau nahm dieses Angebot telefonisch an, und Frau Gentz richtete bei der Sparkasse Berlin ein sogenanntes ANDER-KONTO ein, auf das Helene Weigel als erste Zahlung M 12.000,- überweisen ließ. Ruth Berlau erhielt nunmehr monatlich M 500,- automatisch auf ihr Konto (Nr.: 2517) überwiesen.

Im Juli 1960 schrieb Frau Gentz im Auftrag von Helene Weigel an Frau Berlau, daß Helene Weigel bereit ist, ihr ein weiteres Jahr monatlich M 500,- überweisen zu lassen.

Am 10. 8. 1960 dankt Ruth Berlau für dieses Angebot und nimmt beruhigt an. Auf Wunsch von Ruth Berlau wurden diese monatlichen Zahlungen von M 500,- dann bis März 1964 weiter gezahlt.

Im Dezember 1962 übernahm Helene Weigel auf Wunsch von Ruth Berlau eine Autoreparatur-Rechnung von M 2.500,-, die bereits gerichtlich bei Frau Berlau eingeklagt war.

Am 23. 4. 1964 unterschrieb Ruth Berlau eine vertragliche Vereinbarung, daß sie alle in ihrem Besitz befindlichen Materialien betreffs Bertolt Brecht nur an bestimmte Personen/Institutionen gibt/verkauft und diese Materialien dann dem Bertolt-Brecht-Archiv der Bertolt-Brecht-Erben übergeben werden. Hees nicht mit der Geduld vergleichen, die Ruth Berlau aufgebracht hat, als sie den Schülern Brechts half, einen Weg aus der Katastrophe des faschistischen Deutschland zu finden und Brecht, seine politische Haltung, seine Arbeitsmethode und sein Theater zu begreifen. Was die Schüler über Brechts Leben in der Emigration wußten, wußten sie nicht von ihm, sondern von Ruth Berlau.

Sie wollte nicht einfach untergehen und diese Welt ohne Spuren verlassen. Sie bäumte sich auf und verbreitete die Fiktion, daß sie noch ungeheuer nützlich, ja ganz unentbehrlich für die Geschichte des Brecht-Theaters sei. Dieses vorletzte Kapitel ihres Lebens ist vielleicht das traurigste. Sie erzählte

lene Weigel sollte auf Grund dieser Vereinbarung weiterhin, längstens jedoch bis zum 31.10.1964, monatlich M 500,- an Ruth Berlau überweisen.

Am 15. Oktober 1964 erhielt Helene Weigel von der Akademie der Künste (Direktor Hossinger) die Mitteilung, daß Ruth Berlau alle Brecht betreffenden Materialien der Akademie der Künste übergeben hat. Ruth Berlau war also vertragsbrüchig geworden. Ab 1. 11. 1964 übernahm die Akademie der Künste die Bezahlung von Ruth Berlau.

Insgesamt erhielt Ruth Berlau von Helene Weigel nach dem Tod von Bertolt Brecht in der Zeit von 1956 bis 1964 40.000,- Dänenkronen und 50.000,- Mark der DDR.

Barbara Brecht-Schall erinnert sich, aus Gesprächen mit ihrer Mutter Helene Brecht-Weigel entnommen zu haben, daß ihr Vater Bertolt Brecht teilweise den Lenin-Friedenspreis in Schweizer Franken ausgezahlt bekam und diesen Betrag ebenfalls Ruth Berlau für den Kauf eines Hauses zur Verfügung gestellt hatte (auch mit der Bedingung, daß das Haus nach dem Tode von Ruth Berlau an die Brecht-Familie gehen soll).

Briefe von Bertolt Brecht an Helene Weigel / von Helene Weigel an Bertolt Brecht:
Diese Briefe und andere Materialien, die in Schweden hinterlassen wurden und zum Teil von Frau Berlau abgeholt bzw. von Tombrock nach Berlin gebracht wurden (in Abwesenheit von BB und HW händigte er sie Frau Berlau zur Übergabe an BB/HW aus), behielt Ruth Berlau widerrechtlich ein und gab sie trotz wiederholter Bitten und Forderungen nicht an Helene Weigel, die rechtmäßige Besitzerin, heraus.

1969 bot Ruth Berlau einige dieser Originalbriefe Helene Weigel zum Kauf an, bestellte die beiden Mitarbeiterinnen von Helene Weigel, Gisela Knauf und Eva Pintzka, in ihre Wohnung, zeigte dort einen Teil der Originalbriefe BB an HW / HW an BB und bestand darauf, den Verkauf an HW nur über eine staatliche Institution abwickeln zu wollen. Das kam nicht zustande – die Briefe blieben bis heute verschollen.«

jedem, der es hören wollte oder auch nicht, welche Artikel und welche Bücher sie gerade über Brecht schreibe oder plane. Dabei war sie gar nicht mehr fähig, so eine Arbeit zuwege zu bringen. Sie berichtete von Vorträgen, die sie gehalten habe oder zu halten gedenke, aber niemand hätte sie dazu eingeladen. Sie referierte über ihre Teilnahme an Kolloquien, die nirgendwo stattgefunden hatten. Sie sagte Zusammenkünfte ab, weil sie ausländische Gäste betreuen müsse, aber es kamen keine zu ihr. Sie meldete sich am Telefon mit verstellter Stimme als »Sekretariat Berlau«, um wichtig genommen zu werden, aber auch die verstellte Stimme war unverkennbar. Sie befand sich in einer erbarmungswürdigen Situation.

Als es für Ruth Berlau ums Überleben ging, suchte sie vergebens nach Freunden, wo sie Verständnis finden und Mut schöpfen könnte. Es gab nur zwei Ausnahmen, und sie gehören nicht zu dem Kreis, für den es eine Verpflichtung hätte sein müssen. Sie waren aus eigener Initiative für sie da. Das ist einmal die große Schauspielerin Elisabeth Bergner, die sich in der amerikanischen Emigration eng mit Ruth Berlau befreundet hatte und an dieser Bindung festhielt, auch wenn sich beide über ein Vierteljahrhundert hinweg nur noch zu kurzen Besuchen trafen. Und das ist zum anderen die Familie Johannes Hoffmann, die sich in den letzten sechs Lebensjahren Ruth Berlaus um sie kümmerte. Dafür gebührt ihr Hochachtung und Respekt, denn zu dieser Mission gehörten Geduld, Uneigennützigkeit und oft auch Selbstverleugnung. Johannes Hoffmann und seine bulgarische Frau haben ihr helfen können. Bei ihnen fand Ruth Berlau ihre Ruhe und Ausgeglichenheit wieder. Sie wurde weise im Alter.

5

Anfang der siebziger Jahre verschlechterte sich der Gesundheitszustand Ruth Berlaus. Ein Hüftleiden, das viel zu spät diagnostiziert worden war und sie nach dem operativen Eingriff zwang, orthopädische Schuhe zu tragen und am Stock zu gehen, machte ihr wieder zu schaffen. Auch sonst war ihr Körper durch eine gegen sich selbst rücksichtslose Lebensweise geschwächt. Sie litt unter Schlaflosigkeit. Die Ärzte entschieden sich für eine stationäre Behandlung. Ruth Berlau ertrug die medizinischen Untersuchungen und Therapien mit Gelassenheit. Sie sprach sarkastisch von einer notwendigen »Generalreparatur« und von ihren Chancen nach einer »Rundumerneuerung«. Am 15. Januar 1974 erfuhr sie, daß in einem Veteranenheim für Verfolgte des Naziregimes ein Zimmer für sie reserviert ist. Der Entschluß, die Wohnung in der Charitéstraße für immer zu verlassen, schien ihr leichtzufallen. Sie brauchte eine ständige Betreuung.

Am letzten Abend im Krankenhaus, nach dem Rundgang der Nachtschwester, trank sie ein oder zwei Glas Wein und rauchte eine Zigarette. Was dann geschah, weiß niemand genau. Sie muß beim Rauchen eingeschlafen sein. Den Schwelbrand, der entstand, hat niemand bemerkt. Sie ist erstickt, bevor das Feuer ausbrach und die Fensterscheiben zerbarsten. Als man das Zimmer betreten konnte, lag sie in ihrem Bett wie am Abend zuvor. Man hat den 15. Januar 1974 als Todestag bestimmt.

Nun bleibt sie in der Erinnerung doch in der Wohnung, in der sie so oft mit Brecht zusammen gesessen hat, in dem Zimmer mit seinem Stehpult, auf dem manches Werk geschrieben worden ist, mit dem Hocker, den er durch die ganze Emigration geschleppt hat, mit den Kupfer- und Zinngefäßen, die sie sich gegenseitig geschenkt haben, mit dem Schrank, in dem seine Bücher und Briefe aufbewahrt wurden, und mit der zerschlissenen roten Fahne, die vierzig Jahre vor ihrem Tod in der Kopenhagener »Mutter«-Inszenierung auf die Bühne getragen worden ist, damals, als sie Brecht kennengelernt hat.

Der Wunsch, ihre Asche möge ins Meer gestreut werden, so, daß sie von den Wellen nach Dänemark getrieben wird, konnte nicht erfüllt werden. Die Urne wurde auf dem Dorotheenstädtischen Friedhof in Berlin beigesetzt, dort, wo auch Bertolt Brecht liegt. Bei seiner Beerdigung war sie nicht in Berlin. Aber sie hat dieses Grab fast achtzehn Jahre lang regelmäßig besucht. Sie hat ihn immer noch geliebt, und sie blieb ihm dankbar. Denn ihr Leben war das Leben Brechts, ihre Arbeit war die Arbeit Brechts, ihre Sorgen waren die Sorgen Brechts, auch nach seinem Tod und bis zu ihrem Tod.

1939 schrieb Brecht ein Gedicht für Ruth Berlau und widmete es ihr. Hanns Eisler hat es für sie vertont, und Ernst Busch hat es für sie gesungen. Für Ruth Berlau war es ein Heiligtum.

ARDENS SED VIRENS

Herrlich, was im schönen Feuer
Nicht zu kalter Asche kehrt!
Schwester, sieh, du bist mir teuer
Brennend, aber nicht verzehrt.

Viele sah ich schlau erkalten
Hitzige stürzen unbelehrt
Schwester, dich kann ich behalten
Brennend, aber nicht verzehrt.

Ach, für dich stand, wegzureiten
Hinterm Schlachtfeld nie ein Pferd
Darum sah ich dich mit Vorsicht streiten
Brennend, aber nicht verzehrt.

Ruth Berlau fragte mich einmal, ob die letzte Strophe nicht heißen sollte:

Ach, für dich stand, wegzureiten
Hinterm Schlachtfeld stets ein Pferd
Dennoch sah ich dich mit Vorsicht streiten
Brennend, aber nicht verzehrt.

Ich konnte nicht widersprechen.

6

Es war Ruth Berlaus Wunsch, die Geschichte ihrer Liebe zu Brecht und ihrer Zusammenarbeit mit ihm zu überliefern. Sie hat einige Male, sowohl zu Lebzeiten Brechts als auch danach, angesetzt, diese mehr als zwanzigjährige Bindung zu beschreiben. Aber sie hatte nicht – oder nicht mehr – die starken Nerven und den langen Atem, um eine so große, wechselvolle und komplizierte Beziehung darstellen zu können, nicht aus subjektiver und schon gar nicht aus objektiver Sicht.

Sie hatte diese Schwierigkeiten übrigens nicht allein. Auch Elisabeth Hauptmann ist an dieser selbstgestellten Aufgabe gescheitert. Sie verschanzte sich hinter ihrer Arbeit für die Ausgabe der Werke Brechts. Nachdem klar war, daß sie ihre Erinnerungen nicht mehr aufschreiben wird, habe ich oft versucht, Elisabeth Hauptmann zu Gesprächen zu überreden, in denen sie ihre Zeit mit Brecht zusammenhängend schildern sollte. Leider hatte ich keinen Erfolg, und leider hat auch niemand die vielen Anekdoten, die sie zwischendurch erzählte, aufgeschrieben.

Bei Ruth Berlau hatte ich Glück. Es gelang mir, ihr die Erinnerungen abzuverlangen. Nachdem sie in meine Tonbandgespräche mit Hanns Eisler hineingehört hatte, fand sie es interessant, das gleiche Experiment zu wagen. Wir hatten zwischen Mitte September und Mitte Oktober 1959 insgesamt sieben Sitzungen, zunächst in Prieros an der Dahme, wo sich Ruth Berlau im damaligen Sommerhaus Hanns Eislers erholte, und danach in ihrer Berliner Wohnung, Charitéstraße 3. Die Unterhaltung hatte die Form eines Interviews. Aufzeichnungen – mit Ausnahme von Texten Brechts – wurden nicht benutzt, Ruth Berlau stützte sich nur auf ihr Gedächtnis. Die Offenheit, mit der sie antwortete, basierte auf unserer jahrelangen Freundschaft. Die Wahrheit hat sie trotzdem nicht gesagt. Ruth Berlau dachte an künftige Leser und hat – drei Jahre nach Brechts Tod – manchen Kummer verschwiegen. So bleibt, vielleicht sogar unabsichtlich, eine Differenz zwischen wirklichem Geschehen und dem Bericht.

Ruth Berlau rechnete nicht damit, daß unsere Gespräche, wenn überhaupt, bald ausgewertet und veröffentlicht werden können. Sie nahm immer an, daß diese Möglichkeit erst nach ihrem Tod und nach dem Tod Helene Weigels besteht. Sie kannte die Transkription unserer Gespräche und ließ mir freie Hand für eine Redaktion, die sie nicht nur für nötig hielt, sondern worauf sie bestand. Ruth Berlau vertraute mir, weil ich schon seit 1953 – auf ihre Bitte hin und ausnahmslos zu ihrer Zufriedenheit – nahezu alle ihre deutsch geschriebenen Texte redigiert hatte. Eine Überarbeitung war notwendig, weil Ruth Berlau ein eigenartiges Dänisch-Deutsch mit starkem Akzent sprach. Es bedurfte schon einiger Erfahrung, um beim Hören immer alles richtig zu verstehen. Noch schwerer hat es der Leser ihrer Texte. Ruth Berlau hat immer freimütig zugegeben, daß ihre Kenntnisse der deutschen Grammatik unvollkommen sind. Dazu kam ihre ganz persönliche Orthographie, womöglich noch mit Tippfehlern gespickt. Beides zusammen kann einen Satz völlig unverständlich machen. Ohne darauf Rücksicht zu nehmen, schrieb sie alles so schnell nieder, wie sie dachte, und überließ das Korrigieren anderen. Ich brauchte viel Übung, bevor ich hinter ihre Eigenheiten gekommen war, die Fehler ausgemerzt hatte und den richtigen Sinn herausbekam.

In der Buchausgabe habe ich meine Fragen gestrichen, weil sie ihre Funktion im Gespräch erfüllt haben und eine durchgängige Erzählung mir anziehender schien. Was zur gleichen Sache in mehreren Gesprächen verstreut war, habe ich zusammengefaßt, und Wiederholungen, wenn sie keinen neuen Aspekt brachten, gestrichen. Andererseits habe ich einige Passagen, die ich bei anderen Gesprächen zwischen uns notiert hatte, eingefügt, wenn ich sie für eine Bereicherung hielt. Aber ich war behutsam und habe mich soweit wie möglich an das Manuskript gehalten, wie Ruth Berlau es kannte. Auch Irrtümer habe ich nicht richtiggestellt, weder durch Korrekturen im Text noch durch Anmerkungen. Es ist das gute Recht jedes Memoirenschreibers, seine Geschichte so zu erzählen, wie sie in seiner Erinnerung lebt. Sie besteht immer aus Wahrheit und Dichtung, und sie zeigt immer die ganz persönliche Sicht auf die geschilderten Ereignisse. Wer könnte schon von sich sagen, daß er die Wahrheit im Sacke hat. Um Mißverständnisse zu vermeiden: Ruth Berlaus Wahrheitsliebe war groß, das ist beweisbar. Daß sie sich selbst nicht schonte, wird man in diesem Buch finden. Die Souveränität, mit der sie über sich berichtet, finde ich besonders liebenswert an ihr.

Es handelt sich bei diesem Buch nicht um eine wissenschaftliche Arbeit, noch um Literatur im eigentlichen Sinne, sondern um spontan geäußerte Lebenserfahrungen mit einigen Reflexionen. So müssen die Aufzeichnungen gelesen werden, und so müssen sie für sich sprechen. Für die Form allerdings, in der sie hier gedruckt vorliegen, muß ich meinen Teil Verantwortung übernehmen.

Für die »Notate« habe ich Texte Ruth Berlaus aus meinem Archiv ausgewählt. Sie sind als Korrektiv zu den »Erinnerungen« gedacht. Die Einseitigkeit hier soll durch die Einseitigkeit dort aufgehoben werden, denn es handelt sich um zwei Seiten derselben Medaille. Ich hoffe, daß der Leser sich dieser Aufgabe nicht entzieht und etwa nur die Stellen herauspickt, die ihm genehm sind.

Mai 1985   Hans Bunge

Der größte Teil der in diesem Buch abgebildeten Fotos stammt, wie in den Bildzeilen vermerkt, von Ruth Berlau. Sonstige Quellen: Archiv Bunge (Seite 67, 75, 79, 109, 111, 113, 121, 138, 143, 166, 206, 210, 217, 234, 241, 242, 244, 250, 257), Archiv Hoffmann (Seite 13, 14, 16, 19, 20, 35, 130, 181, 188, 190, 223, 254, 264), Beryl Berney (Seite 273), Breitenbach (Seite 68), Hanns-Eisler-Archiv (Seite 176, 177), Herbert Hensky (Seite 238), Hainer Hill (Seite 230), René Hill (Seite 195), Hjuler (Seite 39), Florence Homolka (Seite 197), Roger Melis (Seite 246, 260, 269, 280, 289, 291, Schutzumschlag Rückseite), Mydtskov (Seite 23, 24, 25, 34, Schutzumschlag Vorderseite), Vittus Nielsen (Seite 287), Dorothy Norman (Seite 198), Percy Paukschta (Seite 133, 237, 239), Horst E. Schulze (Seite 227, 229), Mogens Voltelen (Seite 8, 10, 27, 28, 31, 33, 36, 40, 43, 44, 47, 50, 56, 58, 63, 76, 82, 85, 88), Michèle Wolf (Seite 240).

ISBN 3-359-00299-7

2. Auflage
© Eulenspiegel Verlag, Berlin · 1989 (1987)
(Alle Rechte für die DDR und das sozialistische Ausland)
Lizenz-Nr.: 540/119/89 · LSV 7003
Ausstattung: Albrecht von Bodecker
Printed in the German Democratic Republic
Lichtsatz: INTERDRUCK Graphischer Großbetrieb Leipzig – III/18/97
Druck und buchbinderische Verarbeitung:
LVZ-Druckerei »Hermann Duncker«, Leipzig – III/18/138
620 658 1

01280